त्रिलोचन का कवि कर्म

त्रिलोचन का कवि कर्म

विष्णुचन्द्र शर्मा

वाणी प्रकाशन

वाणी प्रकाशन

'लोगो' वाणी प्रकाशन : मक़बूल फ़िदा हुसेन

वाणी प्रकाशन, 4695, 21-ए, दरियागंज, नयी दिल्ली-110002
वाणी प्रकाशन, अशोक राजपथ (पटना कॉलेज के सामने), पटना (बिहार)

TRILOCHAN KA KAVI KARM

by Vishnuchandra Sharma

Criticism

ISBN : 978-93-5000-490-6

प्रथम संस्करण

मूल्य : 300/-

वाणी प्रकाशन

फोन : **0091#11#23273167**, फोन व फैक्स **23275710**

वेबसाइट : **www.vaniprakashan.in**

ई-मेल : **vaniprakashan@gmail.com**

आर.टेक ऑफसेट द्वारा दिल्ली-110095 में मुद्रित

समर्पण

त्रिलोचन शास्त्री की पीढ़ी की यादों को।
उसी कड़ी में अभी गुजरी हैं उनकी
पुत्रवधू ऊषा सिंह को समर्पित है यह पुस्तक।

अनुक्रम

भूमिका

वाल्ट ह्विटमैन का आत्मगान और त्रिलोचन

1. अवकाश और काल

अवकाश और काल! 'अब मैं देखता हूँ वह सच है, अनुमान जो मैंने किया, जो अनुमान मैंने घास पर आवारा घूमते हुए किया, जो अनुमान मैंने बिस्तर पर अकेले लेटे किया, (आत्मगान : वाल्ट ह्विटमैन/32)

त्रिलोचन युद्धकाण्ड के कवि हैं। यह प्रश्न वाल्मीकि के साथ युद्धकाण्ड में घूमते हुए, वाल्ट ह्विमैन का आत्मगान पढ़ते हुए मैंने महसूस किया है। पर त्रिलोचन कविता न लिखते हुए 'कब अवकाश' मनाते हैं? कैसे होता है उनके कवि का अवकाश। यह रचना प्रक्रिया का सवाल है या धर्म के प्रतीक की खोज है।

कुछ व्यक्ति—खासतौर पर अज्ञेय ने त्रिलोचन के 'आत्मचित्र' की पेंटिंग की विधा में निजी आत्मचित्र (सेल्फ प्रोट्रेट) माना है। कुछ व्यक्ति त्रिलोचन की गरीबी के काल 1943-83 तक को याद करते हैं और उनके आत्मचित्र को उनकी निजी आख्यान या त्रासदी समझते हैं। जैसे बाहू पीड़ा के समय तुलसीदास को याद किया जाता है।

2. त्रासदी

मैंने 1950 में त्रिलोचन को दोनों रूपों में अवकाश और काल में त्रासदीय व्यष्टि और समिष्ट में देखा है। प्रगतिशील से आधुनिक काल तक अपनी तलाश करते हुए देखा है—मैंने उन्हें अपने अवकाश काल में। यह उनका भावबोध यानी 'अपनापन' है। और 'देशकाल' की कहानियों जैसे नगई महरा में उनका गँवई काल खण्ड का अनुभव और विचार-बोध है। मैंने देखा है, महीने-दर-महीने बीत रहे हैं—त्रिलोचन ने कुछ नहीं लिखा है। इस बीच उनका 'अवकाश' उन्हें वाल्ट ह्विटमैन के 'आत्मगान' की कविता का कवि बनाए रहता है। जब पहली बार 1950 में 'साँग ऑफ माईसेल्फ' पढ़ी थी, तब भी मेरे सामने वाल्मीकि थे और त्रिलोचन। हम रात-रात घूमा करते थे। घूमते हुए वह देशों की सीमाएँ, कवियों का काल, सभी सीमाएँ तोड़ देते थे। बस, यह नाव पर घूमते हुए कीट्स को याद

करते थे। या 'घर' की एक ढीली चारपाई पर लेट जाते थे। बहुत समय बाद जब वह 'मीर' और 'गालिब' को याद करते थे। तब आज भी कबीर के प्रतीक उनके भीतर टकराते थे। क्या धर्मविनिर्मित अन्धकार से लड़ने वाला त्रिलोचन मात्र धार्मिक अन्धकार का गायक बन गया?

3. विवाद

त्रिलोचन और वाल्ट ह्विटमैन के आत्मगान में आज सृजनात्मक विश्वास और आन्तरिक चुनौती का अन्तर नजर आ रहा है। कवि विजेन्द्र ने 1.2.2003 के (जयपुर से लिखे) पत्र में लिखा है—

प्रिय शर्माजी,

इधर अखबारों में पढ़ा है कि आदरणीय कविवर त्रिलोचन जी को सजम (शायद जसम) से निकाल दिया है। कुछेक कारणों का जिक्र है। फिर बनारस से प्रियवर वाचस्पति ने बताया कि त्रिलोचन ने 'पांचजन्य' में अपनी कविताएँ छपाई हैं। साथ में गैर-जरूरी ढंग से हिन्दुत्व का समर्थन किया है। आपसे इसलिए पूछ रहा हूँ, क्योंकि आपको ही सही और विस्तृत जानकारी होगी। आजकल जो कुछ भी हो जाए अजब नहीं लगता। बहुतों ने बहुत तरीके से अपने को बिना वजह बदल दिया है। सम्पादक, लेखक, कवि और राजनेताओं ने, खैर, आप मुझे बताएँ। कविताएँ जहाँ छपे चलो कोई बात नहीं, पर 'हिन्दुत्व' को इस प्रकार समर्थन देना, जिससे अपनी आज तक की आस्था पर ही प्रश्नचिह्न लग जाए, यह अजीब है। मैं थोड़ा बेचैन हुआ हूँ। धक्का भी लगा है। ऐसे में कमजोर महसूस करना स्वाभाविक है। त्रिलोचन जी को शायद कोई फर्क न पड़े पर उनके कवि का तो अवमूल्यन होगा ही। पत्र की प्रतीक्षा में।

आपका विजेन्द्र सिंह।

किसी भी जनवादी संस्था या दल से 'दलबदलू' नेता या विचारक निकाला जाता है। क्या त्रिलोचन 'जसम' से 'दलबदल' या 'आया राम गया राम' जैसे विचारक की तरह निकाले गए हैं। पांचजन्य में तब स्व. जगदीश का बेटा सम्पादकीय विभाग में था। वह इस बात को एक 'साक्षात्कार' में लिख भी चुका है। क्या पांचजन्य में लिखने या छपने से कोई भाजपाई कवि या विचारक हो जाता है। डॉ. रामविलास शर्मा ने पांचजन्य को लिखित उत्तर दिया था। उन्होंने मूल प्रतिलिपि रख ली थी। क्या त्रिलोचन से बातचीत या 'साक्षात्कार' की प्रति या टेप सुरक्षित रखा गया था। इन सवालों की विस्तृत जानकारी मेरे या केदारनाथ सिंह या विजेन्द्र के पास नहीं है।

'पांचजन्य' नागार्जुन खरीदकर पढ़ते थे। यह कोई अजब मुद्दा नहीं है।

उषा सिंह, त्रिलोचन की दूसरी बहू हैं और पेशे से वकील हैं। उनका कल

10.02.2003 को फोन आया। उनके अनुसार वाकई 'इस विवाद' के नाते त्रिलोचन में 'कोई फर्क' नहीं आया है। मैंने पूछा : कभी त्रिलोचन ने लिखा 'धर्म विनिर्मित अन्धकार' देश में बढ़ा है। उन्होंने 'ईश्वर की मौत' का तर्कसंगत विश्लेषण भी किया था। तुम अपनी नहीं उनकी राय मुझे बताना, अब वह क्या 'भाजपाई' यानी हिन्दुत्ववादी हो गए हैं! क्या अटल बिहारी वाजपेयी की सरकार उन्हें 'हिन्दू प्रतीकों' के कवि के नाते–पद्मश्री, पद्मविभूषण जैसा तमगा प्रदान कर रही है!

मेरी सीधी बात पर उषा सिंह केवल हँसी थीं और सफाई देते हुए कहा था–'कोई तमगा या पुरस्कार उन्हें हिन्दू प्रतीकों के कवि के बहाने नहीं मिल रहा है।' (यानी मिल जाएगा तो शिरोधार्य होगा।)

अब 'आस्था' का सवाल है। कवि तुलसीदास, कबीर, रैदास आदि धर्मभावना के कवि थे। हिन्दू प्रतीकों के ही वह कवि नहीं थे। हिन्दू प्रतीक नागार्जुन, मुक्तिबोध और नजरुल में भी आए हैं। इस वजह से निराला या त्रिलोचन से कोई दूर नहीं हट जाएगा। विजेन्द्र क्यों थोड़ा बेचैन हुए? क्योंकि वह त्रिलोचन के घराने के कवि होने के नाते खुद को 'कमजोर' समझ रहे हैं। मैंने ऊषा सिंह से कहा था : हिटलर ने गांधी और नेहरू को बुलाया था। क्या आडवाणी या अटल के बुलाने पर वह जाना चाहेंगे? ऊषा सिंह ने साफ-साफ कहा–'ऐसी कोई बात नहीं है।'

जब दूसरे महायुद्ध के समय रवीन्द्रनाथ ठाकुर, मुसोलिनी से मिलने इटली गए थे तो रोम्या रोलां ने उन्हें रोका था और उनके रोकने के बावजूद जब कविगुरु मिलने गए थे तो रवीन्द्रनाथ की आस्था पर रोम्या रोलां ने 'प्रश्नचिन्ह' भी लगाया था। लेनिन ने महान लेखक टालस्टॉय की श्रेष्ठ रचना की तो सराहना की थी, पर उनके विचारों के विचलन पर प्रतिक्रिया व्यक्त की थी।

मुझे याद है, उस दिन त्रिलोचन जी मेरे घर पर थे, और आ. सारथी ने उन्हें भाजपाई संस्था संस्कार में बुलाया था और त्रिलोचन जी उसमें जा भी रहे थे, तभी मैंने उन्हें रोका था और सारथी की वहीं खबर ली थी।

दूसरी बार भी वह मेरे घर पर आए थे। उन्हें अन्तर्राष्ट्रीय पुरस्कार मिला था। मैंने कहा था, 'शास्त्री जी आपको नहीं जाना चाहिए।'

शास्त्री जी केवल हँसे थे। वह जाते समय रुके भी थे। 'वह आचार्य नलिन विलोचन शर्मा का शिष्य है–भाई।' यह सफाई भी दी थी।

मैं नहीं गया था। नामवर जी ने फोन पर मुझसे पूछा था, 'क्या विचार है तुम्हारा?'

मैं भाजपाई सांसद के हाथ दिए जाने वाले उस पुरस्कार में उपस्थित नहीं रहूँगा!

नामवर जी ने कहा, 'मैं भी नहीं जाऊँगा।'

मंगलेश डबराल की माँ की मौत पर घाट पर मुझे केदारनाथ सिंह मिले थे। उसने भी पूछा : 'विष्णु, यह क्या हो रहा है त्रिलोचन जी को।'

मैं भी तुम्हारी तरह सुन या पढ़ रहा हूँ।

यह कवि त्रिलोचन की आस्था के चिलन यानी अवमूल्यन के कुछ प्रसंग हैं। जिनकी समीक्षा कोई दूसरा व्यक्ति नहीं खुद त्रिलोचन जी को कड़ाई से करनी चाहिए।

वह चुप है। विजेन्द्र का 4.2.2003 का जयपुर से दूसरा पत्र आया—

प्रिय भाई,

मैंने आपको कुछ दिन पहले पत्र लिखा था, उसमें त्रिलोचन जी के बारे में कुछ जानकारी चाही थी। 'जसम' ने उन्हें अध्यक्ष पद से क्यों हटाया। फिर उन्होंने सुना है, प्रतिक्रियावश 'पांचजन्य' में गैर-जरूरी-हिन्दुत्व के पक्ष में वक्तव्य भी दिया। मेरी कुछ समय में नहीं आया।

आप कृपया, बताएँ। पुनः मुझसे लगातार इस बारे में लोग पूछते हैं—क्या उत्तर दूँ। बस सुन रहा हूँ।

4. विडम्बना

मुक्तिबोध और रामविलास शर्मा लगातार अपने नाम पर छपे गैर-जरूरी वक्तव्य पर खुली प्रतिक्रिया व्यक्त करते थे। नाजिम हिकमत की नई पुस्तक 'ह्यूमेन लैंडस्केप' (सितम्बर 2002) में उनके देश की महाकाव्यात्मक कविताएँ हैं। उसमें देश के वास्तविक चरित्र हैं, टर्की की जीवनगाथा है, जिसके नाते उसे वहाँ 'पोएट ऑफ पीपुल' कहा जाता है। वह महाकवि कविता और गद्य, महाकाव्य और उपन्यास के चरित्र द्विभाजन को नहीं मानता। फिर त्रिलोचन अपनी चुप्पी के कबीर के हिन्दू प्रतीकों के कवि बन गए हैं तो उन्हें धर्म के प्रतीक यानी भ्रम की तरह सारस के साथ इस बदलाव को स्वीकार कर लेना चाहिए। वाल्ट ह्विटमैन, नाजिम हिकमत, कबीर कहते रहे हैं : 'यह फकीर तू मगन रहना।' कबीर के गोत्र थे नागार्जुन, केदारनाथ अग्रवाल और त्रिलोचन। सारे जीवन त्रिलोचन जी ने यह कहा था—'साहब मिलै गरीबी में।' त्रिलोचन के गुरु निराला थे, वह थे, इसीलिए विशाल हिन्दी प्रदेश की जनता जानती है कि उनके गुरु ने 'दीन्ही अजब जड़ी।' गुजरात में मुस्लिम नर संहार ही अजब जड़ी थी। पर गुजरात में मुस्लिम संहार पर त्रिलोचन चुप रहे। कबीर चुप कभी नहीं थे। आज के विश्व गाँव में गुजरात हिन्दुत्व का 'मुर्दों का गाँव' है। इसे कबीर पूरी ताकत से कहते हैं : 'ई मुरदन का गाँव।'

1.2.2003 के तीसरे पत्र में कवि विजेन्द्र ने मेरी बात स्वीकार की है कि सेठाश्रित पत्र (या मीडिया में मुझसे यही बात पूछी थी कुबेरदत्त ने) पत्रकारिता ने

चीज़ों को बिना प्रसार जरूरत से ज्यादा तोड़-मरोड़कर दिया है। जन पक्षधर पत्रकार पंकज विष्ट ने भी बिना 'सही सन्दर्भ' की खोज किए, ऐसी ही सामग्री दी है, जिससे वाल्ट ह्विटमैन और त्रिलोचन के 'आत्मगान' में 'फांक' पैदा होती है। मैंने सर्वनाम–68 में त्रिलोचन को क्लासिक जनाधार का जनतान्त्रिक कवि कहा था। वह विशाल हिन्दी प्रदेश के जनपक्षधर कवि हैं। जीवन भर जनतन्त्र के कवि वाल्ट ह्विटमैन और गणचेतना के कवि वाल्मीकि के साथ संवाद करते रहे हैं।

'युद्धकाण्ड' में यही डायरी में देख सकते हैं। त्रिलोचन, शुक्ल जी के बाद की काशी की चिन्तन परम्परा के चिन्तक कवि हैं।

5. जनतान्त्रिक कवि की परम्परा

अरबी और फारसी की परम्परा को अकसर त्रिलोचन भुला देते थे, या संस्कृत, प्राकृत, अवधी की एक नई परम्परा पर मुझसे बतियाते भी थे। मैं उनके 'अवकाश' के उस संज्ञाप्लावी क्षणों' पर महज अनुमान लगाया करता था। क्या मेरी यह कल्पना थी या यह अनुमान की मेरी मनःचित्र थी। अपने एकान्त में त्रिलोचन कबीर, निराला से बात करते थे। अवकाश के समय हिन्दी गज़ल पर वह अपने 'काव्यानुमान' पर सोच जरूर रहे थे।

उनकी 'गुलाब और बुलबुल' पुस्तक मैं प्रकाशक को छापने के लिए देकर आया था। वह उसी ढीली चारपाई पर लेटे हुए थे।

बिस्तर है न चारपाई है/तबियत खूब हमने पाई है।

1950 की डायरी पढ़ते हुए मुझे 'अवकाश और काल' के बीच बिस्तर पर अकेले लेटे त्रिलोचन, कभी वाल्ट ह्विटमैन लगते थे, कभी पिता श्री। उनकी उदासीनता के संज्ञाप्लावी क्षण क्या हैं? इस प्रश्न के साथ तब वह स्वामी जी ही उनके आत्मीय लगे थे। क्या होता है घुमक्कड़ और वीतरागी की आत्मीयता? यह राहुल की जीवनी 'समय साम्यवादी' लिखते समय मैंने बार-बार देखा-परखा था। यहाँ त्रिलोचन पिता श्री के बाद का वीतरागी कवि लगा था मुझे। 'अरघान' का जब 1983 में चयन किया था, तब तक वीतरागी कवि त्रिलोचन के अनेक प्रसंग मेरे भीतर सुरक्षित यानी फाइल में बन्द हो चुके थे।

वीतरागी पिता श्री भी उदात्तता के नाते विराट को अपना मानते थे। त्रिलोचन ने निराला से इसे प्रकृति का अवदान मानकर स्वीकार किया था। पर था वह वीतरागी कवि का आत्मगान..........................। शीर्षक है : आशी–

पृथ्वी से
दूब की कलाएँ लो
चार
उषा से

हल्दिया तिलक
लो
और अपने हाथों में
अक्षत लो
पृथ्वी आकाश
जहाँ कहीं
तुम्हें जाना हो
बढ़ो
बढ़ो।

6. समय

वाल्ट ह्विटमैन की 'साँग ऑफ माईसेल्फ' (आत्मगान) पढ़ते समय कोई पाठक अमेरिकी जनतन्त्र के इतिहास को कभी नहीं भूलता। वाल्ट ह्विटमैन की कविताएँ—'घास की पत्तियाँ' का अनुवाद प्रो. चन्द्रबली सिंह कर रहे थे। मुझे वह एक प्रति देते जा रहे थे। तभी मैंने 2002 में वाल्ट ह्विटमैन और त्रिलोचन के यात्री, गृही, वीतरागी और उदात्त कवि पर फिर से ध्यान दिया था। प्रकृति के वाल्मीकि और वाल्ट ह्विटमैन दोनों यात्री रहे हैं। दोनों अपनी घुमक्कड़ी में प्रकृति से संवाद करते हैं। मैंने इसी नाते युद्धकाण्ड में कवि त्रिलोचन लिखा है।

यहाँ है राहुल की अनुमति का एक द्वन्द्व। ईश्वर राहुल के भीतर मर चुका था। वह फिर भी अपने अन्तर में एक 'शून्य' का अनुभव कर रहे थे। तभी उन्होंने बुद्ध की खोज की थी। 'दिगंत' के बाद त्रिलोचन ने भी 'धर्म विनिर्मित अन्धकार' की जब खोज की थी, तो कबीर और त्रिलोचन एक साथ मुझे काशी के कवि और दस्तकार लगे थे।

कबीर पाखण्ड से लड़ रहे थे। त्रिलोचन दूसरे महायुद्ध के बाद सामन्ती युग के 'ईश्वर की मौत' पर एक वैज्ञानिक की तरह सोच रहे थे। यहाँ 'अवकाश और काल' का बोध समान है। 'अवकाश' में वह सोचते हैं—एक तार्किक पद्धति से, 'मृत्यु हो चुकी है ईश्वर की।' काल के बीच वह अपनी इस तरह पहचान करते हैं—वाल्ट ह्विटमैन की तरह और स्वीकार करते हैं 'नया आदमी' अब इच्छानुसार करता है काम।

त्रिलोचन की तबीयत की खूबी भी यही है। वह 1950 से काशी में इच्छानुसार काम किया करते थे। 'दिगंत' से 'शब्द' तक वह इच्छानुसार नए भारतवर्ष के आदमी की ही कहानी लिख रहे थे और उनके साथ अपनी जमीन यानी काव्यानुमान की व्याख्या भी करते चल रहे थे।

कवि त्रिलोचन की एक व्याख्या है—'नगई महरा' में, दूसरी व्याख्या है

'महाकुम्भ' में। तीसरी व्याख्या है–'औडिहार में बराह' कविता में। चौथी व्याख्या है इतिहासकार त्रिलोचन की–'ठाठबाट का महल है ढहा सामन्ती युग का।'

कबीर की कविता में कई व्याख्याएँ हैं। कुछ आरोपित करने वाले आलोचक इधर बढ़े हैं। कोई उन्हें 'बुद्ध की परम्परा का लोकचिन्तक मानता है। कोई उन्हें 'दलित कविता' का आदि कवि मानता है, पर कोई यह नहीं बताता कि कबीर ने कैसे अपने समय यानी सामन्ती युग को बदला? क्या कबीर सामन्ती युग के ठाठबाट के महल को ढहता हुआ देख सके थे।

काल को भूलकर आलोचक अकसर ऐसे अविस्मरणीय तर्क देते रहे हैं। यानी वर्तमान युग को सामन्ती युग में ढहा हुआ देखते हैं।

7. संवाद

त्रिलोचन ने वैरागी अपने पिता श्री पर कविता भी लिखी है। वह लगातार उनसे संवाद करते रहे, घर के प्रसंग में अपने 'बालमन' की खोज भी की है। 'बुआ' और 'स्वामी जी' के बीच है त्रिलोचन का ज्ञानकाण्ड। त्रिलोचन जिस काल के भी हों। वह उस काल और कला के खुद पण्डित या पारखी या उस्ताद हैं। कबीर को वर्तमान में गढ़ने वाले यह भूल जाते हैं, जिसे त्रिलोचन बताते हैं–'स्वाभाविक मौत न पाई ईश्वर ने।'

क्यों मध्ययुग की धर्म भावना के बावजूद–आधुनिक युग में ईश्वर को स्वाभाविक मौत नहीं मिली थी। इसी सूत्र को मुक्तिबोध और रामविलास शर्मा इतिहास दर्शन से देखते हैं। इतिहास दर्शन का यह सूत्र केदारनाथ अग्रवाल में नजर नहीं आता है।

केदार को 'श्रम का कवि', आलोचकों ने कहा है। इसकी व्याख्या डॉ. रामविलास शर्मा ने की है। या श्रम पर भाव विह्वल नजर आते हैं–विश्वनाथ त्रिपाठी। एक 'हथौड़ेवाला' क्या मजदूर वर्ग में पैदा होते ही नास्तिक हो जाता है! वर्ग दृष्टि से सम्बद्ध यह एक सवाल है! क्या मजदूर नास्तिक होता है? यह अतिकल्पना है आलोचकों की। त्रिलोचन ने कोई कल्पना नहीं दौड़ाई है। वह बताते हैं :

ठाठबाट का महल है ढहा सामन्ती युग का स्वाभाविक मौत न पाई ईश्वर ने;
पूँजीपतियों ने, सामंतों ने,
उसे मार डाला,
उसकी खा गए कमाई,
देश सेवा में जो संचित थी,

इतिहास दर्शन के इस प्रश्न को न समझने के नाते ही कुछ लोग 'इतिहास के बाहर' उसकी व्याख्या करते हैं। त्रिलोचन की कविता की व्याख्या करते हैं कुछ

आलोचक, कुछ उनकी भाषा का ताना-बाना बुन रहे हैं। यानी नई वाम आलोचना गढ रहे थे। त्रिलोचन की भाषा में ऐसे आलोचक न नए आदमी थे, न देश-देश में संचित धर्म की कमाई पर दूसरे महायुद्ध के बाद विचार कर रहे थे।

8. अन्तर्विरोध

अशोक वाजपेयी के लिए निर्मल वर्मा मार्क्सवाद के विरुद्ध अध्यात्मवादी है साहित्यिक के गठन में वह ईश्वर सोवियत संघ का विरोधी है। ऐसे समय रचनाकार की भूमिका क्या हो? स्थापित वह क्या करता है! त्रिलोचन के 'नए आदमी' की खोज करना भी वह जरूरी नहीं समझते। जो लेखक 'तार सप्तक' यानी 'नई कविता' की भूमिका के इतिहास में बाहर कुछ देखते ही नहीं हैं, वह केदारनाथ अग्रवाल, शमशेर, मुक्तिबोध को आधुनिक भारत की चिन्तन की जमीन से खारिज करते रहे हैं। विश्वनाथ त्रिपाठी ने लिखा है– हिन्दी के अधिकांश कवि शब्दों में या वाक्यों में कविता लिखते हैं। गीतकारों में प्रायः भोंडा वाक्य गठन होता है, इसे जरा-सा ही ध्यान देने पर समझा जा सकता है। त्रिलोचन की कविता हिन्दी के वाक्य गठन पर ध्यान रखे बिना नहीं समझी जा सकती। यहाँ पंक्तियाँ नहीं, वाक्य पढ़िए। नहीं, जादू नहीं जागेगा। इस विषय में वे तुलसी और निराला की राह पर चलने वाले हैं। सॉनेट और गीतों में वाक्य प्रवाह और बोध की इकाई पंक्ति नहीं, वाक्य है। हिन्दी में वाक्य को अक्षत रखकर कविता करना रेगिस्तान में कुआँ खोदकर पानी पीना-पिलाना है। त्रिलोचन यहाँ अकेले दिखाई पड़ते हैं। इसीलिए उनकी कविताएँ आस्वाद के लिए अनुकूल बोध और संस्कार का निर्माण करती हैं। आप महज पूरी तरह सक्रिय होकर ही उनकी कविता के आत्मीय हो सकते हैं। उनकी कविता अपनी ओर से निमन्त्रित करने वाली है।' ('शब्द' का आवरण लेख)

यहाँ बोध और संस्कार के कवि कर्म के द्वन्द्व को आलोचकों ने नहीं देखा है। विश्वनाथ जी रीतियुग के लक्षणकार कवियों की तरह—वाक्य रचना यानी शैली विज्ञान पर जोर देते हैं! त्रिलोचन के बोध और संस्कार—निर्मल वर्मा के आध्यात्मिक बोझ से कहाँ भिन्न है। इसके लिए मार्क्सवाद बनाम अध्यात्मवाद की लड़ाई तो दो महायुद्धों के बीच देखना आलोचकों ने जरूरी नहीं समझा। निर्मल वर्मा का गद्य रचनात्मक है—यह उदय प्रकाश बताते हैं, पर वह अमोला (पूर्वी अवधी) नगई महरा और महाकुम्भ (लघुतम महाकाव्य) की भाषा की रचनात्मकता पर सोचते भी नहीं। त्रिलोचन से मैंने दूरदर्शन के साक्षात्कार में यह पूछा था—'धरती और 'तारसप्तक' की रचनात्मकता में क्या अन्तर है?' वह बौखला गए थे, पर केशवदास बौखलाए नहीं थे। उन्हें अपढ़ जनता और अपनी संस्कृति का गहरा बोध था। भाषा में कविता त्रिलोचन का बोध भी था, संस्कार भी। केशव के लिए यह

विवशता (जड़ता) थी। अज्ञेय केशवदास के जरिये 'त्रिशंकु' पर रीतियुग के काव्य-कौशल या कला-विनोद पर सोच रहे थे। कवि त्रिलोचन अपने स्वभाव, अपनी साँस के हिसाब पर बात करते हुए अपनी एषणाओं का बोध और संस्कार बताते हैं। उनकी एषणा परिवार में सेक्स या काम भावना की थी। (जिस युवती की प्रेम में खोज की गई है, उसके वर्ग की बात त्रिलोचन खुद बताते हैं—देखें—प्रेम और सौन्दर्यलेख)। यह सौन्दर्य के बोध को स्वीकार करते हैं कि सौन्दर्य उन्हें खींचता है। अर्थ बोध में सप्तक के कवि कम्युनिस्ट थे अज्ञेय का एक लेख मैंने आज से लेकर छापा है। त्रिलोचन नौकरी को कमजोर-अरर डाल कहते हैं। यह बात सिर्फ 'मुक्तिबोध की आत्मकथा' में मैंने देखी-परखी है। तीसरी एषणा लोक एषणा थी। प्रगतिशील आलोचक आत्म-रक्षा की लड़ाई लड़ रहे थे—सुरक्षित थी उनकी नौकरी। त्रिलोचन लगातार खतरा उठाकर पैदल चलते रहे। पर अन्त में वह सम्मान की भूख में लड़खड़ाते भी हैं और विचलित भी होते हैं। लोक एषणा में यहाँ वह कमजोरों में भावुक कवि लगते हैं!

9. कमजोरों में भावुकता

शान्ति निकेतन जब-जब गया, हजारी प्रसाद द्विवेदी याद आए। उन्हें याद करते समय खोजने लगा विष्णुकान्ता। हिन्दी भवन के आँगन में कभी देखी थी—पण्डित जी ने। उन्हें यह घास के फूल और भी मनोहर लगे थे। मुझे अपनी कमजोरी में भावुकता खटकने लगी। मैं सोचता रहा नीलमेंदुर रंग कैसा होता है। किससे पूछूँ।

'अशोक के फूल' की तरह यह मनोहर भावुकता याद आते हीं त्रिलोचन की एक पंक्ति भीतर गूँज उठती है—वह है 'गेय रहे, एकान्विति हो।' हजारी प्रसाद द्विवेदी के ललित निबन्धों में भी गेयता मुझे अच्छी लगती है और पूरे निबन्ध की एक आत्मीय एकान्विति याद रह जाती है। दोनों की रचनाओं में 'कसे कसाए भाव अनूठे' एक 'नग' की तरह पाठक को आकर्षित करते हैं। मैं बात त्रिलोचन की कर रहा हूँ, वह कहाँ हजारी प्रसाद द्विवेदी से अनवरत मेल खाते हैं! यह एक खोज का विषय है। त्रिलोचन का 'सॉनेट का पथ' कविता उनकी काव्य की कसौटी है। उसकी कसौटी का सूत्र है : 'कसे कसाए भाव अनूठे/ऐसे आएँ जैसे किला आगरा में जो/ नग है, दिखलाता है पूरे ताजमहल को, गेय रहे/एकान्वित हो।'

यह क्लासिक परम्परा के रचनाकार की पहचान है। क्लासिक परम्परा में वाल्मीकि, वाल्ट ह्विटमैन, हजारी प्रसादी द्विवेदी और त्रिलोचन 'पूरे परिवेश, पूरी कथा, पूरे चरित्र को रचते हैं। दोनों परम्पराओं से अपने ढंग का चुनाव करते हैं, उसे परखते हैं—अपने वर्तमान जीवन में। यह 'परम्परा और आधुनिकता' की खोज है। एक श्रेष्ठ कवि अनवरत संधान करता है। यहा रचनाकार का 'स्व' यानी

निजता का उपार्जित काव्य बोध भी है और रचना का अन्तःसुख भी है। निराला ने इसे 'सुखानुसन्धान' की प्रक्रिया कहा है, जो तुलसीदास के 'स्वातःसुखाय' का ही कविता का निजी बोध है। त्रिलोचन के निजी बिम्ब या प्रतीक है—साँसें, ज्योति। कहीं बसंत से आत्मालाप के बाद त्रिलोचन ने अपने इन बिम्बों को स्वीकार किया है। यह कविता का वर्तमान सन्धान में आया जीवन है। जो कवि के भीतर की 'अनवरत' प्रिय कल्याणी स्वधरा है।

नागार्जुन और त्रिलोचन ने संस्कृत, पाली, प्राकृत से, छंद, भाषा और शब्द-शक्ति का ज्ञान अर्जित किया है। त्रिलोचन दूसरी परम्परा में उसे 'सॉनेट का पथ' कहते हैं। वह किराए की चीज़ है। सॉनेट का ठाठबाट त्रिलोचन का फिर भी अपना है। रामविलास शर्मा ने उसे 'उनकी नाप का कुर्ता' कहा है। उसमें रोला (कवित) छंद की अन्र्तयात्रा अनूठी है। वहाँ गेयता और एकान्विति को आलोचकों ने देखा है। त्रिलोचन ने शालीनता से रोमांटिक परम्परा की इस प्रवृत्ति को स्वीकार किया है : 'चीज़ किराए की है, स्पेंसर, सिडनी, शेक्सपियर, मिल्टन की वाणी/वड्सर्ववर्थ, कीट्स की अनवरत प्रिय कल्याणी स्वर-धारा' कहा भी है। वह खुद सवाल पूछते हैं : 'उसने नयी चीज़ क्या दी है!'

नई चीज़ है हजारी प्रसाद द्विवेदी और त्रिलोचन और जनतन्त्र के कवि वाल्ट ह्विटमैन जो कि 'निरन्तर, निर्वसन जनता के बीच खड़े रहे।' यही जनता है जो कमजोरी में भावुकता का बोध कराती है। त्रिलोचन ने कहा भी है : 'क्यों मैंने पाया है इतना नरम कलेजा।' यह इन्सानी संस्कार है।

अब पाठक पूरी पुस्तक में देखेंगे युद्धकाण्ड के कवि त्रिलोचन के नरम कलेजा का सौन्दर्यबोध!

कवि त्रिलोचन किंवदन्ती पुरुष नहीं थे!

जनता का हो जाने में अपनी सार्थकता मानने वाला कवि यदि, आलोचकों का कवि न बन पाया तो इससे आलोचकों का बौनापन प्रकट होता है।

किनके लिए त्रिलोचन किंवदन्ती-पुरुष थे। यह सवाल उनकी मौत के बाद मेरे और दूसरों के मन में उठना स्वाभाविक है। जब त्रिलोचन अपने बड़े बेटे डॉ. जयप्रकाश सिंह के साथ रहते थे, तो वह अपने परिवार या शिष्यों में किंवदन्ती-पुरुष नहीं थे। वह अवधेश प्रधान से भवभूति के 'उत्तर रामचरितम्' पर बातचीत करते थे और अवधेश प्रधान ने तब डायरी लिखनी शुरू की थी। त्रिलोचन का पता था : न्यू-जी 21 हैदराबाद कॉलोनी, बी.एच.यू., वाराणसी-5। एक नवम्बर 1971 का लिखा त्रिलोचन जी का पत्र है, भाई विजेन्द्र जी के नाम। उस पत्र का एक पैरा आप भी देखें और याद रखें, यहाँ कोई किंवदन्ती या भटकन या उड़ान नहीं, ठोस सच्चाई है पारदर्शी।

'पिछले चार वर्ष मैंने गिन-गिन दिन बिताए हैं। स्थिति में कोई परिवर्तन अब भी नहीं आया। लगभग अकर्मा ही रहा इन चार वर्षों में। पत्र आदि भी यदा-कदा लिखे तो लिखे। अब सोचता हूँ कि ऐसे दम साधे तो चलने का नहीं, जैसे भी हो, जितना भी हो, चला जाए। तकलीफें चुप रहने पर भी बनी रहेंगी। रहें वह भी और मैं भी कुछ कहूँ। आप लिखते रहें तो बाहर निकलकर साँस लेने का मौका मिलता रहेगा। जरूरी होता है कि आदमी डुबकी लगाने के बाद साँस लेने के लिए बाहर निकले और फिर न हो तो डुबकी लगा ले।'

तब वाकई त्रिलोचन, जयमूर्ति देवी और अमित प्रकाश सिंह—"निराला निवेश" के एक कमरे में दम साधे सोचा करते थे। तब कवि त्रिलोचन 'लगभग अकर्मा' थे। 'जनवार्ता' से इस्तीफा देकर 'डुबकी लगाने के बाद साँस' ले रहे थे। कई दिन जब चूल्हा नहीं जला, धुआँ नहीं उठा, तो श्यामा सिंह नीचे आईं।

वह कुर्मी थी, विधवा थी, एम.ए. काशी हिन्दू विश्वविद्यालय से करने के बाद पं. हजारी प्रसाद द्विवेदी से पी.एच.डी. करने की आरजू-मिन्नत कर चुकी थीं।

वह हाथ जोड़कर दरवाज़े के बाहर उस दिन खड़ी थीं—'हमें आप अपना नहीं समझती हैं अम्मा।' श्यामा बहन के लिए न त्रिलोचन किंवदन्ती पुरुष थे, न

अम्मा, न अमित।

क्या होती हैं तकलीफें! चुप रहने पर भी उसे कैसे त्रिलोचन साधे रहे, इसे मैं, वाचस्पति और विजेन्द्र जानते हैं।

'निराला निवेश' के उसी घर में मैं जब दिल्ली से आता तो उन्हें बाहर निकलकर साँस लेते देखता। तब शुकदेव सिंह किंवदन्तियाँ फैलाते। और अकसर रसरंग के बहाने कभी नामवर सिंह, कभी केदारनाथ सिंह वहाँ जमते भी थे। बगल में रह रहे त्रिलोचन को न वह पहचानते थे, न उन पर सोचते थे।

सोचना क्या होता है त्रिलोचन पर यह आप 11 अगस्त, 1970 के वाचस्पति के पत्र से समझ सकते हैं : "मैंने उनकी कुछ कविताएँ 'स्थापना', 70 के अंक और 'साप्ताहिक हिन्दुस्तान' के लिए भेजी थी। वह स्वीकृत हैं।...यूँ खुद को अपना कुछ, अपने बारे में कुछ, कभी वे भेजते ही नहीं। निस्संगता यदि आधुनिकता का पर्याय है तो कम-से-कम जीवन के मामले में शास्त्री जी एकदम आधुनिक हैं। गत वर्ष 'लहर' ने श्री विष्णुचंद शर्मा की देख-देख में त्रिलोचन अंक की योजना बनाई थी।' यानी वाचस्पति, विजेन्द्र, उनके करीब के लोग मानते हैं त्रिलोचन उदासीन रहे अन्त तक, आत्मप्रचार से, अपनी ढोल पीटने से।

कुमारी मनीषा जैन की डायरी में न त्रिलोचन उदासीन नज़र आते हैं, न किंवदन्ती पुरुष। देखें 4 अप्रैल 1990 के उसकी डायरी का एक अंश :

"मैं मन्त्रमुग्ध होकर सुन रही थी और वे कहते जा रहे थे—'समाज में रहकर समाज का चित्रण ही कवि या कलाकार का व्यक्तित्व निश्चित करता है। किसी भी कवि को जनता से जुड़ा होना ज़रूरी है। चाहे जनता ऊँचे उठ रही हो या उसका स्तर गिरता जा रहा हो। कवि या रचनाकार को चाहिए कि वह जनता की गिरावट का भी वर्णन करे, तभी वह बड़ा बन सकता है।"

"जिस आलोचक की भाषा समझ में न आती हो, वह आलोचना किसी काम की नहीं है। रामविलास शर्मा को छोड़कर (रामचन्द्र शुक्ल के बाद) ऐसा कोई आलोचक नहीं हुआ जिसकी शब्दावली सहज हो। नामवर सिंह नए-नए शब्दों को ले आते हैं किन्तु जैसे शुक्ल जी नए शब्दों का अर्थ भी खोलते हैं, वह विशेषता किसी में नहीं है। शुक्ल जी बात कहते हैं और उसमें नया शब्द भी कह जाते हैं किन्तु साथ ही उस नए शब्द की व्याख्या करके, तब आगे बढ़ते हैं। इससे पाठकों में शब्दों का संस्कार होता है। इस तरह शुक्ल जी संस्कारक भी हैं। यही बात उन्हें उच्चकोटि का बना देती है।" (सर्वनाम-21, जनवरी-फरवरी-मार्च 1991)

किंवदन्ती पुरुष कहने वाले काशीनाथ सिंह, न काशी में, न सागर में, न भोपाल में, न दिल्ली में यह देखने त्रिलोचन के पास आए कि वह कहाँ उच्चकोटि के कवि हैं? कहाँ वह भारतीय भाषाओं के संस्कारक हैं? कहाँ वह 'धरती' से 'जीन की कला' तक महाश्वेता देवी और अरुन्धती राय की तरह इस देश पर सोचते हैं?

'जीने की कला' में ऋग्वेद से आज तक की कविता का मानव-मूल्य है। समर्पण किया है त्रिलोचन ने : 'जल, हरीतिमा, वन्य प्राणियों/और/मानव-मूल्यों की रक्षा में/जुटे लोगों को।

भूमण्डलीकरण के इस 'दुर्घट योग से दुनिया कैसे बचे'? यह चिन्ता अन्त तक त्रिलोचन को बेचैन करती रही थी। वह जानते थे, उनकी पत्नी जौनपुर की हैं जहाँ की भाषा भोजपुरी है। खुद त्रिलोचन ने 'अमोला' की भाषा को पूर्वी अवधी कहा है। नागार्जुन ने उसे पढ़कर कहा था 'त्रिलोचन, जायसी (पद्मावत के कवि) के बाद दूसरे कवि हैं।'

दिल्ली में चार विश्वविद्यालय हैं, पर किसी विश्वविद्यालय ने यह विचार नहीं किया कि 'सप्तकों' के बाहर त्रिलोचन का कवि किस मानव मूल्यों की रक्षा का कवि है? कभी त्रिलोचन ने लिखा था, "भाषाओं के अगम समुद्रों का अवगाहन मैंने किया।' मेरी जानकारी में कोई आलोचक या शोधार्थी उनसे यह पूछने नहीं आया, 'त्रिलोचन जी, आपकी भाषाओं का 'अगम समुद्र' कौन-सा है? आपको, अवधी में अवगाहन करते हुए क्या मिला?"

त्रिलोचन शास्त्री पचहत्तर साल के जब हुए थे तो कवि मंगलेश डबराल ने उनसे बातचीत की थी।

प्रश्न : कुछ कविताएँ भी इन दिनों लिखी हैं?

त्रिलोचन : कविता 1981 से एक भी नहीं लिखी। पत्नी के निधन के बाद मन उतना समाहित हुआ ही नहीं कि मैं लिख पाता कविता।

प्रश्न : मुझे लगता है आपकी कविता में गद्य की एक बड़ी भूमिका है, उनका आपस में गहरा रिश्ता है। बल्कि आपने कुछ ऐसी कविताएँ भी लिखी हैं जिन्हें आपने चाहे न कहा हो, दूसरों ने गद्य कविता कहा है।

त्रिलोचन : मैं स्वयं कहता हूँ। गद्य कविता। याद रखिए कि हिन्दी में छायादार युग में गद्य-काव्य लिखा गया। इस गद्यकाव्य में छन्दोबद्ध काव्य की शब्दावली और मुहावरे का पूरा असर था। तो मैंने यह चाहा कि भाषा तो एक ही है जिसे छन्द में बाँधिए चाहे छन्द से छूटने दीजिए, भाषा की लय पकड़िए। लय तो गद्य और पद्य दोनों में होती है। गद्य की लय थोड़ा अलग जाती है, वह अनियंत्रित होती है और पद्य की लय नियन्त्रित होती है। कवि वहाँ पंक्ति के अनुवर्तन में है, उसे हर पंक्ति को पूरा करना ही है चाहे भाव हर पंक्ति के पूरा होने के पहले ही खत्म हो जाए।...कविता तभी आएगी जब भाषा का पूरा विकास हो जाएगा। वाल्मीकि को देखिए तो मालूम हो जाएगा कि क्यों वही आदि कवि हैं और वही श्रेष्ठतम कवि हैं। कालिदास आदि उनकी बगल में बच्चे जैसे लगते हैं। दूसरी बात कविता की कोई पॉलिश नहीं है। बाद में तो भाषा की पॉलिश, ख़्यालात की पॉलिश—यह सब कविता से जुड़ती है। यहाँ तक कि लोकगीत भी

हो जाएगा, वह जो जनपदीय भाषा होगी, वह जब विकसित होगी, तब आएगा।' (जनसत्ता, 23 अगस्त 1992)

मौत तक चुप रहते हुए त्रिलोचन भाषा का पूरा विकास देख रहे थे। वह भाषा के विकास में कहाँ अज्ञेय से श्रेष्ठ हैं। कहाँ जनपदीय भाषा को वह रघुवीर सहाय से अधिक विकसित करते हैं। कहाँ केदारनाथ सिंह से अधिक भाषा के विकास में सजग कवि हैं, कहाँ विजेन्द्र के काव्यशास्त्र की कविता पॉलिश की हुई है, यहाँ तक जनपद के बावजूद ख़्यालात की पॉलिश भरी पड़ी है। आज ये सारे प्रश्न उस दिन भी मेरे सामने थे, जब वह दूरदर्शन में मेरे सवाल पर बौखला गए थे। अब कुबेर दत्त ने वह वार्ता 17/1/2008 और 19/1/2008 बाद में प्रसारित कर दी है। आप देखेंगे त्रिलोचन अपनेपन के बावजूद कविता की सामयिक भूमिका में अपने बारे में उदासीन हो चुके थे। वह मेरे प्रश्नों पर सोचते थे, कबीर की परम्परा, जायसी की परम्परा, तुलसी की परम्परा से अलग अपनी परम्परा पर सोचते भी थे। पर उन्हें किंवदन्ती-पुरुष बनाकर लोगों ने उन्हें जीते-जीते कविता की धारा में डुबो दिया था। उसी वार्ता में त्रिलोचन ने पहली बार कहा था (आराधना के कवि) निराला निराश हो चुके थे, मैं उनके सामने आशा की कविता (अपने पाठकों से संवाद करते हुए, उन्हें संस्कारक बनाकर) लिख रहा था। शमशेर के इसीलिए वह 'प्रिय कवि' थे। यदि 'टूटी हुई बिखरी हुई' कविता के विकास को आलोचकों ने देखा होता, तो 'बैल' कविता के मूल में त्रिलोचन की आशावाद और काठी को हिन्दी पाठकों के सामने रख सकते थे। यहाँ शमशेर और त्रिलोचन कविता के भविष्य के एक मानक कवि हैं। मैं जब 1991-94 में वाल्मीकि रामायण का 'युद्ध काण्ड' पढ़ कर डायरी लिख रहा था, तब मेरे सामने 'युद्ध' के दो ही कवि थे, वाल्मीकि और त्रिलोचन!

त्रिलोचन के बाद

(20.08.1917-09.12.2007)

फिलिस्तीनी कवि महमूद दरवेश की मार्मिक कविता का अंश :

और उन्होंने उसके सीने की तलाशी ली
लेकिन उन्हें सिर्फ उसका दिल मिल सका
और उन्होंने उसके दिल की तलाशी ली।
लेकिन उन्हें सिर्फ उसके लोग भर मिल सके
और उन्होंने उसकी आवाज की तलाशी ली
लेकिन उन्हें सिर्फ उसका दुख मिल सका
और उन्होंने उसके दुख की तलाशी ली
लेकिन उन्हें सिर्फ उसका कैदखाना मिल सका।

अनुवाद : अशोक वाजपेयी

(1)

आलोचक ने अपना काव्य-शास्त्र उलट-पलट डाला। कवियों ने अपनी जासूसी की इत्मीनान से। पत्रकारों ने कागज भर डाले फोटो से। शोक समाचारों से। बेटों ने कर्मकाण्ड पूरा किया।

लम्बी यात्रा की यादों को समेटते हुए वाचस्पति ने लिखा, "त्रिलोचन जी के गाँव 22/12 को यहाँ (बनारस) के 6 जन पहुँचे। अलग दिशाओं से उनके सुपुत्र जय जी (डॉ. जयप्रकाश सिंह) व अमित (अमित प्रकाश सिंह) जी भी चिरानी पट्टी पहुँचे। अगले दिन रविवार को ही त्रिलोचन जी की बरखी (वार्षिक श्राद्ध) का भी आयोजन हुआ। अमित प्रकाश सिंह मंगलवार को जगतगंज में पार्वती गेस्ट हाउस में ठहरे। वहीं एक शोक सभा भी हुई जिसकी खबर मैंने बुधवार 26 दिसम्बर 2007 को यहाँ के 'हिन्दुस्तान' में पढ़ी। शोकसभा की खबर फोन से उन छह व्यक्तियों को नहीं दी गई जो अमित के फोन पर चिरानीपट्टी गए थे। 'वागर्थ' जनवरी 2008 में त्रिलोचन जी का एक इंटरव्यू (20.10.2007) छपा है।"

उनके मार्मिक कथन हैं...'जो शहर मुझे पसन्द है...वह तो बनारस ही है।'—'बनारस में रहते हुए मैं सबसे ज्यादा खुश रहा...इस शहर ने मुझे बहुत खुशी दी।'

बनारस में शोकसभा करने, शामिल होने अमित आए। त्रिलोचन जी की भस्म/अस्थियाँ सिर्फ हरिद्वार तक ही रहीं। पाखण्ड प्रणम्य है।

यह खत रविवार 30 दिसम्बर 2007 ई. का है। पता है : वाचस्पति, सामने घाट रोड, महेश नगर (पश्चिमी गली) पी.ओ. बी.एच.यू., वाराणसी—221005।

वाचस्पति के इसी मकान में कई बार त्रिलोचन आए हैं।

जहरीखाल, काशीपुर से हर बार शकुंतला जी या वाचस्पति उनके हारे-गाढ़े दिनों में उपस्थित रहे हैं। घाट किनारे के इस मकान में असंख्य पत्र और प्रकाशित, अप्रकाशित रचनाएँ वाचस्पति के पास सुरक्षित हैं। वह पत्र एक बेचैन शिष्य का है, जो कई बातों में भीतर से हिल गया है।

त्रिलोचन अन्त में दो हिस्सों में बँट गए थे। एक हिस्सा, उषा सिंह के साथ हरिद्वार और अमित प्रकाश सिंह के साथ वैशाली गाजियाबाद में रहा! बड़ा बेटा डॉ. जयप्रकाश सिंह आज भी बनारस में हैं।

बनारस में 1940 से 1970 तक त्रिलोचन ने असंख्य रचनाएँ लिखीं। उनके 'ज्यादा खुश' रहने का एक कारण बनारस का उनका रचना-काल है। त्रिलोचन के चुपचाप चले जाने पर हंस के कार्यकारी सम्पादक संजीव ने लिखा:'...रविवार 9.12.07 को शाम चार बजे आखिरी साँस ली। यूँ कोई बड़ा मलाल भी नहीं होना चाहिए त्रिलोचन को...। जीवन के 91 बसंत देख चुके थे। एक तरह से पूरी उमर जी ली थी।...मलाल था तो सिर्फ इस बात का कि हिन्दी के इस चलते-फिरते जीवित कोश ने जब छह महीने पहले लिखने के लिए कागज उठाया तो लिख न पाए।' (हंस, जनवरी 2008)

(2)

त्रिलोचन के बाद एक बात है 'अलग दिशाओं की'। दूसरी बात है, बनारस है त्रिलोचन की रचना-भूमि। तीसरी बात है 'धर्म विनिर्मित अन्धकार' में यानी कर्मकाण्ड और पुरोहित वर्ग के पाखण्ड की। चौथी बात है खुद त्रिलोचन के सोच की, मूल्य की, लक्ष्य के प्रति समर्पण भाव की।

बात त्रिलोचन की सोच से शुरू करूँ। तब वह अपने बड़े बेटे जयप्रकाश सिंह के साथ रहते थे। पता था 'न्यू-जी-21, हैदराबाद कॉलोनी, बी.एच.यू., वाराणसी-5। यहीं पड़ोस में कभी डॉ. रामविलास शर्मा भी रहते थे, जिन्होंने खोज के सिलसिले से मुझसे कहा था, 'जय की इतिहास में अच्छी गति है।' खुद त्रिलोचन के इतिहास के जयप्रकाश सिंह एक आधिकारिक लेखक हैं। 28

अगस्त, 1971 के पत्र में कवि त्रिलोचन ने कवि विजेन्द्र को लिखा था :

'दीर्घकाल के बाद ये पंक्तियाँ आप तक पहुँचने के लिए रच रहा हूँ। सोचना सही है आपका, या किसी का, कि क्या हो गया ऐसा जिससे मैं इतना अलग-अलग दिखा। जवाब है भी मेरे पास और नहीं भी, पर सच्चाई यह है कि जिन्हें जान-मान लिया, उनसे अकेले में, प्रायः अनुदिन, बात करता हूँ और मुझे नहीं जान पड़ता कि ऐसे लोग मुझसे दूर हैं या मैं उनसे दूर हूँ। तो मत समझिए कि मुझे कोई बदल कहीं और कर रहा है। आपकी कोई चीज़ कहीं दिखाई दे, मैं देखे बिना रह जाऊँ, और देखकर उसकी चर्चा न करूँ, यह न हुआ न कभी होगा।' (कृति ओर, अंक-46)

(3)

निगम बोध घाट पर 'अलग दिशाओं' से लेखक, कवि, पत्रकार और नेता आए थे। यह त्रिलोचन को अपना जान-मान लेने का एक गहरा मानवीय सूत्र है। हर रचनाकार को त्रिलोचन ने कहीं रचा है। बनारस में उनके अपने जाने-माने लोगों में मैं भी था। विजेन्द्र, विद्यासागर नौटियाल, वाचस्पति, अवधेश प्रधान, नामवर सिंह, केदारनाथ सिंह, ठाकुर प्रसाद सिंह, जगत शंखधर यानी साहित्य संस्कार के ये हैं रचे व्यक्तित्व। मैंने देखा है अन्त तक उनमें अपने साहित्य-संसार के रचे व्यक्तित्व से कोई बदलाव नहीं आया। अकसर वे अपने एकान्त में उनसे अकेले में, प्रायः अनुदिन, बात किया करते थे। मैंने लम्बी रातें उनके साथ घूमते हुए ये बातें सुनी हैं। यदि राजघाट पुल पर वह सूर्य प्रताप सिंह की बात करते थे, तो दूसरे छोर, तुलसीघाट तक पैदल आते हुए वे केदारनाथ सिंह की बात या जय के साथ का कोई प्रसंग सुनाते या 'मौन सेंदुर शान्त जल का' के एक बिम्ब पर बात को आगे बढ़ाते। शायद ही बनारस का कोई नया कवि हो जिसकी रचना त्रिलोचन ने न देखी हो। और उसके काव्य रूप पर बात न की हो। इतना धैर्य किसी सम्पादक में मैंने आज तक नहीं देखा है, जो नई पीढ़ी के रचाव पर सोचता हो।

यह बनारस, राँची, भोपाल, सागर, दिल्ली में रहने वाले लेखक कभी बताएँगे कि उनकी रचनाएँ देखकर, उनकी प्रतिक्रिया क्या रही। यह रचनारत त्रिलोचन की भूमिका, मैंने 'आज', 'जनवार्ता', 'हिन्दी शब्दसागर' और 'अंग्रेजी-हिन्दी कोश' में करीब से देखी है।

इलाहाबाद में वह रोज 'महाकुम्भ' देखने जाते थे। न वह सड़ान्ध, दुर्गन्ध से पीछे लौटते, न आह-कराह करते। 'युद्ध काण्ड' के वाल्मीकि और महाभारत के व्यास की तरह—एक-एक इन्सान की विडम्बना को त्रिलोचन ने करीब से देखा है। उनका सूत्र वाक्य है : 'धर्म विनिर्मित अन्धकार से लड़ते-लड़ते/आगामी मनुष्य

तुम तक मेरे स्वर बढ़ते।'

जो लोग सारे भारत को धर्म विनिर्मित अन्धकार में दफना रहे हैं—वह ईसाइयों और उनके चर्च, मुसलमान और उनकी मस्जिद को गिरा कर—एक भगवा भारत का अन्धकार युग लाना चाहते हैं। जबकि उनसे लगातार लड़ते हुए त्रिलोचन का कवि कबीर, जायसी, तुलसी, प्रेमचन्द, निराला का सन्देशवाहक कवि है। वह नई पीढ़ी में 'आगामी मनुष्य' पर अटूट आस्था पैदा करते रहे हैं। यही उनका सक्रिय दर्शन की सोच 'धरती' से अन्त तक रही। यही मूल्य था जिस पर हर पीढ़ी से संवाद करते रहे। वह मूल्य था : 'लड़ता हुआ समाज/नई आशा/अभिलाषा/नए सत्य के साथ/नई देता हूँ भाषा।' त्रिलोचन का लड़ता हुआ भारतीय समाज—माओत्से तुंग के स्वप्न का भारतीय समाज है। उसे रचने की अटूट आशा उनमें है। वे उसी मानवीय अभिलाषा के अद्‌भुत कवि हैं। उस सत्य के लिए त्रिलोचन ने नई भाषा दी।

(4)

अपमान का घूँट पी जाने की अकूत शक्ति थी त्रिलोचन में। 'स्पष्टीकरण' कविता में वह सीधे रामविलास शर्मा और प्रकाशचन्द्र गुप्त से संवाद करते हैं। उन प्रगतिशील आलोचकों का घोड़ा तब वाकई तेज था और त्रिलोचन पैदल थे। तुलसीदास या वाल्मीकि के धैर्य का 'रूपक' त्रिलोचन के अपने व्यक्तित्व में समा गया था, जैसे सॉनेट को त्रिलोचन ने अपनी काठी का कुर्ता बना लिया था।

मैंने 'कवि' 1957 के 'विशिष्ट कवि' त्रिलोचन पर लिखा था, फिर उनके अपमान का घूँट पीकर चुप रहने की प्रवृत्ति को देखकर 3 कविता पुस्तकों का चयन किया था। एक व्यंग्य कविता का संग्रह हुण्डार, दूसरा व्यक्तिगत, तीसरा अरघान। 'हुण्डार' को भारतीय ज्ञानपीठ ने नहीं छापा था। व्यक्तिगत की पाण्डुलिपि स्व. ओमप्रकाश ने राधाकृष्ण प्रकाशन से लौटा दी थी। 'अरघान' काव्य संग्रह 'यात्री प्रकाशन' ने छापा था। महाकुम्भ के 27 सॉनेट मैंने 'सर्वनाम' में छापे थे। त्रिलोचन ने मुझे बताया, 'महाकुम्भ प्रसंग के 24 सॉनेट थे।' जिस व्यक्ति ने हजारों कविताएँ लिखीं, उसकी 'धरती' के अलावा कोई पुस्तक का दूसरा संस्करण आज तक नहीं छपा। एक खत लिखा था कवि विजेन्द्र को त्रिलोचन ने :

'क्या आपको ऐसा नहीं लगता कि हिन्दी में सन्नाटा है इन दिनों। अच्छी चीज़ें छपें भी तो लोग होठ सी लेते हैं। कोई कुछ नहीं कहता और नहीं तो विरोध ही किया जाता। वह भी नहीं होता। इसी कारण हिन्दी में नाम है व्यक्तित्व नहीं। फल है हिन्दी अपमानित है। जहाँ भाषा का भी ध्यान न हो वहाँ भाषियों की सत्ता ही क्या!' (वही, कृति ओर 46, अक्टूबर-दिसम्बर 2007)

काशी की जमीन के भगवान सिंह ने 'इन्द्रधनुष के रंग' में लिखा था,

'त्रिलोचन : एक कवि, एक प्रश्नचिह्न'। (96) 'स्पष्टीकरण' कविता की पृष्ठभूमि बताई है भगवान सिंह ने कि त्रिलोचन का 'सही मूल्यांकन' उस धारा के कवियों और आलोचकों से नहीं हो सका है जिसके साथ त्रिलोचन जुड़े हुए थे। 'क्योंकि शायद उनकी नजर में त्रिलोचन रूपवादी थे, समाज में उठने वाली ध्वनियों को पकड़ने वाले ध्वनिग्राहक के साथ ही साथ सौन्दर्य उपासक भी थे...'

यह इकहरा आरोप है। प्रगतिशील कवियों में मुक्तिबोध ने 'धरती' का गम्भीर मूल्यांकन किया था। और शमशेर के प्रगतिशील मापदण्ड का आधार ही त्रिलोचन का 'सरल' काव्य था। यह सरलता, गालिब की 'सादगी ओ पुरकारी' थी, इसीलिए अन्त तक शमशेर का त्रिलोचन 'प्रिय कवि' रहा। शमशेर के प्रिय कवि की कसौटी बड़ी कड़ी थी :

(1) गहरे basic संस्कारों को अपने अन्दर पैदा करना। मसलन, किसके संस्कार को—लोकगीत के, तुलसी के मर्म के, कबीर की सामाजिक अनुभूति के, मीर और अनीस और मतिराम और रत्नाकर के भाषागत और गालिब और निराला और रवीन्द्रनाथ के भावगत श्रेष्ठ कलात्मक सुरुचि के। (2) देश के निर्माण की समस्याओं को अपनी व्यक्तिगत समस्या बनाना। (3) संसार की महान संस्कृतियों के जीवन्त तत्त्वों की मदद से अपनी संस्कृति को पहचानना और उससे अपनी अनुभूतियों को मूल्यवान बनाना और उनकी मार्मिक अभिव्यंजना के लिए सुरुचिप्रवण शक्ति ग्रहण करना। (4) विनम्रता ग्रहण करना, दलबन्दी और साहित्यिक विद्वेषों को दूर से नमस्कार करना : अगर सचमुच कुछ उठना चाहते हैं हम, तो। यह न भूलना कि किसी भी कला माध्यमों की सार्थक साधना के लिए एक पूरी लम्बी उम्र भी काफी नहीं। (5) आलोचना में सदैव निष्पक्ष, निर्भीक विश्लेषण की माँग करना, लिबलिबेपन की, जो सच्चे, नौजवान साहित्यिकों की स्पिरिट के हमेशा खिलाफ है। (जनवरी, फरवरी, मार्च, कवि 1958)

मेरी समझ में 1958 से 'बैल' कविता तक शमशेर लगातार त्रिलोचन की प्रगतिशील और श्रेष्ठ कविता (क्लासिक कविता) को ही परिभाषित करते रहे थे। वह नई कविता के समानान्तर केवल एक कवि त्रिलोचन की कविता, कवि कर्म, कविता की काठी और कला माध्यम की सार्थकता को चुनौती के साथ परखते रहे थे।

(5)

त्रिलोचन की परख, उनके जीवन काल में प्रगतिशील धारा रामविलास शर्मा ने की। उनके बहुआयामी व्यक्तित्व पर स्व. शिवचन्द्र शर्मा ने 'स्थापना' के 3 अंक सम्पादित किए। सामयिक कविता के दौर में शिवदान सिंह चौहान ने 'हिन्दी साहित्य के अस्सी वर्ष में' और प्रो. चन्द्रबली सिंह ने 'आज' के वार्षिक सर्वेक्षण में

की। इधर 'सम्प्रेषण' का 'त्रिलोचन अंक' चन्द्रभानु भारद्वाज ने और 'कृति ओर' के सम्पादक विजेन्द्र ने अपनी डायरी के अलावा त्रिलोचन की जनपदीय संस्कृति पर गहराई से विचार किया। मरने के बाद हर पत्र में सम्पादकों ने अपनी रुचि की त्रिलोचन की कविताएँ छापीं। 'चिराना पट्टी के शास्त्री जी' को उनके गँवई परिवेश में निकटता से देखा है रामाज्ञा राय शशिधर ने 'समयान्तर' (जनवरी 2008) में। बड़ा मार्मिक चरित्र उकेरा है 'नया ज्ञानोदय' (जनवरी 2008) में पद्मा सचदेव ने। एक मार्मिक प्रसंग आप भी पढ़ें : "पत्नी 1988 में दिल के दौरे से गई। उन्हें पता चल चुका था कि जा रही हैं। मुझे कहा—'मुझे छाती में बड़ा दर्द हो रहा है, ऊपर उठाओ।'—मैंने उन्हें बच्चे की तरह गोद में.उठा लिया। देखते ही देखते खेल खत्म हो गया। (पद्मा सचदेव : 'दाल का दूल्हा चला गया', नया ज्ञानोदय, जनवरी 2008)।

यानी हर रचनाकार के रचनारत व्यक्तित्व में त्रिलोचन का स्थाई पता है। मंगलेश डबराल और वाचस्पति, राजेश जोशी और विश्वनाथ त्रिपाठी, विष्णु खरे और केदारनाथ सिंह को कविता के बदलाव में त्रिलोचन एक मानक की तरह याद रहे हैं। 'ताप के लिए त्रिलोचन' (1981) लेख में केदारनाथ सिंह ने लिखा है :

'त्रिलोचन के शिल्प की एक खास बात यह है कि वे किसी भी वस्तु का प्रतीकवत् प्रयोग नहीं करते। अपनी कविता में, वे अपनी सारी काव्यात्मक जिम्मेदारी के साथ उसे 'वस्तु' ही बने रहने देते हैं। वस्तुतः इसका सम्बन्ध भारतीय साहित्य की रूप-सम्बन्धी अवधारणा की एक विशिष्ट परम्परा से है, जिसके व्यावहारिक उदाहरण हमें अपनी लोक-कविता और क्लासिकी-कविता में एक साथ मिल सकते हैं। यह परम्परा एक खास ढंग से प्रेमचन्द के कथा-साहित्य में भी जीवित है। वहाँ भी मुझे वर्णन के क्रम में आने वाली वस्तुओं को प्रतीकों में बदल डालने की जल्दी कहीं नहीं दिखाई पड़ती। 'नए पत्ते' और 'बेला' की कुछ कविताओं में निराला ने भी इसी तथ्यपरक कला का प्रयोग किया है। 'नगई महरा' में त्रिलोचन ने, कविता के सारे प्रलोभनों को एक तरफ रखकर और पूरी तरह अकाव्यात्मक हो जाने का ख़तरा उठाते हुए भी, इस पद्धति का अत्यन्त सधा हुआ इस्तेमाल किया है। वे गाँव-गँवई के अपढ़ कथावाचक की तरह एक-एक दृश्य और घटना को सामने लाते जाते हैं और एक अद्‌भुत धैर्य के साथ मानो इस बात का इन्तजार करते हैं कि तथ्यात्मक तफसीलों से भरा और ऊपर से तनावमुक्त दिखने वाला वह सारा वर्णन धीरे-धीरे परस्पर गुम्फित होकर एक अर्थपूर्ण रूपक में बदल जाए।' (मेरे समय के शब्द, पृ. 84, 1993)

तनावमुक्त दिखने वाली थीं त्रिलोचन की कहानियाँ। कथाकार त्रिलोचन को किसी कहानी के आलोचक ने याद भी नहीं किया। मैंने देशकाल (कहानी संग्रह) की 'सर्वनाम' में समीक्षा की थी। इसी तरह आलोचक त्रिलोचन की भी एकमात्र

पुस्तक की भूमिका अवधेश प्रधान ने लिखी है। मैंने कवि त्रिलोचन की 85वीं वर्षगाँठ पर लिखा था 'त्रिलोचन, प्रेम और सौन्दर्य के कवि।'

वैशाली में, जब यह कहा जाता था कि त्रिलोचन न बोल पाते हैं, न किसी को पहचानते हैं। मैंने जाते ही पूछा था : 'बिना बुलाए जो आता है प्यार वही है।' यह किसकी उक्ति है। त्रिलोचन हँसे थे और पंखुरी के पूछने पर मेरा नाम लिया था। 'अमोला' अवधी में लिखा त्रिलोचन का एकमात्र संग्रह है। बरवै छन्द में वह लगातार अपनी पत्नी से संवाद करते रहे। एक प्रसंग 1988 का पद्मा सचदेव का आपने देखा। सागर में मैंने खुली हुई खिड़की के पास खाली कुर्सी देखी थी, जहाँ बैठकर वह अखबार पढ़ती थीं। मॉडल टाउन में रहते हुए शमशेर ने वह काम किया जो त्रिलोचन नहीं कर सकते थे। शमशेर ने उन्हें साक्षर बनाया। मैंने (राष्ट्रीय सहारा, 19 अगस्त, 2001) वह प्रसंग याद दिलाते हुए लिखा था :

'शायद त्रिलोचन उसी खिड़की के पास आ बैठे हैं...जहाँ बैठकर उनकी पत्नी ने आखिरी साँस ली थी।' त्रिलोचन उसके बाद जहाँ भी रहे, अपनी पत्नी से एकान्त में संवाद करते रहे। उनके उस एकान्त कक्ष में केवल उनका कवि आ सकता था। मैंने अकसर उन्हें अपने 'कविता के घर में' (शमशेर का भी एक 'कविता का घर' था) काँटों की सेज पर भीष्म पितामह की तरह पड़े हुए देखा है। उनके एकान्त में था उनका 'मानदण्ड'। वह अकसर शमशेर और निराला के बीच तन और मन से विचरण करते हुए निराला के बाद का कविता से आत्मसंघर्ष किया करता था।

कृति ओर (अंक-46) में विजेन्द्र ने 'नव काव्य का परिवेश और उसका भविष्य' लेख त्रिलोचन का छापा है। यहाँ नाम है, पर व्यक्तित्व नहीं है, यह बात दो तरह से आलोचक त्रिलोचन ने कही है। एक बात है : 'थोड़े से कवि हैं जो कुछ कह सकते हैं।' दूसरी बात है : 'इधर नए कवि अंग्रेजी में अनूदित दूसरी भाषाओं की कविताओं की बड़ी खोजबीन में रहते हैं। पढ़ते हैं और अपने ढंग से विचार कर लिखते हैं। जितनी सार्वभौमिकता इधर आई है इससे पहले नहीं।'

खुद त्रिलोचन इधर की कविताओं में 'जैविक कवि' के रूप में भविष्य की कविता का एक संकेत दे चुके हैं। आज की कविता में से भविष्य में कौन सुरक्षित रह पाएगी, यह सवाल कठोर है। पर त्रिलोचन ने कठोर रास्ते से ही हिन्दी का भविष्य बनाया था। यह कविता, कहानी, आलोचना में कभी निराश नहीं रहे, न ही महानगर की वैश्विक कविता और मानदण्डों की टक्कर से वह उदासीन रहे। यह आशावाद त्रिलोचन ही नई पीढ़ी को दे सके हैं कि, "प्रत्येक वस्तु को कद्र और कीमत मिलती है।" कभी दूसरे महायुद्ध में 'आई विल नॉट रेस्ट' पुस्तक लिखी रोम्या रोलां ने। त्रिलोचन ने उस जमीन से कहा था : 'मैं विश्राम न लूँगा। जब तक अन्य रहेगा!' आज भी मेरी दृष्टि में त्रिलोचन 'युद्धकाण्ड' के कवि हैं। मैंने

जब-जब वाल्मीकि रामायण का 'युद्ध काण्ड' पढ़ा, तब-तब सिर्फ वाल्मीकि के साथ मुझे त्रिलोचन नजर आए। तब की मेरी डायरी 1991-94 की है। रामविलास शर्मा ने 'अरधान' की 'महाकुम्भ' कविता को इस युग का लघुतम महाकाव्य कहा भी है। खुद त्रिलोचन ने उसी लेख के अन्त में कहा था :

'हिन्दी की इन बहुकारक रचनाओं में यदि बहुजीवन की छवि कुछ भी होगी, तो आगे के लोग अपनी-अपनी रुचि से अपनाएँगे। परस्पर भिन्न दिखने वाली ये कविताएँ नई हिन्दी के रूप को सँवार ही रही हैं। भविष्य का भी गठन और ठवन इनके द्वारा और निखरेगी।' (कृति ओर, पृ. 9)

शमशेर की भविष्य की कविता और त्रिलोचन की भविष्य में 'सुरक्षित कविता' का केन्द्रीय अनुभव है पाठक से अटूट संवाद। दोनों अपने 'प्रिय गान' के नाते याद किए जाते हैं। दोनों बहुजीवन की छवि के कवि हैं। त्रिलोचन ने 1957 में यह बात थोड़े आत्मविश्वास से कही थी :

यदि मैं तुम्हारे प्रिय गान नहीं गा सका तो
एक दिन तुम मुझे छोड़ चले जाओगे।

मुक्तिबोध के समक्ष सभ्यता का संकट था। 'दिमागी धुन्ध' के भटके हुए से कवि कहते थे और मुक्तिबोध उनसे सार्थक संवाद करते थे। त्रिलोचन और शमशेर ने कविता के इतिहास को बनाने में कभी अपनी कृति या बुद्धि खोई नहीं। आज की कविता में 'भग्न मनोरथ' के कवि सत्ता के गलियारे में भटक रहे हैं। मुझे त्रिलोचन के बाद यह कहावत याद आ रही है : 'तागा टूटे, फिर जुड़े, फिर टूटे जुड़ जाए/मन वह टूटा आदमी धौरे-धौरे जाए।' तागा टूटने पर मैंने त्रिलोचन को बार-बार गाँठ बाँधते हुए देखा है, क्योंकि वह जनपद से शहर-दर-शहर अपने पाठकों से जुड़े रहे और पाठक उनकी प्रिय कविता से सीखते रहे।

त्रिलोचन का अपनापन

(20 अगस्त 1917–9 दिसम्बर 2007)

"मैंने कहा, मैंने अपनी किशोरावस्था में वैसवाड़ी में बैलगाड़ी के लिए लढ़िया शब्द ही सुना है। त्रिलोचन जी बोले : हाँ लढ़िया भी कहते हैं। पर लढ़िया बैलगाड़ी से कुछ छोटी होती है, और उसमें एक ही आदमी के लिए जगह होती है। असल में शुरू में एक बैल को हाँकने के लिए ही लढ़िया का इस्तेमाल होता था फिर वह अपनी सहज हँसी हँसने लगे...वह हँसी याद आती है जो फिर कहीं गहरे से निकली हुई लगती थी–उनकी धीर वाणी की तरह।"

– प्रयाग शुक्ल

किसी से मिलते समय हम अपनापन जगाए चलते हैं, खासकर जब मिलने वाला हमारे ही जैसा कोई होता है। यह अपनापन कठिन होता है केवल भाव के आवेश में इसके बंध कुछ शिथिल होते हैं। बंध की यह शिथिलता हमें कुछ-कुछ जल का स्वभाव दे जाती है। तभी हम मिलने वाले से भिन्नता रखते हुए भी अंगीकार या स्थापित करते हुए एक पंथ बना लेते हैं। एकाकी क्षणों में इसका बोध अधिक स्पष्ट होता है।

यह एकाकी क्षणों का बोध त्रिलोचन के अपनेपन का बोध है। अपनेपन का यह कोण, प्रेमलता वर्मा के सामने वह उपस्थित करते हैं। यह प्रसंग उनके 18/12/1962 के खत का है।

त्रिलोचन का 'अपनापन' एक 'कठिन सूत्र' रहा है स्व. कथाकार राधाकृष्ण के मन में। 'यह सोचते थे त्रिलोचन बहुत विद्वान हैं। और खूब अध्ययन किया है उसने। अध्ययन ने उसे अध्यापक और आलोचक की तरह बनाया, जबकि उसे मूलतः कवि होना चाहिए था। तो कवि तो वह है, परन्तु वह दूसरों के लिए कविताएँ नहीं लिखता। वह अपने लिए कविताएँ लिखता है। उन कविताओं को वह संजोकर रखता है, और अपने आपसे जैसे पूछता है कि, 'मैं ठीक-ठीक उदासीन और वीतराग हूँ न?'

1940 के बाद स्व. शमशेर बहादुर सिंह ने बार-बार त्रिलोचन की खोज की है। उनके पिता कब संन्यासी हुए। उनके घर में नानी और माँ के संस्कारों का

संघर्ष त्रिलोचन को उदासीन क्यों मानता है? वह ठोस ज़मीन क्या है?

20 अगस्त 1917 में जन्मे, त्रिलोचन का गाँव है सुल्तानपुर। आज वह इलाका बदल गया है। चन्नापट्टी में 'नगई महरा' आज नहीं है। गाँव से बँसवर में उसने कभी मड़ई खड़ी की थी। लोग याद करते हैं, नगई की मड़ई के पास बहुत साँप सुने जाते हैं। कुछ कदम पर डंडियवा का मसान था। त्रिलोचन की आँखें गाँव से अलग छनिहर पिछड़ी बस्ती को जानती रही हैं। उसके कान इस गाँव के कहन-रस में पगे हैं। गाँव में रहते समय एक ही त्रिलोचन, गाँव का 'छोटा मास्टर', 'चमारों का संगठनकर्ता' 'टूटे संयुक्त परिवार का पढ़ाकू युवक', और पतझर या बसंत का कवि यानी बहुत-सा त्रिलोचन बन गया था। कार्यक्षेत्र की यही भिन्नता है जहाँ हमें नज़र आते हैं, भिन्न-भिन्न त्रिलोचन। गाँव का एक बेचैन त्रिलोचन अपनी धरती पर तब सोचा करता था :

इस जीवन का मोल बहुत है। मोल कूतना सहज नहीं है
फिर भी इस जीवन का दुनिया में अपमान हुआ करता
इतना जितना पार नहीं है।

अपना अपमान झेलकर जीने की कथा ही त्रिलोचन की जीवन यात्रा रही है। पिछले सात दशकों से त्रिलोचन प्रगतिशील कविता की कल्पित वस्तु या कथा रहे हैं। वह आधुनिक भारतीय मानसिकता के गढ़न या आकार के नाते प्रतीकात्मक कवि माने जा चुके हैं। मेरा उनका नाता, पिता-पुत्र या गुरु-शिष्य का रचनात्मक और सोद्देश्यपरक रहा है।

19/3/1963 के प्रेमलता वर्मा को लिखे खत में वह स्वीकार करते हैं, 'मैत्री अवस्था की मेड़ों को भी लाँघ जाती है। मुझे पेड़, पौधे, जीव-जन्तु, नदी, जलाशय, पहाड़, भवन सभी मित्र लगते हैं।...इसी कारण मैंने तुम्हें मित्र लिखा और कहा। एक क्रिया वाले मित्र होते हैं, इस प्रकार भी हम मित्र हैं। श्री विष्णु चन्द्र शर्मा मुझे पुत्र लगते हैं, प्रायः हम मित्र के स्तर पर बात करते हैं। फिर भी अवस्था का अंतर तो रहता है पर कोई विषय ऐसा नहीं जिस पर हम बात न करते हों।'

जब मैं 17 वर्ष का था और दसवें दर्जे का छात्र था, तभी से त्रिलोचन की डायरी में मेरा ज़िक्र मिलता है। 19 जनवरी 1951 की डायरी का अंश है, 'विष्णु चंद्र आए उनको कोई लेख लिखने का ख़ब्त था। देखा तो शीर्षक ही गलत था, लिखने से मना किया। मान गए।' प्रसंग काशी में तुलसीदास के स्थानों की यात्रा का है। लेख मैंने नानाजी (स्व. रामनारायण मिश्र) को सुनाया था, वह खुश हुए थे। उन्होंने श्री उदयशंकर शास्त्री को दिया था। भाषा की भूलें सुधार कर शास्त्री जी ने 'आज' में देना चाहा था। मैंने त्रिलोचन की सलाह मानकर लेख को रोक लिया था।

फणीश्वरनाथ 'रेणु' ने त्रिलोचन के साथ कभी दो-ढाई घंटे से ज्यादा समय

नहीं बिताया है। फिर भी वह उनके व्यक्तित्व को 'शब्दयोगी' कहा करते थे। पटना में मिले थे, 'रेणु'। उनके मन को हमेशा ऐसा लगता है कि, इस व्यक्ति के साथ वर्षों दिन-रात रह चुका हूँ। इसकी छोटी-से-छोटी और बड़ी-बड़ी, अच्छी-बुरी, आदतों को, अच्छी तरह जानता हूँ। रेणु के लिए 'त्रिलोचन, फूलने वाला कैक्टस' है। रेणु ने त्रिलोचन, कबीर या फारसी के कवि जलालुद्दीन रूमी और बांग्ला के प्रसिद्ध बाउल-गायक लालनफकीर के गीतों को 'देहातीत सुख' कहा है। वह परस-भिन्नता में भारतीय संस्कृति की आत्मा-सा प्राणवान गुण है। अंत में रेणु' सोचते रह जाते हैं :

'त्रिलोचन (जी) को देखते ही हर बार मेरे मन के 'ब्लैक बोर्ड' पर, एक 'अगणितिक', असाहित्यिक तथा अवैज्ञानिक प्रश्न अपने आप लिख जाता है, 'वह कौन-सी चीज़ है, जिसे त्रिलोचन में जोड़ देने पर वह शमशेर हो जाता है और घटा देने पर नागार्जुन...?'

त्रिलोचन का घर था तब अकनूभवन। एक बार गोर्की की तस्वीर पर बहस चल रही थी। गोर्की की आत्मकथा और कहानियाँ हमारे रोज की चर्चा का विषय था। गोर्की की तस्वीर को त्रिलोचन ने पहाड़ी शैली की दृढ़ आकृति कहा था। प्रमोद कुमार गुप्त तब चित्र बनाने लगा था। नामवर सिंह 'बकलम खुद' के निबन्ध लिखकर अपनी और ज़माने की ख़बर लिया करते थे। उस दिन की गोर्की की दृढ़ता धीरे-धीरे त्रिलोचन में रूपांतरित हो गई थी। इसे जितेंद्र के कथाकार ने देखा था। सबने कहा था : 'त्रिलोचन गोर्की की ज़मीन के लेखक हैं।' बार-बार गोर्की को पढ़ते समय मैंने त्रिलोचन की ही दृढ़ता की पहचान की है।

अपनी आत्मकथा 'अपनी धरती अपने लोग' के दूसरे खंड 'देर-सवेर' में डॉ. रामविलास शर्मा ने लिखा है, 'त्रिलोचन का शरीर बलिष्ठ है। सीना उभरा हुआ है। उनसे गले मिलने पर मुझे वाल्मीकी की पंक्ति याद आती है—राम ने निषादराज गुह को बाँहों में लेकर भेंटा। भुजाभ्यां साधु पीताभ्यां पीडयन् वाक्यमब्रवीत—दोनों तगड़ी भुजाओं से उन्होंने अच्छी तरह गुह को पीड़ित किया और तब वचन बोले।' (पृ. 72) यह दो समानधर्माओं की दृढ़ता का अनूठा अनुभव है। (देखें, मेरी डायरी युद्ध काण्ड का कवि त्रिलोचन)।

दिल्ली, 15 कैनिंग लेन (जिसमें मैं रहता था) : बंगले में भीतर एक लॉन है। वहाँ हैं छोटी क्यारियाँ और किनारे अलग एक बड़ा आम का दरख़्त। इस दरख़्त को लोग स्वतन्त्रता के बाद से देख रहे हैं और इधर कुछ निकट से मैं इसी दरख़्त के बौर देख रहा हूँ। कुछ अजीब है। इसने अपने आधे अंश को जैसे त्याग दिया है। आधा बौराया हुआ यह दरख़्त कुछ सफेद, कुछ हरे बौर से झुका-झुका है।

मैं दिल्ली में हूँ, कुछ खोजता हुआ। बौराया दरख़्त मेरे समीप है। त्रिलोचन शास्त्री के साथ काशी में सड़कों, घाटों और घरों में घूमा हूँ, जहाँ मुझे कम-से-कम

साथ का ऐसा ही सन्तोष मिलता रहा है।

दूर बजरे पर बैठी विदेशी, महिला, साँझ का धुँधलका, राजघाट से उगता हुआ ताम्रवर्ण चाँद, बाढ़ की धारा में खड़े मंदिर की स्वर-लहरी, पार के वृक्षों की क्षितिरेखा और इन सबके किनारे दो जन घाट पर, छायामूर्ति-से स्तब्ध!

बहुत से ऐसे हैं जिन्हें घाटों के 'पंडित जी' की कथा का प्रसंग या भागवत, मानस के पवित्र शुद्ध संस्कार संतोष देते हैं। मैं उनमें से नहीं हूँ। त्रिलोचन जी के सम्मुख मैं यह महसूस करता आया हूँ कि मैं वह नहीं हूँ जो अपने लिए जीते हैं, जिनका आज का जीवन पिछले कर्मों का प्रायश्चित है या अगले जन्मों, योनियों का भोगफल।

मैं अबूझी दृश्यावलियों में वह सब खोज रहा हूँ जहाँ त्रिलोचन जी का रहना मेरे लिए एक अर्थ रहा है।

रात-रात भटके हुए जीवन के चित्र मुझे सहसा चौंका जाते हैं।

राजघाट का पुल। रात बारह बजे का समय।

'विष्णु, देख रहे हो धनुषाकार काशी को, देख रहे हो बल्ब की छाया को? यों, छाया ज़रा झुककर देखो, लम्बी हो जाती है। प्रकाश की जल-शृंखलाओं का एक अर्थ है। नाव पर जब इसे देखोगे, यह लम्बी और गहरी जाती हुई या फूलों की माला की तरह तैरती हुई लगेगी। (अब स्वर्गीय) शील ने ठीक कहा था, बल्ब की गहरे जाती हुई छाया प्रकाश-स्तम्भ है।'

छोटा निराला, झक्की, अकर्मण्य और जड़भरत! अनेक वर्षों से मैं इन नामों से और अजीब लगने वाले इस व्यक्ति से परिचित रहा हूँ। वर्षों इलाहाबाद और काशी, मेरे परिचय-पहचान के क्षेत्र थे। काशी में वे बेकार थे तब भी और जब विद्यार्थी बन गए थे बी.ए. के, तब भी। वैसा ही मैला, फटा पाजामा-कुर्ता और खुरदुरा व्यक्तित्व। काशी की सड़क के किनारे वे खड़े हैं, गोदौलिया का चौराहा, रिक्शा, मोटर साइकिल और सज-धजकर बहती जनधारा। त्रिलोचन जी ऐसे समय एक पटरी पर खड़े हैं और एक साइनबोर्ड पढ़ रहे हैं। मैं समीप हूँ।

'देखो विष्णु, इसे पढ़ो।' 'डोंगरे का बालामृत', हाथ की उठान और एक-एक शब्द को तौलते हुए उन्होंने कहा 'समझे, छंद है।' फिर ज़रा गला दबाकर गुनगुनाए, 'डोंगरे का बालामृत।'

चौराहे पर खड़े इस व्यक्ति को अपने से तटस्थ अनेक बार देखा है। बहुत बार खीझकर दूर हट गया हूँ। फिर लगा है, बाहर-भीतर या जर्रे-जर्रे का छंद आदमी के मन की तरह, शायद यहाँ-वहाँ है जिसे यह खोजता रहा है।

हाथ फेंकते हुए वे पटरी से सीधे चले जा रहे हैं, मैं देखता हूँ और खुरदुरे व्यक्तित्व में एक कांति उभर आती है। वहीं से किसी रास्ते पर हम मुड़ जाते हैं। और उस रास्ते के अंतिम छोर तक घूमते रहते हैं। अचानक उन्होंने अपनी नाक

को एक झटका दिया और हँसे, 'विष्णु, जीवन ऐसे नहीं चल सकता। साहित्यकार का जीवन बड़ा कठिन है। वह सबसे निभ नहीं सकता। तुम तो जानते हो, यहाँ का साहित्यकार अक्खड़ होता है। निराला मेरे लिए एक ऐसा ही नाम है। विरोध उनका हुआ। आज भी है, वे निराला के विरोधियों से कुछ अच्छे नहीं हैं। निराला को समझना....'

मैंने बीच में रोकते हुए कहा, 'त्रिलोचन को समझना है।' अभी कल ही शांतिप्रिय जी ने मुझसे कहा, 'तुम त्रिलोचन के भक्त हो। उस छोटे निराला से तुम्हें क्या लेना है? मैं तो उसे पसंद नहीं करता। वह मुझे नमस्कार नहीं करता।' मुझे डाँटते हुए त्रिलोचन जी ने कहा, 'कहने दो, मैं क्या समझता नहीं हूँ। उनसे कई बार नमस्कार का जवाब न पाने पर ही ऐसा रुख अख़्तियार करना पड़ा। मैं सम्मान जिसका करता हूँ, जरूरी समझता हूँ कि वह भी मेरा अपमान न करे।' हम सब देर तक वहीं खड़े रहे।

कुछ दिन बाद एक गोष्ठी में शान्तिप्रिय द्विवेदी अध्यक्ष थे। गोष्ठी में सबने उन्हें प्रणाम किया और त्रिलोचन जी ने उनका चरण स्पर्श किया। बात यह कोई ऐसी नहीं थी, पर मैंने देखा शांतिप्रिय जी के नाटे दुबले शरीर में एक लहर-सी कौंध गई।

काशी के साहित्यकार त्रिलोचन को कई तरह से जानते हैं। कितने ही उनकी स्मृति से चकित हैं और कुछ उनके निराला के अध्ययन से आतंकित हैं। कुछ हैं जो बहुभाषाविद् या बहुज्ञ के नाते उनको अपना सलाहकार मानते हैं। कुछ उनकी गरीबी के प्रति सहानुभूति प्रकट करते हैं।

काशी के शिष्ट साहित्यकारों के लिए शराब की दुकान की तरह 'चिनगारी मंडल' बदनाम जगह है। मुझे पहले-पहल शायद उनके साथ ही वहाँ जाना पड़ा। वहाँ कुछ ऐसा न था जिसका आतंक मैंने सुन रखा था। महज कुछ लेखक थे जो अपने संस्कारों के कारण पूरे नगर से अलग पड़ गए थे। त्रिलोचन जी के मन में ऐसी कोई रूढ़ धारणा नहीं है। मैं समझता हूँ, वे वहाँ छाए रहते थे, अपने व्यक्तित्व के कारण। स्व. केशर और स्व गोबिंद सिंह और स्व. अशेष, सब उनके लिए अपने थे, नए व्यक्तित्व जिसे समझने का अर्थ है एक युग को उसके दोष-गुण के साथ समझना।

थोड़े से जीवन के अवांतर प्रसंगों को मैं जब-तब भूल जाता हूँ, लेकिन मैं यह कभी नहीं भूल सकता कि इन प्रसंगों के भीतर जो एक गम्भीर, प्रशांत मूर्ति है, वह त्रिलोचन शास्त्री की है, जिसे मैं जानता हूँ।

घर का जीवन, मैं समझा हूँ, दोहरी धार है। त्रिलोचन जी उसके किनारों का अंदाज़ जानते हैं। तल्ख़ी है इस जीवन के निर्वाह में। उनकी पत्नी के लिए सामान्य नागरिकों की तरह कविता का कोई अर्थ नहीं है। वे देखती हैं, इससे कुछ

आता नहीं है, उलटे जाता ही है। वे यही जानती हैं, कविता लिखकर दो-चार संगी साथी हैं इनके। वे दुविधा में खीझती हैं, डाँटती हैं, और फटकारती हैं। और एक स्वर में पूरा परिवार टूटे हुए बर्तनों की तरह बज उठता है। मैं ऐसे समय काशीनाथ सिंह की तरह केवल दर्शक नहीं रहता, रह ही नहीं सकता। न कल्पित मूर्ति गढ़ता हूँ त्रिलोचन की।

त्रिलोचन जी खुद पत्नी के क्षोभ को पी जाते हैं और घर की खीझ से बचने के लिए बाहर-बाहर मिलते हैं। कभी कहते हैं, 'विष्णु, मैं अलग रहूँगा। एक कमरा हो साफ-सुथरा। खुला हो, यह शर्त है।' कुछ दिन बाद मैं देखता हूँ, वे गाँव जा रहे हैं और परिवार की चिन्ता से उद्विग्न हैं।

घर में उनका जीवन काफी कसैला है और बाहर उनका मन सब कुछ देखने के लिए उद्विग्न रहता है। अब वह सागर में हैं पत्नी के बिना बेहद अकेले। बसंत के आगमन पर वे फूलों की क्यारियाँ देख रहे हैं। एक फूल का स्पर्श करते हैं और विह्वल हो जाते हैं।

काशी के घाटों पर हम साथ-साथ घूमे हैं और उनकी आँखों में चिन्ता की गहरी रेखाएँ उभर आई हैं।

कमरे में तीन-चार आदमी बैठे हैं, बातें हो रही हैं, अचानक देखता हूँ, त्रिलोचन जी खीझ में बाहर के दरवाज़े पर स्याही की बड़ी दावात को बट्टे से कुचल रहे हैं और हाथ झटकते हुए वे भीतर आते हैं और मुस्कराते हैं।

—घर में बात कटु हो गई है और वे रजाई फाड़ते जा रहे हैं। लोग एकटक उन्हें देख रहे हैं।

—चाय की दुकान पर अजीब हँसी-मज़ाक का वातावरण है। बगल में एक व्यक्ति सिगरेट पी रहे हैं, चाय का प्याला कुछ टूटा हुआ है और वे कुल्हड़ माँगते हैं। बैरा प्याले में चाय दे जाता है। वे चिढ़कर टेबल पर एक तेज घूँसा मारते हैं और हाथ झटकते हुए नीचे चले जाते हैं।

मैं हर समय का साक्षी रहा हूँ।

—त्रिलोचन जी लेख लिखने बैठे हैं। सामने कटे-मुड़े कागज़ों की ढेरी है, अचानक एक गौरैया कमरे में घुस आती है। त्रिलोचन जी चिंतित हैं। हाथ पीट रहे हैं। कमरे की सारी खिड़कियाँ खोल दी हैं और गौरैया हमारे सिर पर मँडरा रही है। टाँड़ पर रखी पुस्तकों का अम्बार है, कोई क्रम नहीं, केवल धूल है और अव्यवस्था। दो वर्ष का चुन्नू, उनका छोटा बच्चा (अमित प्रकाश) आता है और कहता है 'इ लेख लिखात हौ' और 'भाई' से शिकायत की धमकी देता है। चुन्नू की धमकी पर त्रिलोचन जी हँसते हैं और लड़का खिसियानी हँसी हँसता है और जिद करता है। (आज उसी बेटे अमित प्रकाश सिंह ने चिता सजाई है और मुखाग्नि दी है पिता को। हम सब मूक हैं।) लेख के अधूरे पन्ने एक ओर पड़े हैं

और वे टाँड़ पर से पुस्तकें उठाते हैं, झाड़ते हैं और रखते जा रहे हैं।

—कवि केदारनाथ सिंह 'प्रतीक' की प्रति माँगकर ले गए थे, लौटी तो देखा उसका आवरण मुड़ गया है और त्रिलोचन जी क्षुब्ध हैं। उन्होंने अपनी नाक को अंगूठे और तर्जनी से दबाया और खींचा। कलम उठाई और मेज पर बैठकर लिखने लगे।

—परीक्षा की तैयारी के लिए त्रिलोचन जी ने छुट्टी ली है और स्व. 'केशर' के घर पर बैठकर गालिब की शायरी और पत्र पढ़ रहे हैं।

—आटा पिसाने के लिए निकले हैं और रात-भर घूमने के बाद दूसरे दिन घर पहुँचते हैं।

—रात में रिक्शे वाले को 'शॉ' का नाटक सुना रहे और 'शैले' की जीवनी।

भीड़ में हम सबके साथ एक पटरी पर खड़े हैं। एकाएक देखा त्रिलोचन जी नदारत। घंटों बाद जब लौटकर घर जा रहा हूँ, देखा, गोदौलिया पर एक खाली पटरी है, जिस पर तीन जन बैठ हुए हैं, परमहंस पाठक, स्व. रामकेर और त्रिलोचन जी। स्व. रामकेर लोकगीत सुना रहे हैं और त्रिलोचन जी भाव-मुग्ध सामने बैठे हैं।

—दूर तक सूनी सड़क है और एक लैम्पपोस्ट। त्रिलोचन जी लैम्प पोस्ट के नीचे खड़े हैं। कागज़ उनके हाथ में है। वे उसी तरह तर्जनी और अंगूठे से अपनी नाक दबाते हैं और खींचते हैं। हाथ झटकते हैं और मुस्कराते हैं। मैं समीप खड़ा हूँ और उनकी नई लिखी हुई 20 कविताएँ सुन रहा हूँ।

—महीनो त्रिलोचन जी कुछ नहीं लिखे और एक रात में तीस सॉनेट लिखे हैं, सब एक-दूसरे से भिन्न। भाषण के विषय की उनके पास कमी नहीं है। दो-तीन दिन तक केवल 'अज्ञेय' की कविता, केवल रामविलास शर्मा की भाषा और आलोचना, केवल नलिन विलोचन शर्मा की कविताओं और शमशेर की उदासी और उनके प्रतीकों पर बातें चल रही हैं।

अजीब लगना, अजीबों-सा रहना और अनजाने स्थानों या व्यक्तियों में घूमना, त्रिलोचन जी का स्वभाव है। मुरादाबाद से 'प्रदीप' निकलता था। जगदीश जी उसके सम्पादक थे। त्रिलोचन जी उनके सहयोगी थे। 'हंस' और 'कहानी', अमृतराय तथा श्रीपतराय निकालते थे। यहाँ भी त्रिलोचन जी सहयोगी थे—महज क्लर्क से कुछ अधिक। (हाँ, तब तक स्व. अमृतराय प्रेमचन्द्र को पढ़ चुके थे और 'शान्ति के योद्धा' की बुनियादी नीति पर अमल कर रहे थे।) 'हिंदी कोश' तैयार हो रहा था। डॉ. हरदेव बाहरी प्रधान सम्पादक थे और त्रिलोचन जी यहाँ अनुवादक और सहयोगी थे। यहीं रहते हुए वह रोज 'महाकुम्भ' देखने जाते थे, और 24 सॉनेट लिखे जिसे डॉ. रामविलास शर्मा ने लघुतम महाकाव्य कहा था। नागरी प्रचारिणी सभा 'हिंदी शब्दसागर' का संशोधन, परिवर्धन करवा रही थी। डॉ. हेमचन्द्र जोशी निरीक्षक सम्पादक थे और त्रिलोचन जी यहाँ भी सहायक थे।

विरोध और विरोध की एक शृंखला है त्रिलोचन जी के व्यक्तित्व में। त्रिलोचन जी का आधा अंश अविकसित आम के दरख़्त की तरह है। जगदीश जी की भाषा और एक बँधी हुई जबान का विरोध, स्व. श्रीपतराय और स्व. अमृतराय की सूझ-समझ का विरोध, स्व. डॉ. हमेचन्द्र जोशी की गलत व्युत्पत्तियों का विरोध और डॉ. हरदेव बाहरी की भोंडी अनुवाद-गंधी भाषा का विरोध! त्रिलोचन जी को जहाँ भी काम करना पड़ा, विरोध को पचाकर, विरोध को स्वीकार कर और विरोध में अपने ही एक अंश को त्यागकर। विरोध को पचाकर उन्हें कसैला अनुभव मिला, 'प्रदीप', 'कहानी', 'हंस', 'आज' और भोपाल के बाद सागर से जहाँ उन्हें त्यागपत्र देना पड़ा।

17.3.1959 का एक पत्र

'मेरी अहोरात्र–चिन्ता यही है 'किं करोमि, क्व गच्छामि', जिसे बाबा तुलसीदास कहते हैं, 'कहाँ जाई, का करी।' तुम्हारा दिल्ली आने का सुझाव अभी अच्छा लग रहा है। और नहीं तो दिल्ली का रूप-रंग तो देख ही लूँगा। अरसा हो गया दिल्ली देखे मुझे, कोई 1943 में देखा था। अभी तो मेरी दीवानगी कम होने को आई ही नहीं। इसलिए हर सूरत और हर एक तस्वीर को पहचानने की कोशिश तो करूँगा ही।'

त्रिलोचन जी के कवि को नई जगहों में, नए आदमी और नए अनुभव मिलते हैं। उनके जीवन की दशा, पहिए के हाल की तरह, नीचे और ऊपर जाती-आती रहती है पर उनके रचनात्मक प्रवाह में कहीं कोई गतिरोध नहीं हुआ। प्रगतिशील लेखकों की जमात में रहने पर भी, वे प्रगतिवादी आलोचकों के मुखापेक्षी कभी नहीं रहे और घोर कष्ट में, कभी बिलकुल अजनबी नहीं बने। जीवन से जो पहचान उन्हें मिली है, वह उनकी है (चाहे वह जनसंस्कृति मंच की अध्यक्षता ही रही हो, जो उन्हें अंत तक सालती रही।) दूसरे क्या सोचते हैं, उन्हें इसकी परवाह नहीं है। वे यह मानते हैं कि एक जगह या एक खंड का हो रहना, कोई अच्छी बात नहीं है। प्रवाह आने पर वे लिखते हैं, और जो कुछ मग्न होने पर हाथ लगता है, काग़ज़ पर उतार लेते हैं। उनकी बात, बस प्रवाह-कम तक है, जिसे त्रिलोचन जी साँसों का हिसाब कहते हैं–वही उनका प्रवाह है। प्रवाह में, वे बसंत के गायक हैं और वहाँ जो है, उनका है, निजी और मौलिक!

एक पत्र :

6/19, रानी भवानी गली, वाराणसी-1 दिनांक : 8.2.1960

प्रिय शर्मा,

ऐसा लगता है कि हम दोनों एक-दूसरे का दीर्घ मौन ढोते-ढोते थक गए थे, अतः एक ही दिन दोनों ने मौन तोड़ दिया। मैंने सोचा कि क्यों न अब अपने

उत्तर की प्रतीक्षा करूँ, फिर सोचा की प्रतीक्षा ठीक नहीं। निदान लिख रहा हूँ। वसंत की लहरें आमों की डालों से फूट चली हैं और कोकिल कुहक की प्रतीक्षा कान कर रहे हैं। तुम तो पंचम की तान सुन रहे होगे। यह मानने लायक बात नहीं, कि हम तो भीड़ के सागर में गर्क हुए बैठे हैं। अपनी बात क्या कहूँ? इच्छाएँ और संकल्प हैं। क्रिया का योग नहीं है। ऐसे में चुपचाप तमाशाए अहलेकरम देखते हैं। कदम उठाना चाहता हूँ, उठते नहीं। अपनी बेबसी पर झुँझलाहट होती है। विश्व-वसंत का स्वागत करनेवाले विहगों में मैं भी एक हूँ। पर दूसरे विहगों का कंठ-स्वर सुनने में आपा खो बैठता हूँ? कुछ भी हो, यह भी सामाजिक सहयोग है, भले ही व्यक्ति का योग न हो। मेरा विश्वास है कि भारती मेरी सेवा चाहेगी, तो मेरा वश नहीं कि मुकर जाऊँ। मैं उसी की प्रतीक्षा कर रहा हूँ।

अपनी कहो!

सस्नेह,
त्रिलोचन

दरख़्त का आधा बौराना, एक अंश को त्याग देना, कुछ अजीब-सा लगना, शायद उसका स्वभाव नहीं है। शायद हो भी। लेकिन आदमी के ऐसे स्वभाव को हम कुछ नाम दिया करते हैं और त्रिलोचन जी ऐसे ही नामों से दिल्ली में पहचाने जाते हैं। वहीं वे अकेलेपन में ऊबते रहे। और उस दिन निगम बोध घाट पर महसूस किया 'मौत का एक दिन मुअय्यन है।' और वह चले गए।

खीझ, मूड अकर्मण्यता, अभिमान जितने भी शब्द हैं, त्रिलोचन जी के पास सब आये हैं। जिनका आधा अर्थ लुप्त है। आधा अंश शायद अविकसित है और मैं दिल्ली में अपने आधे बौरे हुए आम के दरख़्त को देख रहा हूँ जिसने आधे अंश को त्याग दिया है।

दिल में गड़नेवाला दर्द : हमारी यानी केदारनाथ सिंह, नामवर सिंह, विजेन्द्र, लालजी सिंह आदि की युवा जिन्दगी का अभी 1950 तक का हर मोड़ ठाकुर प्रसाद सिंह से शुरू होता था। हम उनके साथ, प्रेमचन्द्र की 'कफ़न' या 'पूस की एक रात' कहानी का मंचन भी गाँव-गाँव में घूमकर किया करते थे। भारतेन्दु पर ठाकुर का नाटक था। गोविंद श्रीवास्तव के साथ हम उसमें हिस्सा लेते। ईश्वरगंगी में ठाकुर का घर हमारा साहित्य केन्द्र था। कभी-कभी हम ठाकुर पर आरोप लगाते। उनकी गृहस्थी में विधवा माँ, चर्मरोग से लाचार चाचा और पत्नी थीं। हमारी नाराज़गी पर वह अकसर अपने करुण संस्मरण सुनाया करते। हम लड़कर 'साहित्यिक संघ' से अलग हट गए थे। हमने 'साहित्य परिषद' की गोष्ठियों का नियमित आयोजन शुरू किया। उसमें भी ठाकुर, शिवमूर्ति मिश्र 'शिव', पारसनाथ मिश्र और स्थाई अध्यक्ष त्रिलोचन शास्त्री। ठाकुर की संस्मरण की पिटारी में (माँ की अलमारी की तरह) मुझे तब सारी ज़िन्दगी का ख़ज़ाना मिल जाता था।

ठाकुर जब बहुत मूड में होते, तो ईश्वरगंगी में त्रिलोचन-प्रवास के संस्मरण सुनाया करते। एक बार त्रिलोचन दातुन कर रहे थे। किसी ने शौचालय से उन्हें बाहर आने को कहा। झोंक में किसी ने पानी के छींटे भी उन पर मार दिए। शौचालय ऊपर से खुला था। त्रिलोचन ने मल हाथ में उठाया।

त्रिलोचन आगे-आगे, मल की मार से भागते लोग इधर-उधर।

मैंने इस बीच जब-जब उनसे उनकी ही 'पहले की कृतियों' पर बात की है, वह शब्दातीत होते गए हैं। दूरदर्शन पर एक वार्ता श्याम सिंह सुशील के घर में शुरू हुई थी। मैंने पूछा था 'तार सप्तक' और 'धरती' के प्रकाशन का साल 1945 है। आप 'तार-सप्तक' से अलग कहाँ थे।' वह बौखला गए थे। फिर वार्ता रोक दी गई।

शब्दातीत होने का एक अर्थ है, अपनी कथा को अपने तक रखना। वह अपने जीवन के संस्मरण अब कम लोगों को सुनाते हैं। 21.2.1990 का सागर विश्वविद्यालय से लिखा उनका एक ख़त है :

'ईश्वरगंगी पर लिखते समय मैं महामानव की रचना से परिचित था। ठाकुर प्रसाद सिंह जितना लिखते थे मुझे सुनाते थे और मैं उचित स्थानों पर संशोधन के भी सुझाव देता था। इस किताब का लेखन, परिशोधन और प्रकाशन एक साथ चल रहे थे। वह कभी-कभी अपना लिखा हुआ मुझे दिखाने के लिए पांडे धर्मशाला के सामने स्थित सरस्वती प्रेस कार्यालय में भी मिलते थे। और मैं उचित परिवर्तन की सलाह भी देता था जिसे वे स्वीकार करते थे।

यहाँ शब्द के प्रसंग-दर-प्रसंग का खुला दस्तावेज़ है। यहाँ दोनों में अभिन्नता का सूत्र भी है।

16.4.1996 के मुझे लिखे पत्र में कोई छिपाव-दुराव नहीं है। जो है, एक सहज अंतरंगता का सूत्र लिखा है : 'आपने इस बीच नियमित रूप से लिखा है यानी लेखक रहे हैं। मैं लिखने को सोचता हूँ और भाई यह भी कम नहीं है'।

मैं, त्रिलोचन जी के साथ काशी की सड़कों, चौराहों, घाटों, मालवीय पुल और घरों में रहा हूँ। घाट पर बैठ कर गंगा की दृश्यावलियाँ हमने देखी हैं।

तब त्रिलोचन जी का 'अकनू भवन' में एक कमरा था। जब उनका बड़ा लड़का जयप्रकाश सिंह उदय प्रताप कालेज में पढ़ता था। वहीं केदारनाथ सिंह को भी देखा था। काफी समय तक यहाँ केदार एक गीत गाया करते थे : 'कोहड़े के पीले पत्तों पर छलछला रही चाँदनी रात।'

मैं दिल्ली साठ से रहने लगा था। बहुत समय से उन्हें बुला रहा था। अभी तक अकेला था। एक बार पत्नी भी दिल्ली आ रही थीं। वह काशी स्टेशन पर उनसे मिली भी थीं। दिल्ली आने पर त्रिलोचन नदारत। बाद में उन्होंने बताया, 'लौटने भर के पैसे जेब में थे। आप मिले नहीं। टैक्सी वाले ने कहा, सरोजनी

नगर, दिल्ली में नहीं है। स्कूटर वाले ने 20 रुपये भाड़ा माँगा। क्लाकरूम में बिस्तरबंद रखने गया, वह फटा था। उसे पुल पर एक मोची से सिलाया। स्टेशन पर दिन ही बीत गया। भूख मर गई थी। टिकट लेने के बाद जेब भी खाली थी। तो काशी उसी ट्रेन से लौट गया।'

स्टेशन पर घंटे-भर भटक कर मैं घर लौट आया था। पुष्पा पर खीझता रहा। वह उनके भोलेपन पर आज भी हँसती है। दूसरी बार फिर दिल्ली आए। दूसरे पुत्र अमित ने रास्ता बता दिया था। सफदरजंग अस्पताल तक बस का नम्बर भी लिख दिया था। वहाँ से पैदल, बिस्तर सिर पर रखे कमल सिनेमा की ओर मुड़ रहे थे। कार का धक्का लगा। सामान लुढ़क गया...घर आए। देखा घुटना फूटा है, दवा लगाई।

इसी बार भारतीय ज्ञानपीठ में जगदीश जी ने लक्ष्मीचंद जैन के सामने त्रिलोचन को एक मुजरिम कवि की तरह पेश किया। त्रिलोचन बात-बात पर हँस रहे थे। त्रिलोचन अपमान का घूँट पीकर भी हँसना जानते हैं। मैं ही बोल रहा था। लक्ष्मीचंद ने कहा, 'आपका बड़ा संकलन हमें चाहिए।' मैंने पूछा, "क्या इस संकलन की कविताएँ आपने देख ली हैं?" हँसी का एक खली दौर।

लक्ष्मीचन्द्र जैन : 'आप इसमें कुछ और कविताएँ जोड़ लें।'

मैं : 'और कविताएँ दूँगा। क्या आप इसी तरह धर्मवीर भारतीय और अज्ञेय की पुस्तकों का भी सम्पादन करते हैं?' हँसी का दौर। खाली। बाद में कविताएँ देने का जगदीश जी ने बहुत-बहुत आग्रह किया। मैं जाकर दे आया। तीन माह बाद कविता-संग्रह डाक से वापस लौटा दिया गया। मैंने जगदीश को कड़ा पत्र लिखकर उनकी व्यापारिक बुद्धि पर प्रहार किया। त्रिलोचन चुपचाप ग़म पी गए।

राजेश जोशी ने 'संभावना प्रकाशन' से और नीलाभ ने 'नीलाभ प्रकाशन' से 'ताप के ताए हुए दिन' और 'धरती' के पुनर्मुद्रण की बात की। त्रिलोचन ने 'कुछ शब्द' में लिखा है, 'ताप के पाए हुए दिन' संकलन को राजेश जोशी ने तैयार किया। इस काम में उन्होंने काफी परिश्रम किया है और अपना बहुमूल्य समय भी लगाया है।'

डॉ. रामविलास शर्मा ने त्रिलोचन के स्वभाव की एक नाजुक रग पर हाथ रखा है। लिखा है, 'पहले-पहल जब वह मिलते थे, तब वह अपने बारे में काफी बातें करते थे। अब वह वैसा कोई प्रसंग आने ही न देते हैं। केवल साहित्य की चर्चा, निराला के जीवन की कथाएँ। उनकी कुछ बहुत दिलचस्प किन्तु कुछ अद्‌भुत बातें मालूम हुईं। चन्द्रबली सिंह ने मुझे सावधान किया—त्रिलोचन अब जो कल्पना में सोचते हैं, उसका वर्णन प्रत्यक्ष अनुभव जैसा करते हैं। मैंने यह भी नोट किया—पहले मैं ज्यादा बोलता था, अब त्रिलोचन ज्यादा बोलते हैं।' (स्थापना)

घर में त्रिलोचन जी दबते, या मार खाते थे। बाहर वह उड़ते या कल्पना में

खुद की मौलिकता को स्थापित करते थे। कैसे सम्पूर्णानंद जी को उन्होंने रुपये दिये या कब रामचन्द्र शुक्ल ने उनसे कहा, 'मैं तुम पर क्या लिखूँ।' यह अद्‌भुत प्रसंग की एक झलक मात्र है। घर और बाहर का उनका संकट काशी में अधिक ठोस था। घर में त्रिलोचन का जीवन काफी कसैला था। बाहर उनका मन सब कुछ देखने के लिए उद्विग्न रहता था। उनके नरम कलेजे का कवि वसंत के आगमन पर, निराला की तरह फूलों भरी क्यारियों को देखता है। एक फूल का स्पर्श करता है और विह्वल हो जाता है।

अकनू भवन का छोटा कमरा। कमरे में तीन-चार आदमी—प्रमोद, शील, मैं और त्रिलोचन। प्रमोद ने उनकी स्याही की दवात से कुछ काग़ज पर रेखाएँ बनाई हैं। अचानक देखता हूँ त्रिलोचन जी का अक्खड़ आदमी खीझ उठा है। वह बाहर जाते हैं। हाथ में स्याही की बड़ी दवात है। दरवाजे पर वह स्याही की दवात को बट्टे से कुचल रहे हैं। युद्ध के मोर्चे से लौटे सिपाही-से लगते हैं वह। अब वह हाथ झटक रहे हैं। शील पूछती है। वह भीतर आकर तन्मय हँसी हँस रहे हैं।

रानी भवानी गली का कमरा। नीचे गली का रास्ता है। रास्ते की ओर खिड़की है। अम्मा ने कुछ कटु बात कह दी है। त्रिलोचन का औघड़ रजाई फाड़ने में तल्लीन था।

पिता के बाद ठाकुर और त्रिलोचन मेरी आस्था के दो केन्द्र थे। मैं लड़ता था, और उमड़ कर इनके ही हास की छाया में सोचा करता था : रास्ता यहीं से मिलेगा। आज मैं अबूझी-दृश्यावलियों में वह सब खोज रहा हूँ, जहाँ त्रिलोचन जी का रहना मेरे लिए एक अर्थ रहा है।

त्रिलोचन 'भारत भवन के दरबार' में रहें या प्रगतिशील आलोचक डॉ. रामविलास शर्मा पर 'स्पष्टीकरण' कविता लिखें, मैंने उनमें एक अद्‌भुत सहजता देखी है। यह सहजता चेखव की है जिसे अपने संस्मरण में देख था मैक्सिम गोर्की ने। गोर्की ने लिखा था : "चेखव में यह हुनर था कि वे सर्वत्र ओछेपन को उघाड़ते थे। यह वह हुनर है जो जीवन के प्रति उच्च अपेक्षाएँ रखने वाले व्यक्ति में हो सकता है, जो लोगों को सरल, सुन्दर और सामंजस्यपूर्ण देखने की तीव्र अभिलाषा से ही आता है। ओछेपन को वे किसी भी हालत में नहीं बख़्शते थे।" कहीं-कहीं त्रिलोचन जी दूसरों के लिए अप्रासंगिक हो जाते हैं, पर वह वहाँ भी उन सभ्य लोगों के ओछेपन को उघाड़ने से बाज नहीं आते थे। मैं तीखी बात कहता हूँ, त्रिलोचन उसे सरल, सुन्दर और सामंजस्यपूर्ण बनाकर पेश करते हैं। हम दोनों के अपनेपन का यही एक आत्मीय धरातल है। इधर विश्वनाथ त्रिपाठी को मेरी कोई टिप्पणी बेध गई थी। निगम बोध घाट पर वह त्रिलोचन की बात याद कर रहे थे। और मैं चुप था।

एक दिन मुक्तिबोध की जीवनी लिखने के लिए मेरा पहला पड़ाव भोपाल

पड़ा था। त्रिलोचन जी के घर में तब तंगी और फटे पाजामे में गाँठ बाँधने का चलन नहीं था। त्रिलोचन यहाँ बदल रहे थे। उनका काशी नागरी प्रचारिणी सभा का कार्यकाल या जनवार्ता की तंगी-भरी यातना से भोपाल का जीवन-संघर्ष आसान था। थोड़े 'गँवई' से त्रिलोचन सभ्य बनने लगे थे। दिल्ली आने के बाद भी त्रिलोचन जी को अकसर मध्य प्रदेश के सरकारी समारोहों में बुलाया जाता।

काशी में डॉ. अवधेश प्रधान और डॉ. शिवप्रसाद सिंह, पटना में स्व. शिवचंद शर्मा और नंदकिशोर नवल, काशीपुर में वाचस्पति उपाध्याय, जयपुर में कवि विजेन्द्र, भोपाल में राजेश जोशी व अशोक वाजपेयी और दिल्ली में नए-पुराने संगियों में केदारनाथ सिंह, विश्वनाथ त्रिपाठी, डॉ. जयप्रकाश सिंह और डॉ. रामविलास शर्मा त्रिलोचन के मानवता के वैद्य कवि की खोज करने में अन्त तक लगे रहे।

1971 में 'स्थापना' के तीन अंक त्रिलोचन पर निकले। उसमें कुछ 'अनापशनाप, लतीफे, भ्रान्त और कुछ अप्रामाणिक संस्मरण या लेख' भी हैं। सम्पादक स्व. शिवचन्द्र शर्मा ने लिखा है : 'प्राण से जीवित त्रिलोचन शास्त्री पर अंक निकालने का एक और मतलब यह भी था कि, वे अपने जीवन-काल में ही, अधिक स्वयं से, और कुछ दूसरों से, कल्पित तथ्यों के शिकार बन गए हैं, झूठ-सच की बानगी (अच्छे नमूने) बन गए हैं। लतीफों के बहके अल्फाज़ बन गए हैं। इन सारी बातों की आँच में, उनका समर्थ कर्तृत्व भी ओझल बन जाता है, बन-बन जाता रहा है। उनकी एकमात्र निराला विशेषज्ञता तक तिरोहित कर दी जाती रही है।'

सम्पादक को त्रिलोचन से, अपनी कड़ी समीक्षा या आत्म-विश्लेषण की उम्मीद थी। वह लिखते हैं, 'त्रिलोचन शास्त्री अंक (एक) में, त्रिलोचन के विषय में, बहुत कुछ ऐसा भी आया है, जिस पर सहजों, तटस्थों को भी, विश्वास करना कठिन हो गया है। उत्खनक/सम्पादक ने उन्हें यथावत इसीलिए दे दिया कि, त्रिलोचन अवसर लें कि भ्रान्तियों, कल्पित (जाने-पहचाने) तथ्यों का संशोधन करते हुए, उन्हें काटें, सत्यों को स्थापित करें, असत्यों को भस्माएँ।'

मुक्तिबोध की तरह अपने ही जीवन के तथ्यों की चीरफाड़ का काम त्रिलोचन ने अंत तक नहीं किया। यही मुक्तिबोध और त्रिलोचन के व्यक्तित्व का एक बुनियादी अंतर है। मध्यवर्ग के अपने भटकाव की, महाजनी सभ्यता के मानसिक सेंसर की, साम्राज्यवाद की नकली संस्कृति का, व्यापक सर्वेक्षण मुक्तिबोध करते रहे हैं। बाद में वह अपने समय की तथ्यात्मक और वैज्ञानिक व्याख्या भी करते रहे हैं।

'क्या आप आत्मकथा लिखने वाले हैं?' मीरा भान के पूछने पर त्रिलोचन का उत्तर था, 'जी नहीं। आत्मकथा लिखना तथ्यवादी काम है। मैं मूलतः कवि हूँ और

मेरे अनुभव भी विचित्र हैं। लिखते हुए मैं फँसना या विवाद में पड़ना नहीं चाहूँगा। वैसे भी अपने अजीबोगरीब अनुभवों पर बात करने से मैं अकसर कतराता हूँ।'

त्रिलोचन जी के अजीबोगरीब अनुभवों के फिर भी दो लक्ष्य रहे हैं। एक, सामाजिक जीवन और उसकी समस्याओं को आधार बनाता है। दूसरा, इतिहास को अपना विषय स्वीकार करता है।

मीरा भान को अपनी रचना की विशिष्टता बताते समय त्रिलोचन के मन में, शमशेर की आधुनिक नाजुक बयानी और नागार्जुन की राजनीतिक साहसिकता का खतरा ज़रूर रहा होगा। वह बताते हैं, 'मेरी रचनाएँ समसामयिक आन्दोलनों से सम्बद्ध नहीं हैं। यद्यपि वैचारिक स्तर पर मैं आन्दोलनों में सम्बद्ध रहता हूँ और कभी-कभी वे मेरी रचना का विषय भी बनते हैं पर अपनी पूरी प्रक्रिया के दौरान ही। अपनी कविताओं में, मैं जीवन को, अपनी समझ को अनेक स्तरों पर जैसा पाता हूँ, वैसा ही रख देता हूँ। मेरी रचनाओं में आपको आवेश नहीं, शान्त व्यंजना मिलेगी क्योंकि वे तात्कालिक नहीं होतीं। मेरी कविताएँ स्वतः स्फूर्त नहीं होतीं क्योंकि मेरा विश्वास 'रिफ्लेक्शन' में है।' मरने के बाद यह बात किसी को याद नहीं रही। न किसी ने उनके 'रिफ्लेक्शन' के विश्वास पर गौर किया।

त्रिलोचन तब उर्दू विभाग, दिल्ली विश्वविद्यालय में कोश का काम देख रहे थे। वह वहाँ नई पीढ़ी के लिए हिन्दी, उर्दू या अरबी, फारसी और हिन्दी-संस्कृति के सेतु रहे थे। यहाँ कई सालों तक इसी कम्पाइलर पद पर शमशेर बहादुर सिंह ने भी काम किया था। अकसर वह शमशेर की भूलों पर, उनके संस्कृत या हिन्दी की जातीय शब्द-सम्पदा से अनजानी गलतियों पर खुलकर बातचीत करते थे।

त्रिलोचन की मुख्य चिन्ता हिन्दी के जागरूक पाठक और कवि के मध्य सीधे सम्बन्ध की रही है। 'ताप के पाए हुए दिन' में उन्होंने लिखा है, 'संकलन की राजेश जोशी के मन में क्या पूर्व धारणा थी, इसे वे ही स्पष्ट कर सकते हैं। कविताएँ मेरी हैं और उनके प्रति अपनी जिम्मेदारी से मैं बरी नहीं। पर जिम्मेदारी की मंजूरी का कोई खास मानी नहीं है। यह मानी उस हालत में खास मतलब रखता जब जागरूक पाठक और कवि के मध्य सीधा सम्बन्ध होता। यह सीधा सम्बन्ध अभी हिन्दी में दिखाई नहीं देता, शायद आगे कभी हो।' निगम बोध घाट पर मुझे लगा त्रिलोचन ने सारी ज़िन्दगी अपने पाठक ही बनाए थे और वह लगातार उनसे संवाद ही करते रहे : 'यदि मैं तुम्हारे प्रिय गान नहीं गा सका तो एक दिन तुम मुझे छोड़ कर चले जाओगे।' पाठक ही पैदा करते हुए त्रिलोचन हमारे बीच से चले भी गए।

नागार्जुन की तरह त्रिलोचन ने भी हिन्दी में जागरूक पाठक बनाए हैं। भोपाल में वह सरकारी संस्था 'शासन साहित्य परिषद' में कितने उपयोगी रहे, यह मैं नहीं जानता। वहाँ एक बड़ा जागरूक हिन्दी पाठक समुदाय त्रिलोचन के साथ

जनपथ पाठशाला में दीक्षित हुआ है, इसकी मुझे जानकारी है। देश के भिन्न-भिन्न इलाके के जागरूक पाठकों का सीधा सम्बन्ध त्रिलोचन के कवि से रहा है। सागर मुक्तिबोध पीठ में वह फिर वापस आ गए। वह दिल्ली में भी लोकप्रिय हैं। दिल्ली उनके लिए, देश का एक बड़ा गाँव है। बनारस, इलाहाबाद, राँची, भोपाल, सागर जहाँ भी वह काम करते रहे, उनका 'देहाती' उनके भीतर बैठकर दुनिया के बदलते रंग-ढंग का नज़ारा लेता रहा है। अवधेश प्रधान को यह बताते रहे, गाँव हमारी चेतना में कैसे बसा हुआ है। मैं कह सकता हूँ, त्रिलोचन से सीधे सम्बन्ध का अर्थ है, अवधी भाषा और उसकी जन संस्कृति के संपर्क में आना।

1959 में कुछ समय त्रिलोचन राँची में रहे हैं। वहाँ उनके अभिन्न थे कथाकार स्व. राधाकृष्ण। राष्ट्रीय प्रेस के मैनेजर थे यहाँ कवि त्रिलोचन। यहाँ से लिखे उनके चार पत्र आप पाठक पढ़ें। इससे जन संस्कृति में उनकी निष्ठा का पता चलता है।

द्वारा :– श्री राधाकृष्ण,
भट्टाचार्यी लेन, राँची।

प्रिय विष्णु,

दिल्ली की जगह राँची आ गया। काम है, कर रहा हूँ। धीरे-धीरे शायद रास आ जाए। अभी तो जी भागता है। ध्यान रखना, दिल्ली में कोई गुंजाइश हो तो तुरन्त लिखना।

अपनी बातें लिखो। अरसा बीत गया तुम्हारा खत आए।

तुम्हारा :–
त्रिलोचन, द्वारा श्री राधाकृष्ण जी,
भट्टाचार्यी लेन, राँची : बिहार,
8.6.1959 का खत

शर्मा जी,

इस बार लिखने में मुझसे बड़ी देर हो गई। बुरा न मानिएगा। बात यह हुई कि 16 मई को मैं काशी के लिए चला। काशी से 19 को सपरिवार गाँव गया। गाँव हम लोग 19 से 26 तक रहे। फिर काशी लौटे। परिवार को छोड़कर 1 जून को मैं राँची लौट आया। गया में ट्रेन छोड़ने के बाद अर्जुन चौबे से मिला। उनके साथ 9 से 12 बजे तक रहा। वे मुझसे नाराज़ हैं। व्यवहार में भी कठोर रहे। पर कठोरता का कारण उनका मेरे प्रति स्नेह भाव ही है। खाना खाकर वहाँ से बस स्टेशन गया। बस से राँची पहुँचा। गया के दूसरे साहित्यकारों से मिलने का मौका न था।

काशी में एक दिन मोहन (स्व. मोहनलाल गुप्त : सम्पादक 'रविवार आज') से भेंट हुई। चन्द्रबली सिंह से मिलता रहा। मेरी पत्नी इस बार उनके घर दो दिन

गईं। उनके मन पर उनके यहाँ जाने का अच्छा असर पड़ा। मैं समझता हूँ अब वे जब भी चाहेंगी, जाती रहेंगी। डॉ. राजबली पाण्डेय और प्रो. एस.के. सिंह से भी भेंट हुई थी। बेरी के यहाँ से जायसी की नई किताब 'चित्ररेखा' निकली है जिसके सम्पादक हैं श्री शिवसहाय पाठक। ओमप्रकाश बेरी ने पुस्तक मुझे दी। पुस्तक अभी डॉक्टर राम खेलावन पाण्डेय के पास है, लौटे तब देखी जाए।

राँची देख रहा हूँ। पहचानने की कोशिश कर रहा हूँ। देखिए।

सस्नेह

त्रिलोचन

पुनश्च :

श्री विजेन्द्रपाल सिंह इन दिनों राँची में हैं। यहाँ एग्रीकल्चर कॉलेज में उनके साले साहब असिस्टेंट प्राफेसर हैं। 11 जून को वे यहाँ से जा रहे हैं।

त्रिलोचन

द्वारा : — श्री राधाकृष्ण जी,
भट्टाचार्यी लेन, राँची बिहार,
7.7.1959

भाई,

श्री श्रीकांत वर्मा से कहो कि थोड़ी शिष्टता दिखाया करें। उन्हें श्री भालचन्द्र ओझा की कविताएँ मिली होंगी पर उनके यहाँ से सत-असत् कुछ भी नहीं मिला। ओझा जी कहते हैं, यह गलती आपके प्रति (मेरे प्रति) आदर भाव से बन गई। अगर वे लोग लेखकों का सहयोग चाहते हैं तो अपना भी योग-भाव दिखाएँ। यह क्या बात है?

कलकत्ते गया था। जगदीश और मुद्राराक्षस मिले। जगदीश ने तीसरी शादी की है और 'इकाई' निकाली है। दूसरा अंक तो विशेषतया सेक्स-अंक हो गया है क्या हो गया है जगदीश को? अगर पैसा ध्यान में है तो क्यों नहीं कान्त और उग्र की भाषा शैली पकड़ते?

मुद्राराक्षस नए व्यूह की रचना के लिए उद्यत दिखे। मैंने कहा कि आलोचना अभी मेरा क्षेत्र नहीं और नामवर के विषय में उन्होंने मुझे यह बताया कि वे अनासक्त दिखे। यार, कलकतिए लेखक पर्दे के भीतर रहकर बोलते चलते हैं रामविलास और नन्ददुलारे वाजपेयी भी मिले। वाजपेयी मेरी बातों पर क्षुब्ध हो उठे थे। मगर यहाँ परवाह कौन करता है? अपनी कहो।

सस्नेह

त्रिलोचन

पुनश्च :

वाह शर्मा, लिखते हो 11.6 को और पोस्ट करते हो 24.6 को? इतनी

विस्मृति भी क्यों आख़िर? कहीं मन में कोई हाथी तो नहीं बैठ गया?

राष्ट्रीय प्रेस : कमिश्नर हाता,
राँची : बिहार : 27.7.1959

विष्णु,

लिखना तो तुम्हें बहुत चाहता था पर कार्ड में जगह कहाँ? कालिदास ने रघु के वंश को 'सत्याय मित भाषिणाय' विशेषण दिया था। मित लेखन भी शायद सत्य का पोषक ठहरे।

सच कहूँ, जगदीश दुखी दिखे। अपने दुख को आडम्बर के रंगीन पर्दे से ढँकने को हरदम तैयार। शादी भी कुछ उसी तरह की चीज़ है। प्रेमलता को कुछ जगदीश से मिला होगा और जगदीश को प्रेमलता से। वैसे प्रेमलता सुन्दरी या असुन्दरी नहीं है। नारी है। लेखिका रही है। अब जगदीश उसके लेखों पर पॉलिश चढ़ाते हैं। यह भी उनका विमोह है। उसके दो लेख जगदीश ने पढ़कर सुनाए। जगदीशमय थे वे लेख। एक तो बच्चन और तेजी सूरी पर था। इसी तरह दूसरा। बातचीत में जगदीश अब निष्प्रभ और आत्मश्लाघा के प्रवाह में मग्न। तो, अच्छा हो, जगदीश को कुछ भी न लिखो। पता यह है, श्री जगदीश, 11 चंडीघोष रोड, कलकत्ता—40। इसका उपयोग लेख आदि के लिए करो।

तुम्हारी सूचना पर डॉ. नामवर सिंह को एक अन्तर्देशीय राधाकृष्ण ने सागर के पते पर लिखा। साढ़े तीन पंक्तियाँ लिखकर मेरी ओर बढ़ा दिया कि आप भी कुछ लिखिए। मैंने कविता लिखी। पत्र भेज दिया गया। उसकी प्रतिलिपि मेरे पास नहीं है। श्री राधाकृष्ण ने उस कविता को अच्छा माना। मैंने डॉ. नामवर सिंह को इलाहाबाद-काल के बाद यह पत्र लिखा। सन् 53, 54 के बाद।

अब समझ में आ रहा है कि क्यों डॉ. नामवर सिंह ने केवल सैद्धान्तिक भाषण दिया और किसी पुराने आलोचक की आलोचना नहीं की। ठाकुरप्रसाद सिंह ने बल्कि दृढ़ता से विरोध किया था। मैं तो रामविलास और नन्ददुलारे वाजपेयी से कुछ भी बात न कर पाया। केवल देखा-देखी हुई। जैनेन्द्र कुमार से अलबत्ता थोड़ी बात हुई थी। दूसरे दिन मैं तो जगदीश के यहाँ फँसा रह गया। साहा (स्व. महादेव साहा) से भी भेंट न कर सका।

सस्नेह
त्रिलोचन।

घर का जीवन मैं समझता हूँ, दोहरी धार है। त्रिलोचन जी इस धार में बहकर स्वीकार करते हैं : 'क्यों मैंने पाया है इतना नरम कलेजा?' वे गृहीममता के किनारों का अंदाज़ जानते हैं। इसीलिए मुझे इधर 2007 से हरिद्वार और वैशाली गाजियाबाद में उनके अथाह अकेलेपन का दर्द सालता रहा। वहाँ त्रिलोचन बन्द

कमरे में दुहराते रहे थे : 'ऊब गया हूँ, ऊब गया हूँ, ऊब गया हूँ/मैं अपने एकाकीपन से ऊब गया हूँ।' धीरज के साथ पैदल चलते हुए अपनी धारा से सहयात्री को यह 'स्पष्टीकरण' देना जरूरी समझते हैं 'मित्रों, मैंने साथ तुम्हारा जब छोड़ा था, तब मैं हारा-थका नहीं था, लेकिन मेरा तन भूखा था, मन भूखा था।' तन-मन के भूखे नागरिक का यह जीवन तल्ख़ रहा है। बार-बार इसी गृहजीवन की तल्ख़ी से त्रिलोचन भागते भी रहे हैं।

सामान्य नागरिकों की तरह उनकी पत्नी के लिए कविता का कोई अर्थ नहीं रहा। दिल्ली, में शमशेर ने उन्हें 'ककहरा' पढ़ाकर कविता को समझने की दिशा में तैयार किया था। काशी में वह देखती थीं, कविता लिखने से कुछ ठोस धन या पद का लाभ नहीं होता। उलटे जांगर से जाता ही है। उनका कविता के बारे में भोपाल और सागर में विचार बदला। काशी में, कविता लिखकर दो-चार संगी-साथी त्रिलोचन के बने थे। भोपाल और सागर में, सरकार-पाल वर्ग को, कविता की जरूरत महसूस हुई। सरकार चलाने के लिए कविता की पाली पर भी नज़र रखनी चाहिए, यह नौकरशाह को धीरे-धीरे पता लगा। शीला दीक्षित ने अन्त में उन्हें विदा दी।

काशी में गृह कलह में पत्नी त्रिलोचन को डाँटती, खुद खींझती और कवि को फटकारती थी। उस समय पूरा परिवार टूटे बर्तनों की तरह एक बेजान स्वर में बज उठता था। काशी में अधिक से अधिक 300 रुपये त्रिलोचन को मिलता था। भोपाल में वेतन के अलावा, सरकारी सत्संग या कला-विनोद से भी उनकी ऊपरी आमदनी होने लगती थी। दिल्ली में अमित प्रकाश सिंह की सूचना के बाद मैंने अशोक वाजपेयी को फोन किया, और वह शीला दीक्षित के साथ वैशाली आए। ख़बर मुझे मिलती रही, हिन्दी साहित्य अकादमी, दिल्ली, केन्द्रीय साहित्य अकादमी और हिन्दी भवन से बीमार त्रिलोचन को इतनी राशि मिली। यानी पैसे वाला त्रिलोचन छिलका बन गया। मैंने दोनों स्थितियों में त्रिलोचन को देखा है। काशी में त्रिलोचन जी, पत्नी के क्षोभ को पी जाते थे। घर की खीझ से बचने के लिए कविता के बाहरी दायरे में डूबे रहते थे। कविता के बाहरी दायरे में एक त्रिलोचन, मन ही मन अपनी उपलब्धियों को टटोलता चलता था। दूसरा त्रिलोचन, दूसरे बड़े कहे जाने वाले 'मकानीकी चरित्रों' से अपनी क्रिया का स्वतन्त्र मार्ग खोजा करता था। पहला त्रिलोचन सोचता था, 'जब आदमी किसी के पास होता है तो अपनी उपलब्धियों को मन ही मन टटोलता चलता है। सभी भाव और अभाव की दशाओं में यह स्थिति मिलती है। जहाँ प्राप्ति की अनुभूति बिलकुल नहीं होती वहाँ भी प्राप्ति होती है। कोई चाहे चेत से इसे न स्वीकार करे। कवि के हृदय से अधिक इस घटना को और भी अच्छी तरह कौन पहचान सकता है।' (प्रेमलता वर्मा के 14/12/62 के खत से)

एकाकी क्षणों में त्रिलोचन ठोस अभाव, तंगी और फटेहाली का अनुभव करते थे और कभी पुरानी पीढ़ी से, कभी-कभी नई रचनात्मक पीढ़ी से बराबरी के दर्जे से कविता की रचना के अपनेपन पर बात किया क़रते थे।

त्रिलोचन के अपनेपन की कहानी के एक नेरेटर हो सकते हैं उनके बड़े पुत्र जयप्रकाश सिंह या दूसरे छोटे पुत्र अमित प्रकाश सिंह। दूसरे मेरी तरह के देश में फैले हुए उनके अनगिनत शिष्य। उनके सागर पहुँचने पर मैंने फिर लिखा था : 'आप आत्मकथा जरूर लिखें।' तब मैं डॉ. रामविलास शर्मा की आत्मकथा 'अपनी धरती, अपने लोग,' पढ़ते हुए सोच रहा था अभी कितना कम हम जानते हैं त्रिलोचन के अपनेपन को। अपने छोटे पुत्र अमित प्रकाश सिंह के साथ कलकत्ता जाते हुए उन्होंले लिखा, 'कब लिखना शुरू होगा, कह नहीं सकता।' (16/4/96) हम अभी प्रतीक्षा में हैं।

कृषक ने हरिद्वार में देखा था संज्ञाहीन त्रिलोचन को। मेरे पहुँचने पर पंखुरी ने पूछा था, 'कौन हैं, पहचानते हैं।' हँसकर त्रिलोचन ने मेरा नाम लिया था। मैंने पूछा : 'डायरी कब से नहीं लिखी? कहा 'छह साल से।' अब नामवर सिंह बताते हैं : 'निराला की तरह किंवदंती पुरुष थे त्रिलोचन।' अशोक वाजपेयी बताते हैं : 'त्रिलोचन हिन्दी कवियों के समाज में स्वाभिमान की एक बहुत उजली शवीह थे। चंचल चौहान बताते हैं : 'केदारनाथ सिंह के शब्दों में त्रिलोचन के शिल्प की एक खास बात यह है कि वे किसी वस्तु का प्रतीकवत् प्रयोग नहीं करते।' और विष्णु चन्द्र शर्मा के शब्दों में : 'शब्दों का स्थापत्य पेश करने में माहिर रचना व्यक्तित्व हैं।' विश्वनाथ त्रिपाठी ने कहा कि 'वाक्य भाषा की इकाई है, शब्द नहीं। अर्थ-बोधवाक्य से होता है और त्रिलोचन ने हिन्दी साहित्य में वाक्य की महत्ता साबित की। 91 वर्ष के त्रिलोचन के अपनेपन का हम सबसे 2 बजे निगम बोध घाट पर अवसान हो गया। वह 20 अगस्त 1917 से रविवार 9 दिसम्बर 2007 की कहानी है। इस इतिहास के हम सब गवाह हैं। कुबेर दत्त ने उसी कहानी को दूरदर्शन में मोती के दानों की तरह पिरोया है। यही इतिहास धीरे-धीरे त्रिलोचन के अपनेपन का इतिहास होगा कभी।

त्रिलोचन की कविता का पेथॉस

दिनेश चमोला–'आजकल आप क्या लिख रहे हैं?'

'केवल कविताएँ! क्योंकि मैं मानता हूँ–कविताएँ रहेंगी तो सपने रहेंगे/जीने के लिए सपने सभी को/अश्वासन देते हैं।'

साक्षात्कार, 26 अप्रैल 2007, अमर उजाला

सीता को इन्द्रजीत प्रताड़ित कर रहा है और यह दृश्य देख रहे हैं हनुमान। इन्द्रजीत सीता के बाल पकड़कर उसे दंडित कर रहा है और रामभक्त हनुमान अपना धैर्य खोते जा रहे हैं। यह त्रिलोचन के साक्षात्कार का एक पथ है। वह खुद बली हैं, पर उनके सामने का वर्तमान विसंगत है। पीड़ा में लोग हार रहे हैं। क्या शोक संतप्त हनुमान के भीतर त्रिलोचन की कविता का पेथॉस नहीं है?

युद्ध सिर्फ लड़कर नहीं जीता जाता है, युद्ध (इराक जैसे) देखकर कवि आहत होता है, उसका युद्ध में बस नहीं चलता है। उस समय का यही वर्ग-संघर्ष था। एक पक्ष का अर्थ-संकट सामने खड़ा। वह नंगा था। लक्ष्मण ने इस विसंगति में निराश राम से धर्म-अधर्म के द्वन्द्व की बात की थी, राम चुप रहे थे। अर्थ प्रधान सत्ता का लक्ष्मण ने उन्हें बोध कराया।

मुझे पिता के बाद का अपना टूटा हुआ घर याद आ रहा है। 'विडम्बना' उपन्यास का यह 'आजादी' खंड है। मुन्नी वेवे की आत्महत्या याद आई। याद आया 1950 से 70 तक का अर्थ की तंगी में त्रिलोचन का काव्यबोध 'यथा धर्म तथा बले।' बल को प्रधान मानें या पुरुषार्थ को भूलकर धर्म को भाग्य का संकट कहें। यह धर्म और पुरुषार्थ-त्रिलोचन के द्वन्द्ववाद का एक सूत्र है। जिनके घोड़े तेज़ थे, वह आधुनिकता की दौड़ में त्रिलोचन से आगे बढ़ गये। त्रिलोचन ने राम के रथ का एक "मिथ" स्वीकार किया। निराला को आँखों में मानदण्ड की तरह रखा और लक्ष्मण की तरह खुद को एक पाठ सिखाया : तात राघव! इस समय समयानुसार-धर्म एवं पुरुषार्थ में से किसी एक का आश्रय लेना धर्म ही है, ऐसा मेरा मत है। आपने उस दिन राज्य का त्याग करके धर्म के मूलभूत अर्थ का उच्छंद कर डाला :

मम चेदं मतं तात धर्मोऽ यमिति राघव।
धर्ममूलं त्वया छिन्नं राज्यमुत्सृजता तदा।।

त्रिलोचन ने नौकरी का बार-बार त्याग किया, क्योंकि उनके स्वाभिमान को वह कार्य चोट पहुँचाता था। नौकरी कमज़ोर-अरर डाल है, यह कहा था त्रिलोचन ने। यह धर्म का मूलभूत आश्रय था—स्वाभिमान। त्रिलोचन का स्वभाव प्रकृति का स्वभाव है, जहाँ न नदी ठहरती है, न पर्वत भागता है। बल्कि दोनों प्रकृति से संचय का एक अनूठा पाठ पढ़ाते हैं। दो पाठ सीखते हैं : "जैसे पर्वतों से नदियाँ निकलती हैं, उसी तरह जहाँ-तहाँ से ज्ञान के कण संग्रह करके (राहुल भी लाये) और बढ़े हुए अर्थ से सारी क्रियाएँ सम्पन्न होती हैं।"

अर्थोभ्योदथ प्रवृदेभ्यः संवृत्तेभ्यस्ततस्ततः।
क्रियाः सर्वाः प्रवर्तन्ते पर्वतेभ्य इवापगाः।।

शमशेर में क्रिया का अभाव था। शमशेर के जीवन में त्रिलोचन ने यह अभाव देखा था। वह खुद न भुवनेश्वर बने, न मंगन रहे। बस कर्म और धैर्य दो पैर थे और चलने के लिए पूरी पृथ्वी।

खाली जेब रहना न पाप है न दीनता है। वह सत्य है, 'पैसे वाला रह जाता है केवल छिलका।' त्रिलोचन फिर भी छिलका नहीं रहे। उस समय यानी उसका जेब ग्रीष्म की नदी-सा खाली था या सूखा है। कल वह नदी फिर भर उठेगी। यह सजीव जीवन के बोध का तीसरा पाठ है त्रिलोचन का। 'जो मन्दबुद्धि मानव अर्थ से वंचित है, उसकी सारी क्रियाएँ उसी तरह छिन्न-भिन्न हो जाती हैं, जैसे ग्रीष्म ऋतु में छोटी-छोटी नदियाँ सूख जाती हैं।"

अर्थेन हि विमुक्तस्य पुरुषस्याल्पचेतसः।
विच्छिद्यन्ते क्रियाः सर्वा ग्रीष्मे सुसरितो यथा।।

मैं ऊपर के कमरे से उस दिन निराला निवेश रथयात्रा, वाराणसी में देख रहा था, न त्रिलोचन काम पर गए हैं, न अम्मा ने चूल्हा जलाया है, अमित भी आलस्य में पड़ा है। मैं नीचे आया। कमरा चुप था। कोई नहीं हो जैसे। मैंने कहा : "अम्मा, चाय नहीं बनाएँगी।"

वह न उठीं न कुछ बोलीं। मैं सब समझकर भी उनके पास गया। देखा कोयला नहीं है। आटा नहीं है। गुड़ भी नहीं है। श्यामा बहिन ने दो दिन से यह सब देखा था, धुआँ नहीं उठा है आँगन में। वह आईं। हाथ जोड़कर वह बैठ गई : "अम्मा हम बेगाने हैं।" बात कहते-कहते वह रो पड़ी थी।

अम्मा का धैर्य का बाँध इससे टूट गया था। कहा : "सत्या जी से कोयला माँग लो।" चुन्नू फिर भी नहीं गए।

सत्या आटा लेकर आई। मैंने सबके साथ चाय पी। फिर त्रिलोचन के साथ घूमने ज़रूर निकल पड़ा। मुझे लगा अर्थ से वंचित त्रिलोचन जहाँ है वहाँ भी वह मन्दबुद्धि नहीं है।

"जो पुरुष सुख से पला हुआ है, वह यदि प्राप्त हुए अर्थ को त्यागकर सुख

चाहता है तो उस अभीष्ट सुख के लिए अन्यायपूर्वक अर्थोपार्जन करने में प्रवृत्त होता है, इसलिए उसे ताड़न, बन्धन आदि दोष प्राप्त होते हैं।"

सो यमर्थं परित्यज्य सुखकायः सुखैधितः।
पापमाचरते कुर्ते तदा दोषः प्रवर्तते।।

त्याग का सुख और अर्थोपार्जन की प्रवृत्ति ने त्रिलोचन को मार्क्स, गाँधी, स्वामी जी, चौहान, जगत के निकट पहुँचाया। यहीं से एक द्वन्द्व नये रूप में आया। उनके कवि व्यक्तित्व में ताड़न जीवन में अनिवार्य है जो निम्न वर्ग के इंसान हैं, जो गुलामी के अनेक जटिल बंधनों में जकड़े हैं।

फिर दूसरा महायुद्ध सामने था। क़रीब थी आज़ादी और थी बँटवारे की त्रासदी। त्रिलोचन ने सोचा, "जिसके पास धन है, उसी के अधिक मित्र होते हैं। जिसके पास धन का संग्रह है, उसी के सब लोग भाई-बन्धु बनते हैं। जिसके यहाँ पर्याप्त धन है, वही संसार में श्रेष्ठ पुरुष कहलाता है और जिसके पास धन है, वही विद्वान समझा जाता है।"

यस्यार्थास्तस्य मित्राणि यस्यार्थातस्य बान्धवाः।
यस्यार्थाः स पुमांल्लोके यस्यार्थाः स च पण्डितः।।

जगत शंखधर पंडित है, पर श्रीपत के अधीन है। श्रीपत राय के पास धन है। वह चौहान के 1942 में जेल जाने पर जगत या त्रिलोचन को नहीं अपने भाई अमृत को 'हंस' का सम्पादक बनाते हैं। 'हंस' में काम करें त्रिलोचन, सम्पादक बनें अमृत। धन का संग्रह दोनों भाई के पास था।

मैं, विष्णु 1950 में मिला था त्रिलोचन से। तब उनके पास न 'हंस' था, न अमृत राय थे बनारस में। बेकार त्रिलोचन ट्यूशन करते थे। एक कोठरी थी अकन भवन की। कभी पत्नी गाँव चली जाती, कभी उनको लाने त्रिलोचन साइकिल से गाँव जाते। रोटी, कभी बनी। कभी कच्ची सब्जी खा ली।

बस जगत शंखधर से खुलते गए त्रिलोचन। दोनों के पास बैंक बैलेंस नहीं रहा। जिसके पास यहाँ (बनारस) में धनराशि एकत्र है, वह पराक्रमी कहा जाता है। जिसके पास धन की अधिकता है, वह बुद्धिमान माना जाता है, जिसके यहाँ अर्थ-संग्रह है वह महान भाग्यशाली कहलाता है तथा जिसके पास यहाँ धन-सम्पत्ति है, वह गुणों में भी बढ़ा-चढ़ा समझा जाता है।

यस्यार्थाः स च विक्रान्तो यस्यार्थाः स च बुद्धिमान्।
यस्यार्थाः स महाभागो यस्यार्थाः स गुणाधिकः।।

कवि त्रिलोचन थे, पर कवियों के राजकुमार थे शम्भूनाथ सिंह। वह कवि सम्मेलनों में बच्चन, नरेन्द्र शर्मा, दिनकर के साथ के बड़े कवि सम्मेलनी कवि थे। त्रिलोचन की आँखें निराला के बाद तुलसी पर अटक जाती थीं। एक कविता का पुरुषार्थी है, दूसरा भाषा का धनी।

सम्पूर्णानन्द मंत्री हैं। गौड़ जी एम.एल.सी हैं। शम्भूनाथ प्राध्यापक और धनी हैं। जिसके पास धन है, उसके धर्म और कामरूप सारे प्रयोजन सिद्ध होते हैं। उसके लिए सब कुछ अनुकूल बन जाता है। जो निर्धन है, वह अर्थ की इच्छा रखकर उसका अनुसंधान करने पर भी पुरुषार्थ के बिना उसे नहीं पा सकता। त्रिलोचन अकेले लेटे-लेटे 'क्षत्रिय मित्र' पत्रिका से "आज" तक की अपनी कहानी याद करते रहे।

यस्यार्थाः धर्मकामार्थास्तस्य सर्व प्रदक्षिणम्।
अधनेनार्थकामेन नार्थः शक्यो विचिन्तता।।

इक्के-दुक्के बादल याद आते हैं त्रिलोचन को। जो पाहुन की तरह कभी गाँव में आए थे। कभी खेत के रास्ते में। यही कवि का धन है शायद। "जो धर्म का आचरण करने वाले और तपस्या में लगे हुए हैं, उन पुरुषों का यह लोक (ऐहिक पुरुषार्थ) अर्थाभाव के कारण ही नष्ट हो जाता है, यह स्पष्ट देखा जाता है। वही अर्थ इस दुर्दिन में आपके पास उसी तरह नहीं दिखाई देता है, जैसे आकाश में बादल घिर आने पर ग्रहों के दर्शन नहीं होते हैं।"

मैं, (विष्णु) ने चाय पिलाई। त्रिलोचन ने भोर के अकेले तारे शुक्र को देखा और कविता लिखकर लैम्प पोस्ट की रोशनी में सुनाई विष्णु को : 'शुक्र अकेला बूझती लाली पर हँसता है।' त्रिलोचन की वह बेधक हँसी फिर विष्णु कभी नहीं भूला।

येषां नश्यन्त्ययं लोकश्चरतां धर्मचारिणाम्।
तेऽ र्थास्त्वयि न दृश्यन्ते दुर्दिनेषु यथा ग्रहाः।।

मैं (विष्णु) ने आज फिर सारी बीती बातें, यात्रा, घर, बेकारी के दुर्दिन के दिन याद किये और कहा खुद से : "कर्मणा व्यापने ष्यामि तस्मादुत्तिष्ठ राघव।" उसे लगा लक्ष्मण ने जो काम किया था, वही उसका राम से संवाद था। क्या मैं 1950 से 2007 तक ऐसा ही संवाद त्रिलोचन से नहीं कर रहा हूँ : "जो महान दुख दिया है, उसे मैं अपने पराक्रम से दूर करूँगा, अतः चिन्ता छोड़कर उठिये।" मैंने, बुद्धिमान त्रिलोचन की विशिष्टता को लोगों के सामने रखा "कवि" 1957 में और 'आज' के लिए नियमित इतिहास लिखता था विष्णु और लिखवाते थे त्रिलोचन। अम्मा कभी देखती थी। कभी चिड़िया उड़ाते थे त्रिलोचन, और धूल भर जाती थी रानी गली के कमरे में। चुन्नू आता था और देखकर चला जाता था। विष्णु आज सारा वृतान्त याद करता रहा।

मैं, विष्णु नागरी प्रचारिणी सभा में तब कोश (हिन्दी शब्दसागर) में (सहायक सम्पादक) था। त्रिलोचन भी थे। वह अवधी और संस्कृत के गहरे जानकार हैं, यह धीरे-धीरे शब्द-संग्रह करते हुए मैंने जाना। विश्वनाथ त्रिपाठी प्रवासी, राधा विनोद गोस्वामी से बड़े पंडित हैं त्रिलोचन। सिर्फ हेमचन्द्र जोशी और किशोरीदास

वाजपेयी के सामने त्रिलोचन न जर्मन भाषा के विशेष पंडित लगते, न किशोरीदास वाजपेयी से 'हिन्दी शब्दानुशासन' के ज्ञाता। फिर भी विशाल हिन्दी क्षेत्र की बोलियाँ और भाषाओं के यह व्यावहारिक ज्ञाता हैं।

सभा में चार मुस्टंडे थे तब जैसे विभीषण को घेरे चार कज्जल राशि के समान सुधाकर, रुद्र आदि। विष्णु में पिता-सी निर्भयता थी। यहाँ कभी-कभी उसने डराया बिदकाया शोक से मग्न लक्ष्मण का दुख कहीं त्रिलोचन में भी है। मैंने त्रिलोचन को शोक से संतृप्त या झूठे बुलावे में भी बहकते हुए देखा है। मेरे हृदय में आन्तरिक दुःखं बढ़ता गया। 'अंर्त्तदुःखेन दीनात्मा'। बस मैं दीन नहीं रहा कहीं से भी। मैं विभीषण की तरह था सभा में : जिमि दससन मह जीभ। मैंने सोचा कैसे निर्भय रहूँ। मैं पूछता किमेतदिति सो... ब्रवीत् : यह क्या बात है।

नागरी प्रचारिणी सभा को मैं त्रिलोचन से अधिक जानता था। बचपन से नाना को उसके लिए भीख माँगते देखा था। उस दिन दीवार में एक पीपल का पेड़ देखा था नाना ने। वह कल्लू को बुलाकर लाए। कहा : "इसे उखाड़ दो। दीवार गिरा देगा बढ़ने पर यह पीपल।"

पीपल देवता माना जाता है। कल्लू एक बार हिचका। नाना ने डरे हुए कल्लू को देखा और पेड़ को जड़ से उखाड़ दिया। वह रोज एक बार सभा आते थे। प्रदक्षिणा करते थे। सभा उनकी पुत्री थी। विष्णु के लिए सभा उसकी जीवनी पं. रामनारायण स्मृति कथा का एक अध्याय थी। कोई मिथ्या संताप या नम्र। झूठे ही प्राप्त हुए इस संताप को वह त्याग नहीं पाता था। इसीलिए रुद्र से लड़ जाता था। परिवार से रुद्र गुण्डे थे और सभा के प्रधान मंत्री थे। उनकी तूती बोलती थी।

त्रिलोचन का वीर जीवन में क्यों अचेत है, इस पर मैंने बार-बार सोचा। मैं उसे देखकर सोचता : 'तदयुक्तमहं मन्ये सागरस्येव शोषणम्' : उसे मैं समुद्र को सोख लेने के समान असम्भव मानता हूँ। क्या सुधाकर नहीं करेगा—यह मैं अच्छी तरह जानता था : न च घातं करिष्यति। न वह मेरा वध कर सकता है, न त्रिलोचन को हटा सकता है कोश विभाग से। 150 रु. वेतन था। इतनी कम तनख़्वाह में कौन आएगा—कोशकार पद पर भला।

न जाने कितनी मायामयी सीता सभा के गुण्डों के हाथों मारी गई होंगी। फिर भी मुझे विश्वास था : संग्राम बड़ा है और उसमें मायामयी चालों की हार होकर रहेगी। 'विडम्बना' उपन्यास का दूसरा खण्ड है 'ठहराव'। निश्चय ही उस ठहराव ने हम लोगों को मोह में डालने के लिए ही इस माया का प्रयोग किया है। उसने सोचा होगा—यदि आक्रमण चलता रहा तो मेरे कार्य में विघ्न पड़ेगा।

तेन मोहयता नूनमेया माया प्रयोजिता।
विघ्नमन्विच्छता तत्र वानराणां पराक्रमं।।

कालक्षेम के कई प्रसंग हैं। कई विवश चेहरे हैं। विश्वविद्यालय से 'सभा' तक

एक लम्बी लड़ाई थी। सारा शहर आतंक से भरा था। लोग पढ़े-लिखे होने पर भी शोक-संतप्त थे। कहीं धैर्य में सबसे बढ़े-चढ़े लोग भी स्वस्थचित्त नहीं थे।

मैं अपना कर्म पूरा कर जब दिल्ली आया तब भी एक बड़ी लड़ाई की इच्छा मन में थी। दिल्ली आज़ाद भारत की रंगभूमि थी। मैं जीवन की रक्षा के साथ त्रिलोचन का पक्षधर कवि था। 'युयुत्सता तेन समाज कर्मणा। भवेत् सुराणामपि संशयो महम्।' त्रिलोचन को लेकर महान संशय अभी मन में था। त्रिलोचन का कवि उनकी कविता का पेथॉस है। वाल्मीकि रामायण पढ़ते हुए बार-बार त्रिलोचन के संघर्ष की याद आई। वे बार-बार संशय से बाहर आये। जैसे वाल्मीकि के राम।

त्रिलोचन : प्रेम और सौंदर्य के कवि

एक प्रेम-प्रसंग :

'गर्मी की तपती दोपहरी में एक दिन खिड़की खोलने पर मैंने देखा कि सुदूर ताड़ के पेड़ के नीचे एक युवक कुर्ता-पजामा पहने खड़ा है। मेरे ही आवास की ओर देख रहा है।'

—प्रमादित मैं था और कोई भी देखता तो उनका प्रशंसक हो जाता लेकिन कभी भी मैंने उनके सामने उनकी प्रशंसा नहीं की और यह भी नहीं कहा कि मैं आपके बारे में सोचता हूँ। भाई, वो बहुत बड़े घराने की महिला थी।

डॉ. अजीत प्रियदर्शी (आत्मकथा के बहाने
स्मरण, पक्षधर वार्ता जन. अप्रैल, 2008)

त्रिलोचन सागर में हैं। कोई सागर शायद ही उनकी 'आशी' कविता में उन्हें देख-परख रहा हो। 'आशी' कविता है ': पृथ्वी से/दूब की कलाएँ लो चार/उषा से हल्दिया तिलक/लो/और अपने हाथों में अक्षत लो/पृथ्वी/आकाश/जहाँ कहीं/तुम्हें जाना हो/बढ़ो, बढ़ो।'

अपनी ही वर्षगाँठ के अवसर पर वह जितने अकेले हैं, सागर में उतना ही अकेला इस पृथ्वी की परिक्रमा करता सूरज भी है। 'जीवन सागर' कविता का एक अंश है : मैं अपने एकाकीपन से ऊब गया था। ऊब गया था, ऊब गया था, आखिर भागा/अगले क्षण जीवन सागर में डूब गया था/क्या था जिससे अपना आपा मैंने त्यागा/कौन सत्य था जो मन की लहरों में जागा।'

यह जीवन सागर त्रिलोचन का सागर का जीवन भी है, बनारस का भी, राँची का भी, कुछ हद जक दिल्ली और भोपाल का भी। पर त्रिलोचन का एकाकीपन और उससे ऊबा हुआ उसका जीवन आज भी सौंदर्य, प्रेम और प्रकृति के कवि का है। एक बार मैंने त्रिलोचन से पूछा था, यदि आपको एक उम्र स्थायी तौर पर मिल जाए तो आप क्या पिछला बालपन पसन्द करेंगे या यौवन पसन्द करेंगे। उन्होंने मुझे बीच में रोकर कहा था अस्सी वर्ष की उम्र स्थायी तौर पर मैं पसन्द करूँगा।

उस दिन मैं उनकी काठी देखकर उनके पिता की काठी को याद कर रहा था। जिनकी आज भरी-पूरी तस्वीर त्रिलोचन के बड़े पुत्र जयप्रकाश सिंह ने बनाई थी। उस पर बाद में बात करूँगा। चूँकि उनके पिता को भी यह उम्र नहीं मिली थी।

त्रिलोचन को भी अपनी 85वीं वर्षगाँठ दिल्ली में मनाने का, नेताओं, बुद्धिजीवियों के बीच, अपनी पूजा का अवसर नहीं मिला है। क्यों नहीं मिला है, यह मैं आज समझ रहा हूँ—क्योंकि त्रिलोचन पर गालिब्र सॉनेट लिखते हैं : 'गालिब गैर नहीं हैं, अपनों से अपने हैं। गालिब की बोली ही आज हमारी बोली है। नवीन आँखों में जो नवीन, सपने हैं, वे गालिब के सपने हैं।'

गालिब की बोली के नाते त्रिलोचन एकाकी हैं या अपने पिता के वैराग्य के नाते ये वीतरागी हैं? लेकिन जैसा मैंने कहा कि त्रिलोचन मूलतः इस देश के मानवीय सौंदर्य और प्रकृति के कवि हैं। मैं नहीं जानता अज्ञेय, नरेन्द्र शर्मा या शमशेर कभी इतने तीव्र सौंदर्य के कवि थे। पचासी बरस का त्रिलोचन आज भी प्रेम का अनूठा कवि है, 'प्रेम' शीर्षक कविता की यह पंक्ति कोई और नया कवि शायद ही लिख पाए; 'धारा है/सिराओं में वेगवती/प्रेम की।' प्रेम का यह वेग त्रिलोचन की ही शक्ति में निहित है।

पचासी वर्ष के समय की यही भूख है। त्रिलोचन को मैं यहीं से देख रहा हूँ। बनारस में जब शुरू में त्रिलोचन 'सॉनेट' का पथ' खोज रहे थे—'कसे कसाए भाव अनूठे' थे। यानी मूर्ति, चित्र और संगीत में कवि थे तब त्रिलोचन। मूर्ति का एक बिम्ब है—ऐसे आएँ जैसे किला आगरा में जो/नग है, दिखलाता है पूरे ताजमहल को/गेय रहे, एकान्विति हो।' यह है त्रिलोचन की काठी और सॉनेट की काठी आज भी एक सजीव बिम्ब है।

उस दिन सादतपुर में एक कवि आए थे। उनकी कविता में माँ की स्मृति थी और बहुत भाव भरे चित्र थे। मैंने कहा था 'उस दिन माँ, भाभी, बुआ, पत्नी, बिल्ली, ताजमहल, राजघाट का पुल, लाखों का मेला, त्रिलोचन की कोई भी कविता क्लासिक कविता की जमीन पर रची हुई होती है। यह पूरी तस्वीर हमारे सामने रच देती है। आज के कवि ऐसी यूनिटी के कवि नहीं हैं। उनके सामने मैंने त्रिलोचन और दूसरे महायुद्ध के बाद के बर्तोल्त ब्रेख्त को रखकर बात करनी चाही थी। लेकिन एक तो सादतपुर, दूसरे कवियों का ऊबा हुआ चेहरा, देखकर मैंने अपनी बात समेट दी थी। लेकिन त्रिलोचन का पचासी वर्ष का जीवन, कौन समेट सकता है। त्रिलोचन उस दिन अध्यक्ष थे। लेकिन मेरे भीतर बैठे हुए त्रिलोचन ने अपनी 'स्पष्टीकरण' कविता का सस्वर पाठ किया था—मित्रों, मैंने साथ तुम्हारा जब छोड़ा था/तब मैं हारा थका नहीं था, लेकिन मेरा/तन भूखा था मन भूखा था तुमने टेरा/उत्तर मैंने दिया नहीं तुमको : घोड़ा था/तेज तुम्हारा, तुम्हें ले उड़ा, मैं पैदल था/विश्वासी था, 'सौरभ, धीरज, तेहि रथ चाका। जिससे विजयश्री मिलती है और पताका ऊँचे फहराती है।'

उस दिन भी त्रिलोचन जानते थे कि समकालीन कविता के कवि वह नहीं हैं। आज सागर में बैठे त्रिलोचन भी भोपाल की राजनीति के कवि नहीं हैं। न ही

त्रिलोचन ने कोई 'कला भवन' अशोक वाजपेयी की तरह बनाया है, जिसको भुनाकर वह यह दावा कर सकें कि मैंने इतने व्यक्तियों को नामी-गिरामी बनाया। उस दिन भी त्रिलोचन बनारस साइकिल से जा रहे थे। अँजोरिया रात में याद करते थे अम्मा को। यह अँजोरिया रात प्रेमचन्द (पूस की रात) के अलावा हिन्दी कविता में कहीं नहीं नजर आती है

'तुम्हें याद है रात अँजोरिया? हम तुम दोनों नहीं सो सके, रहे घूमते नदी किनारे मुग्ध देखते प्यार भरी आँखों से प्यारे भूमि गगन के रूप रंग को।'

यह त्रिलोचन की प्रकृति भी है और यही उनका स्वभाव भी है। उनकी हर कविता उनके स्थापत्य को रचती है, जब मैं त्रिलोचन और युद्ध के ब्रेख्त को याद कर रहा था तो महेश दर्पण की कहानी 'रोशनी' मेरे मन में थी। मैं सोच रहा था कि महेश के दिलो-दिमाग में तो त्रिलोचन के सॉनेट गीत-गज़ल का स्थापत्य तो होगा ही। लेकिन वहाँ ज्यादातर कवि अपने-अपने घोड़े पर सवार थे। सिर्फ मैं पैदल था। त्रिलोचन ने कार पर बैठते हुए मुझे देखा जरूर था और मैं उनके देखने पर सोच रहा था। महाकुम्भ कविता के 24 सॉनेट हैं। जिसे डॉ. रामविलास शर्मा ने देश का सबसे लघु आकार का महाकाव्य कहा था। पहला सॉनेट का शीर्षक है, 'जाड़े की घन माला'—

क्षितिज नील, तदुपरि बैंगनी और फिर नीला
महाकाश को घेरे जाड़े की घनमाला,
गंगा बीचोबीच, पार का टीला
सम्मुख कुम्भनगर, दिन का साँवला उजाला
आड़ी, सीधी, टेढ़ी राजमार्ग की माला
पहने हुए बस्तियाँ क्रम से चली गयी हैं।

यह 1953 की त्रिलोचन की कविता का विन्यास है, जहाँ पूरा चित्र महाकाव्य-सा है। एक पंक्ति क्या, एक अक्षर भी आप नहीं निकाल सकते। कभी सागर में एक आयोजन हुआ था। मैं भी अध्यक्ष मंडल में था। मैंने खासतौर पर इतिहासविद् डॉ. जयप्रकाश सिंह को आमन्त्रित किया था त्रिलोचन की एक कविता की ऐतिहासिक व्याख्या के लिए। बाद में डॉ. जयप्रकाश सिंह ने 'त्रिलोचन का इतिहास बोध' लेख भी लिखा था और बताया था, 'त्रिलोचन की एक कविता इस प्रकार है—

नदी ने कहा मुझे बाँधो
मनुष्य ने सुना, और तैरकर धारा को पार किया।
नदी ने कहा मुझे बाँधो।
मनुष्य ने सुना और सपरिवार नाव से धारा को पार किया।
नदी ने कहा मुझे बाँधो

मनुष्य ने सुना और आखिर में इसे बाँध दिया
अब वह कामधेनु है।

मुझे पता नहीं कवि और आलोचक इस कविता का अर्थ किस प्रकार और कैसा करते हैं। इस कविता को लिखने की पृष्ठभूमि में कवि के क्या भाव थे, यह भी मुझे नहीं मालूम। पर यदि ऐतिहासिक दृष्टि से देखा जाय तो यह कविता नदी और मनुष्य के सम्बन्ध का, सभ्यता के आरम्भ से आज तक का क्रमिक और काव्यात्मक इतिहास प्रस्तुत करती है।'

ऐसे ही पचासी वर्ष के त्रिलोचन के एकान्त में मैं उनके गाँव, उनके पिता जिन्हें 'बाबा' कहते थे को याद कर रहा हूँ। दोनों के भीतर एक-सी धारा थी, एक-सा ही मानव प्रेम था, एक-सी ही उदारता थी। उस गाँव को आप त्रिलोचन के सॉनेट में भी देख सकते हैं, उनके जीवन के एक प्रसंग में कविता में भी आप देख सकते हैं। वे कैसे पढ़े, कैसे बने। या त्रिलोचन के बचपन में आए गाँव के एक चरित्र 'नगई महरा' को या 'चम्पा' को त्रिलोचन के जीवनधारा में करीब से देख सकते हैं। गाँव के चरित्रों से यह निकटता उनके पुत्र जयप्रकाश सिंह ने देखी भी है। गाँव का परिवेश कैसा था, 'हमारे गाँव की भौगोलिक स्थिति इसे और गाँवों से न केवल अलग करती, वरन उसे सुरक्षित भी रखती। तीन ओर से कपरिया ताल से घिरे होने के कारण धान के अलावा कोई खास पैदावार न होती। लोग भात, करेमू का साग और मछली ही प्रायः खाते। पानी में और भी कुछ होता। भैंस का दूध पीते। दूध से बनी चीज़ें खाते। ताल में मछलियों के साथ-साथ चिड़ियाँ भी आतीं। लोग चिड़ियों और हिरन का शिकार करते। इनका मांस खाते। जीवन कठिन था। ताल जिन क्षेत्रों में गहरा न था वहाँ उसे पाटकर खेत बनाया जा रहा था; ऐसे समय में जगरदेव सिंह। मुझे याद है अपने बाबा से आज के दिन त्रिलोचन जरूर एकान्त में बातचीत कर रहे होंगे। एकान्त में वे ऋग्वेद का कोई छन्द या तुलसी के बरवै को भी साध रहे होंगे। अमोला (त्रिलोचन के अवधी में लिखे हुए बरवै) जब पढ़ रहा था तो मुझे लगा कि वाकई त्रिलोचन अपनी स्थायी और प्रौढ़ उम्र 85वीं में आ गये हैं। ऐसे भी उन्हें न 'टके' का ख्याल था कभी बल्कि वह कह भी चुके हैं, 'पैसे वाला रह जाता है केवल छिलका।'

हिन्दी साहित्य के छिलके को उधेड़ करके भूख यानी अभाव की कहानी लिखना मेरा उद्देश्य नहीं है। न ही अज्ञेय की तरह, त्रिलोचन की 'फटे पाजामे' को मैंने उनके कवि का आत्मचित्र माना है। त्रिलोचन जहाँ किसान रहे हैं, जैसी तल्ख स्थितियों में रहे हैं, वे अपने जीवन अनुभव का चित्र पूरा उतार सकते हैं—'बिस्तर है न चारपाई है। तबियत खूब हमने पाई है।' यह है एक गजल का आत्मचित्र। यह शक्ति हिन्दी के किसी कवि के पास नहीं है।

उस दिन मैंने चाहा था, सादतपुर में जो लोग विश्व कविता का एक

'अलबम' तैयार कर रहे हैं, उनके सामने त्रिलोचन की कविता की यात्रा पर बातचीत करूँ। पर किसी को डर था अशोक वाजपेयी नाराज़ न हो जाएँ कि उनका सालाना भत्ता छीन न लिया जाए। किसी के सपनों में हिन्दी के नाम पर विश्वविद्यालयों की गोष्ठियों में कबीर, मुक्तिबोध पर अपनी भूमिका या टिप्पणी जड़ने का गणित था। त्रिलोचन अकेले ऐसे इंसान हैं जिन्होंने अपने पचासी वर्षों में सबसे लम्बा समय कविता के साथ बिताया है। चाहे बनारस का अकनू भवन हो, जहाँ 8×8 की कोठरी थी। लेकिन वे कोठरी छायावाद, प्रगतिवाद और गीतस्कूल का एक सजीव कोना या पाठशाला थी। उस समय अकनू भवन में आने वालों में पंडित हजारी प्रसाद द्विवेदी भी थे, नामवर सिंह थे, ठाकुर प्रसाद सिंह थे, मैं भी था। त्रिलोचन के 'सॉनेट के पथ' का यही काल था। रोज वह दस-पन्द्रह सॉनेट तो लिखते ही थे और लिखकर कभी मेरे यहाँ कभी डॉ. विजय शंकर मल्ल के यहाँ, कभी नामवर सिंह के यहाँ छोड़ भी जाते थे।

बाद में रानी भवानी गली में पड़ोसी बने थे। तब आज अखबार के लिए वह आधुनिक हिन्दी साहित्य का इतिहास मुझे बोलकर लिखवा रहे थे। जब एकान्त मिलता था उन्हें तो वह बरवै लिखकर तुलसी से हाथ मिलाते थे। 'अमोला' की कविता की पृष्ठभूमि त्रिलोचन और उनकी स्व. पत्नी के अवधी में हुए आत्मालाप की पृष्ठभूमि है। बड़ा बेटा जय प्रकाश सिंह तब विश्वविद्यालय में शोध कर रहा था। छोटा बेटा चुन्नू (अमित प्रकाश सिंह) तब पिता के कार्य की जासूसी करता था। यानी त्रिलोचन एक बड़े रजिस्टर पर क्या गोद रहे हैं, उससे कौन मिलने-जुलने वाला है। सचमुच बरवै लिखकर या त्रिलोचन से बातचीत करने के बाद दिल्ली विश्वविद्यालय में, जवाहर लाल नेहरू विश्वविद्यालय में, बहुतों ने अपनी नौकरी तो पक्की कर ली, पर उन्हें त्रिलोचन के बरवै की याद आज भी नहीं है। याद तो नामवर सिंह को भी नहीं है। पर 1950 की त्रिलोचन की डायरी में (जो छप चुकी है 'रोजनामचा' नाम से) में सबसे अधिक पन्ना नामवर सिंह ने घेर रखा है। जब 'निराला निवेश' के एक कमरे में त्रिलोचन, अम्मा और अमित रहने लगे थे, तो अकसर नामवर सिंह पास में शुकदेव सिंह के यहाँ आते थे। वहाँ उनकी आवभगत होती थी। नागार्जुन का कुछ तरल-गरल चलता रहता था। पर त्रिलोचन की सुध तब नामवर सिंह या शुकदेव सिंह को नहीं थी। वह तब 150 रु. जनवार्ता से भत्ता पाते थे। आज सागर में त्रिलोचन जिस मकान में हैं वहाँ कभी नन्ददुलारे वाजपेयी रहा करते थे। जिन्होंने दो काम किये थे। एक नामवर सिंह की रंगरेलियों का मौखिक आख्यान फैलाया था। दूसरा विश्वनाथ प्रसाद मिश्र के नये कविपुत्र चन्द्रभूषण को आत्महत्या के रास्ते पर झोंक दिया था। वह जिस युवती से शादी करना चाह रहा था वह युवती धर्मप्राण नहीं थी।

आज भी त्रिलोचन के एकान्त में, मुझे चन्द्रभूषण का चेहरा याद आ रहा है। त्रिलोचन आत्महत्या यानी पराजय के कवि नहीं हैं। अस्सी-अट्ठासी वर्ष में भी वह

केवल पाठकों की ओर देख रहे हैं और पूरे विश्वास से वह उनसे बात कर रहे हैं। यदि मैं तुम्हारे प्रिय गान नहीं गा सका तो मुझे एक दिन तुम छोड़ चले जाओगे। त्रिलोचन को छोड़कर कौन-कौन व्यक्ति कब चले गये, यह खोजना अभी तक मेरी जानकारी में नहीं है। यह खोज कभी की थी 18 अप्रैल, 70 के 'सांध्य समाचार' में मीरा मान ने, पूछा था त्रिलोचन से 'क्या आप आत्मकथा लिखने वाले हैं? त्रिलोचक का उत्तर था 'जी नहीं। आत्मकथा लिखना तथ्यवादी काम है, मैं मूलतः कवि हूँ और मेरे अनुभव भी विचित्र हैं। लिखते हुए मैं फँसना या विवाद में पड़ना नहीं चाहता हूँ। वैसे भी अपने अजीबो-गरीब अनुभवों पर बात करने से मैं कतराता हूँ।'

अभी नामवर जी ने अपनी आत्मकथा में तथ्यपरक भूलें की हैं। नामवर सिंह बनारस में कवि थे, आज वह साहित्य के राजनेता हैं। त्रिलोचन में खोजने पर भी कवि के अलावा कुछ नहीं मिलेगा। यह अवधी और खड़ी बोली की कविता में अपनी 'ध्वनि ग्राहक कविता' पर ही बात करते रहे हैं। नागार्जुन ने जायसी की परम्परा का अमोला के कवि को बेजोड़ कवि कहा भी था। राँची के कभी कथाकार स्व. राधाकृष्ण ने त्रिलोचन के ध्वनिग्राहक व्यक्तित्व पर लिखा भी था। पटना में तब फणीश्वर नाथ रेणु को त्रिलोचन से बात करते समय बंगला और मैथिली के अनेक लोक कवि याद थे और स्व. शिवचन्द्र शर्मा ने पटना में 'स्थापना' के तीन अंक त्रिलोचन पर निकाले थे। उसमें उनकी डायरी पत्र और संस्मरण थे। आज 85वीं वर्षगाँठ पर त्रिलोचन तुलसीदास से बात कर रहे हैं। शायद अपनी बाहुपीड़ा पर या कबीर से पूछ रहे हैं, अगर फिर से बनारस चलकर रहा जाए तो कैसा हो? पर त्रिलोचन अब हरिद्वार में हैं और अपने जीवन से लिखे, अनलिखे पन्ना को उलटते हुए अट्टहास कर रहे हैं–

अट्टहास कर, अट्टहास कर अट्टहास में/मन को गड़ने वाले दर्द डूब जाते हैं।

संज्ञाप्लावी क्षण जीवन में जब आते हैं/तब सब कुछ बह जाता है, केवल उजास में दिखलाई देता है भावी के विलास में/डूबे जब अपने आगम पर पछताते हैं–गिरे-गिरे रहते हैं, आँसू दिखलाते हैं।

शायद त्रिलोचन उसी खिड़की पर आज बैठे हैं। बैठे-बैठे अपनी इन पंक्तियों को याद कर रहे हैं। जहाँ बैठकर उनकी पत्नी ने आखिरी साँस ली थी। और त्रिलोचन उनके बाद उसी घर में गिर-गिरे रहा करते थे। उनके उस 'एकान्त' में केवल उनका कवि जा सकता है। और बहुत समय से मैंने उनके कवि को दौड़ते हुए नहीं देखा। वे भावावेग के कवि कभी नहीं थे। पर वे ठंडे दिमाग के भी कवि नहीं थे। त्रिलोचन नये वर्ष में बनारस जाएँगे या कहाँ रहेंगे। इसे केवल उनका कवि ही जानता है जो इधर बहुत समय से किसी रचना की तैयारी कर रहा है।

युद्धकाण्ड के कवि त्रिलोचन

"वहाँ एक खँडहर खड़ा था। एक भूतपूर्व भवन, जो मेरी नज़रों में अभूतपूर्व भी हो गया है। पहाड़ी आदमी की तरह उसकी हिम्मत और जिजीविषा की मैं अपने मन में दाद देने लगा। वह काल से होड़ लेता लग रहा है, उससे निरन्तर लड़ता चला आ रहा है' विद्यासागर नौटियाल (भीम अकेला)."

डायरी

(1991 से 1994 तक वाल्मीकि रामायण का युद्धखण्ड पढ़ते हुए डायरी लिखी थी। यहाँ भूमिका : 23.11.94 की है और स्वातिपथ पूर्णिमा की वाल्मीकि का जन्मदिन और कथाएँ 30.11.1994। युद्धकाण्ड के कवि त्रिलोचन–डायरी से)

भूमिका : 23-11-94

मैं त्रिलोचन से छोटा हूँ। वह सन् 1917 के हैं, मैं सन् 1933 का। 16-17 साल वह उम्र में मुझसे बड़े हैं। मैं 1950 में उनसे मिला था। तब मेरे पिता की मौत हो चुकी थी। ठाकुर प्रसाद सिंह से सम्बन्ध था, कहीं वह मित्र लगते थे, कहीं बेगाने। बाद में वह लेखक कम, सरकारी आदमी अधिक रह गए। इधर 'मोरपंख' की पहचान करते हुए प्रेम शंकर रघुवंशी ने उनके पक्षधर लेखन पर नए सिरे से बहस शुरू की है। (सर्वनाम-65)। अस्पताल में पिता की कटी टाँग को छूकर मैंने एक प्रण किया था। उसमें से एक था : सरकारी नौकरी नहीं करूँगा और सरकारपरस्तों से दूर रहूँगा।

नौटियाल सरकार विरोध में मेरे मित्र बनते गए। मैं मित्रों की स्थाई उन्नति चाहने वाला मित्र था। नौटियाल कर्मठ कम्युनिस्ट मित्र थे 57-58 में। उनसे आज 2009 तक अटूट मित्रता है। त्रिलोचन गरीबी में दबे थे। काशी के सभ्य समाज में वह उपेक्षित थे। फिर भी वह रात-दिन के समर्पित कवि थे। इधर जब दूसरी बार 'युद्धकाण्ड' पढ़ रहा हूँ (17वाँ सर्ग) तब वह मित्र भाव की बात एक कसौटी बन गई मेरे जीवन की :

सुहृदामर्थकृच्छ्रेषु युक्तं बुद्धिमता सदा।
समर्थेनोपसंदेष्टु शाश्वतीं भूतिमिच्छता।। 33।।

त्रिलोचन के कवि और किसी आदमी की स्थाई उन्नति कैसे हो—यह कसौटी मुझे नाना से मिली। घूमकर वह सुबह आते। दूध पीते-पीते लोग आने लगते उनके पास। किसी को नौकरी चाहिए। किसी को आर्थिक मदद। कोई बी.एच.यू. में दाखिला चाहता था, कोई दयानन्द कॉलेज में।

मैं बगल की कोठरी में रहता था। नाना सबकी इच्छा के अनुसार सिफारिशी खत लिखते।

त्रिलोचन को मैंने कभी प्रार्थी के रूप में नहीं देखा। आज वह एक खबर हैं : "त्रिलोचन शास्त्री ने मुक्तिबोध सृजनपीठ का अध्यक्ष पद छोड़ा।" यह शीर्षक है 26 मार्च 2002 के 'जनसत्ता' अखबार का। कुछ समय पहले शासन द्वारा कथित रूप से उनका मानदेय न दिए जाने को लेकर भी विवाद की स्थिति बन गई थी। यानी जब वह मुझे फोन पर बता रहे थे कि अब चला-चली का वक्त है। तब भी वे खाली जेब थे और युद्धकाण्ड के भीतर-बाहर के एक सजीव पात्र थे। पर जब वह 1950 में भी युद्धरत थे। मेरे जाने हुए शम्भुनाथ सिंह, ठाकुर प्रसाद सिंह, कृष्ण देव प्रसाद गौड़ आदि से अधिक बुद्धिमान थे। और एक दिन 30 सॉनेट लिखकर उन्होंने अपनी सामर्थ्य की स्थाई छाप मुझ पर डाल दी थी।

वहाँ एक अदृश्य भाव भी था। मैं निराला का भक्त था। त्रिलोचन की कविता के निराला मानदण्ड थे। बाद में तुलसी और वाल्मीकि, वेद व्यास और वाल्ट विह्टमैन, ब्रेख्त और कबीर को जब कविता की जमीन पर पढ़ा तो लगा : मैं और त्रिलोचन कविता की जमीन के अभिन्न मित्र हैं। त्रिलोचन की कविता से मेरी यात्रा शुरू हुई थी। वह आज उनके न रहने पर भी आधुनिक और प्रगतिशील कविता के मानदण्ड हैं। इस मित्र भाव के मानदण्ड में कभी संशय नहीं उपस्थित हुआ। मैंने कई बार मित्र की तरह त्रिलोचन की समीक्षा की—उनको रोका, उनकी रचनाएँ छपवाने में पहल की, 'विशिष्ट कवि' के रूप में उनको—तुलसी और वाल्मीकि के साथ रखकर देखा-परखा।

इधर चार पुस्तकें थीं—धरती, दिगंत, ताप के ताए और अरघान। ध्रुव शुक्ल ने त्रिलोचन की कविता का एक बृहत 'चयन' किया है—2002 अप्रैल में। अरघान का सम्पादन का विचार जाग रहा है। तब से युद्धकाण्ड के त्रिलोचन मुझे एक सही, सार्थक, सम्वेदनशील और यात्री कवि लगे हैं। धीरे-धीरे लगा, नेताजी, तिलक, नाना, पिता के नाते मैं जिन सत्यव्रती, शूरवीर, सुदृढ़, पराक्रमी पर जान-बूझकर काम करने वाले, स्मरण शक्ति से सम्पन्न जैसे समर्थ मित्र की निकटता महसूस कर रहा था, उनमें त्रिलोचन दूसरे कबीर, दूसरा वाल्मीकि, दूसरे तुलसी, दूसरे निराला और दूसरे प्रेमचन्द्र हैं। यह आईना है जिसमें मैंने अंगद, शरभ, जाम्वान, और विभीषण की तरह त्रिलोचन के कवि और चिन्तक पर कभी सन्देह नहीं किया। शायद हनुमान की तरह मैंने काशी में त्रिलोचन की भूमिका,

उनकी उपस्थिति, उनकी परम्परा से लगाव और वर्तमान की समीक्षा पर विचार किया। मैंने वाद-विवाद में त्रिलोचन को खींचा नहीं। ठाकुर की तरह तर्क नहीं दिया कि त्रिलोचन निराला की रूढ़ि हैं। शम्भूनाथ सिंह की तरह त्रिलोचन की भूमिका पर सन्देह नहीं किया। जगत शंखधर मेरे साथ थे। त्रिलोचन को उन्होंने परखा। शिवदान सिंह चौहान, जगत शंखधर के बाद मैं अधिक बुद्धिमत्ता के अभिमत को भूल या त्याग कर त्रिलोचन के करीब आया। उनके कवि और चिन्तक के कार्य की गुरुता पर दृष्टि रखी। यथार्थ समझकर जो देखा उसे त्रिलोचन में पहचाना। वह दूसरे निराला लगे।

छायावादी और प्रगतिवादी आलोचकों के गुण-दोष की परीक्षा में मुझे दोष दिखाई दिया। एक ओर आचार्य शुक्ल के बाद आचार्य हजारी प्रसाद द्विवेदी मानवतावादी आलोचक थे, दूसरी ओर प्रगतिवादी आलोचक थे डॉ. रामविलास शर्मा, तीसरी ओर त्रिलोचन से सीखकर मित्र-आलोचक डॉ. नामवर सिंह बन रहे थे। तीनों की कविता की कसौटी भिन्न थी। त्रिलोचन का कवि और अर्थ बोधक (चिन्तक) है। अज्ञेय की कविता की कसौटी में वह आधुनिक कवि नहीं थे। नई या प्रयोगवादी कविता के मित्र-कवि भी नहीं थे। वह खुद एक शक्ति थे।

मैंने 'कवि' में पहला विशिष्ट कवि माना और उनकी समीक्षा लिखी। वह अनिर्णय के बीच सही निर्णय का सूत्र था मेरा : त्रिलोचन आधुनिक प्रगतिशील कविता में आश्रय देने योग्य कवि और चिन्तक हैं या नहीं—इसका निर्णय उसे किसी काम में नियुक्त किए बिना नहीं हो सकता और सहसा उसे किसी काम में लगा देना भी मुझे सदोष ही प्रतीत होता है :

ऋते नियोगात् सामर्थ्यमवबोध्दुं न शक्यते।
सहसा विनियोगोऽ पि दोषवान् प्रतिभाति मे।। 54।।

काशी में त्रिलोचन के प्रयोजन पर गहरा मतभेद था। कहीं उनके कवि और चिंतक पर गुप्तचर भी नियुक्त किए गए थे।

जगतजी ने देशकाल के अनुरूप—दिगंत छापकर 'धरती' के कवि पर नई बहस शुरू की। यह बहस चली नहीं। कविता के केन्द्र में अभी त्रिलोचन को मानने को कम कवि तैयार थे। मैंने अपनी बुद्धि के अनुसार जब त्रिलोचन को विशिष्ट कवि माना था, तो उनको समय, काल में पहचानने पर जोर दिया था। मैंने जोर देकर कहा था : 'उदात्तता त्रिलोचन का वह गुण है जो न अज्ञेय में है, न सप्तक के कवियों में। वह सप्तक की परम्परा के बाहर के कवि थे। वह मध्यवर्ग की ढुलमुल-यकीनी, दुरंगी समझ या सभ्यता के खरे आलोचक अन्त तक रहे हैं।

अपनी बात, आज मैं आदि कवि की वाणी में कह रहा हूँ : अपने आकार को कितना ही क्यों न छिपाए, उसके भीतर का भाव कभी छिप नहीं सकता। बाहर का

आकार पुरुषों के आन्तरिक भाव को बलात प्रकट कर देता है।

आकारश्छाद्यमानोऽपि न शक्यो विनिगूहितुम्।
बलाद्धि विवृणोत्येव भावमन्तर्गतं नृणाम्।।

जगत ने त्रिलोचन की कविता को यथावत् सम्पादित किया। 'दिगंत', 'कवि' 'सर्वनाम' (मद्य) और 'अरघान' यह एक '57 से 80' की कविता यात्रा का मेरा भी इतिहास है। त्रिलोचन आज भोपाल, सागर, दिल्ली, हरिद्वार के केन्द्र में हैं, जहाँ से दिगंत के कवि को लगातार उपेक्षा मिलती रही। कवि त्रिलोचन पर प्रश्नचिह्न खड़े किए गए थे। 'सर्वनाम बुलेटिन है' यह कहने वाले अज्ञेय थे। 'महाकुंभ' पर त्रिलोचन के सॉनेट पढ़ कर फिर भी वह चुप रहे थे। बहुत समय तक 57 से 90 तक डॉ. रामविलास शर्मा भी त्रिलोचन को कवि नहीं मानते थे। अब प्रगतिशील कविता धारा उन्हें त्रिलोचन के बिना अधूरी लग रही है। नागार्जुन, केदारनाथ अग्रवाल के बीच त्रिलोचन का पत्रकार कवि, राजनीति कवि, प्रकृति कवि, इंसान कवि और आत्म संघर्षशील कवि 2007 यानी अन्त तक बुद्धिमानों के सामने नहीं आया है।

मैं समग्र रूप में अब युद्धकाण्ड के दो ही कवियों पर सोच रहा हूँ, एक आदि कवि, दूसरे त्रिलोचन।

पूर्णिमा : वाल्मीकि जन्म-दिन : 19-10-94

स्वाती पथ

दो व्यक्ति भोर में जा रहे हैं। चाँद उनके सामने है। बड़ा और पूर्ण। आसपास हैं घने दरख़्त। एक शाखा दूसरी शाखा से गुँथी है। नीचे कई कोण से छन कर चाँदनी नजर आ रही है। एक व्यक्ति की आँखों में तृप्तिकर चमक है। दूसरा आदमी सबकुछ पकड़ रहा है। ध्वनियों को ग्रहण कर रहा है, पर अपने दूसरे हृदय से कह रहा है : बहकने का वक्त नहीं है। बड़ा कार्य सामने हैं। युद्ध में कुछ स्थिर नहीं है, फिर मैं ही सुस्थिर कैसे रह सकता हूँ। हाँ, भूमण्डल में दूसरा कोई वाल्मीकि नहीं है।

—क्या दूसरा कोई त्रिलोचन है।

—पत्ते खड़कते हैं। हवा मन के द्वारा सोचती है। वह अभी शान्त है।

—कृतंकर्नि सुमहद्, आदि कवि ने स्वयं से कहा।

—क्या बड़ा भारी कार्य किया है महाकवि।

—महासागर को लाँघ सके हो।

—नहीं।

फिर दोनों मूक। सिर्फ चिड़ियाँ बता रही है : सुबह हुई है। आकाश में अब चाँद नहीं नज़र आ रहा है। दोनों के भीतर एक युद्ध छिड़ा हुआ है।

—प्रवृष्टः सत्यमाश्रित्य जीवन को नाम निष्क्रियेत।

—अपने बल का भरोसा है महाकवि।

—स्वबलं विक्रमस्य च।

—पिता लम्बे-तगड़े थे। मैंने उनसे कुछ बल लिया है।

—कर्मणि दुष्करे।

खेत है। वहाँ निराई की है। रोपनी करते घुटने-घुटने जल में धँसा हूँ। कंठ मेरा कठोर है। पर संग में रोपनी करने वाली महिलाओं के कंठ मधुर थे। वह गाती थीं। धान के पौधे जमीन में धँस कर हँसते थे। मैं कभी हरी धान की लहर को देखता था, कभी लम्बी, तिरछी आँखों को।

तान्नियोगे नियुक्तेन कृतं कृत्यं

पिता वीतरागी हो गए थे। घर में माँ का स्वभाव कड़ा था। बुआ का मधु। वह चाहती थी, मैं खूब पढ़ूँ। मैं खेत जाता। संगियों के साथ तालाब में डूबकर बैठ जाता। संगी सतह पर खोजते। मैं साँस खींचकर पत्थर-सा बैठा रहता जल में। एक कार्य में लगा रहता, पर मन कई अधूरे कार्यों को पूरा करने की सोचा करता।

—न चात्मा लघुतां नीतः।

—न माँ की आँखों में, न बुआ के मन में कभी अपने को छोटा नहीं बनने दिया।

—तोषित

—नहीं सन्तुष्ट नहीं रहा। पर घर में सन्तोष मिलता, न खेत में, न मित्रों के बीच। हाँ...

—अहं च...दर्शनेनाद्य धर्मतः परिरक्षिताः

अपनी आँखों से दूर-दूर तक देखा था। नहीं जानता वह कार्य माँ की आँखों के अनुसार धर्म-कार्य था, या नहीं। हाँ, जब स्कूल से लौटता और देर रात तक पढ़ा करता, तो लालटेन जला देती। दूध का गिलास मेरे हाथ में थमा कर एकटक मुझे देखा करती। शायद मेरी आँखों से अपने भाई को देखा करती थी बुआ।

—इदं तु मम दीनस्य मनो भूमः प्रकर्षति।

मेरी सारी बाल कथा के अभाव से भरी है। पिता का अभाव था ही। बुआ फिर भी दीनता नहीं देख सकती थी मेरी आँखों में। वह मेरा प्रिय चाहती थी। मेरे मन की कसक ही थी कि मैं घूमते-घूमते कवि बन गया। कसक पैदा होती, दिल में कुछ गड़ा करता। मैं इनसे-उनसे अपने दिल की कहता। फिर कविता अचानक प्रिय सम्वाद बनकर पैदा हो जाती।

—एष सर्वस्वभूतस्तु परिष्वङ्गो

—जब-जब किसी से जरा-सा सुख मिल जाता, मैं उसके प्रति अपनी कृतज्ञता प्रकट करता। उसे प्रगाढ़ आलिंगन प्रदान करता। यही मेरे लिए तब सम्भव भी था।

—इत्युक्त्वा प्रीतिहर्षंगोरामस्तं परिषस्वजे।

—महाकवि, प्रेम से पुलकित अंग-प्रत्यंग को मैंने आँखों से देखा है, अनुभव किया है, स्पर्श का आनन्द उठाया है। वह पवित्रात्माओं को हृदय से लगाना ही मेरा जीवन भर का अविस्मरणीय क्षण रहा है। मैं उसे ही संज्ञाप्लावी क्षण मानता हूँ।

आदि कवि कुछ नहीं बोले। दरख्तों के बीच से आए प्रकाश को देखते रहे। लगा एक पेड़ में दो फाक पड़ गई हैं और महाकवि समविभक्त हो गए हैं। वह देर तक चलते रहे। साँस लेते रहे। विचार करते रहे। पर बात नहीं की। फिर स्वागत कहा : 'सागरं तु समासाय पुनर्नष्टं मनो मम।'

मेरे लिए भी बार-बार समुद्र की दुस्तरता का...।

27/10/94

कल की बातें अधूरी हैं। कल साथ था महाकवि का। तब क्रोध शून्य यह आदमी नहीं था। न विजय में अविश्वास का कोई कण इस आदमी में था। आज़ अकेला हूँ। दूर तक फैला जंगल है। शहर के करीब आया हूँ। एक बात है : मनो ये सम्प्रछष्यति।

यह आदमी क्या सोच रहा है। क्या अधूरा है इसके जीवन में? क्या है इसकी वाणी का मर्म? एक आदमी दूर से उसके करीब आता है। वह अभी भी दूर है। कहीं विजय के शकुन देख रहा है। इसी नाते युद्ध के बावजूद वह हर्ष और उत्साह से भरा है।

—कौन है मेरे समय का वाक्यविदां श्रेष्ठो।

—निराला क्या वाणी के मर्म को समझने वाले विद्वान कवि नहीं हैं। निराला के नाम पर उस आदमी की आँखों में हँसी, ओठों पर सब कहने का उत्साह है। युद्ध में जैसे आदमी हार-जीत में बँट जाता है, दूसरा आदमी उसे देखता है। वह अपनी हँसी, अपने उत्साह में अभी बँटा-बँटा-सा है। उसने खुद से कहा : "हारता रहा मैं स्वार्थ समर।" यही तो महायुद्ध में कहा था निराला ने। दूसरे आदमी ने देखा। वह युद्ध में है उसके सामने।

हिटलर के दुर्ग हैं। उसने सोचा कहाँ कोई एक देश में अपनी रक्षा अपने दुर्ग में कर पा रहा है। हिटलर का जर्मनी क्या सुरक्षित था? रक्षा की पूरी व्यवस्था है वहाँ। सेनाओं में सुरक्षित है हिटलर। उसके तेज से प्रभावित हो दूसरे देश उसके प्रति स्नेह रखते हैं। कोई हिटलर की जर्मनी की समृद्धि से अचकचाया हुआ है। अपना देश उसके सामने फीका लग रहा है।

दोनों आदमी साथ हैं। देख रहे हैं : समुद्र भयंकर लग रहा है। पैदल सैनिकों के विभाग हैं। हिटलर देख रहा है कितने सैनिक जीते किस देश में रखे जाएँ। हवाई जहाजों की संख्या गिनी नहीं जा रही है।

सेना का एक-एक विभाग जैसे वह देख रहा था। उसका एक मन लंका के दुर्ग में है। वहाँ लम्बे-चौड़े दरवाजे हैं। उसमें खड़े मतवाले हाथी हैं। एक मन याद कर रहा था मुझे। दूसरा मन आज की लंका में है। जर्मनी में लंका के वीर रक्षकगण हैं। भयंकर और तीखी थीं बेहद वहाँ सैकड़ों शतघ्नियाँ। अच्छी तरह संस्कार किया था उनका वीरों ने। अब समुद्र में अनगिनत विशाल दुर्ग हैं। अनेक हथियारों से लैस हैं हिटलर के सैनिक। एक-एक परकोटे के चारों ओर महाभयंकर, शत्रुओं का महान अमंगल करने वाली ठंडे जल से भरी हुई और अगाध गहराइयों से युक्त कई खाइयाँ हैं। आज और कल यहाँ युद्ध में एक है। वह पनडुब्बियाँ कल की ग्राह और बड़े-बड़े मत्स्य-सी लग रही हैं उसे।

लंका के चार दरवाजों के सामने खाइयाँ थीं। खाइयों पर मचान थे। मचान क्या संक्रम थे चार। संक्रम यानी लकड़ी के पुल। बहुत विस्तृत थें पुल। उनके आसपास परकोटे पर बने थे मकान। एक-दूसरे से लगे मकानों की पंक्ति थी।

त्रायन्ते संक्रमास्तत्र परसैन्यागते सति।
यंत्रैस्तैरवकीर्यन्ते परिखासु समन्ततः।।3/17।।

दूसरा आदमी पूछता है, 'आप त्रिलोचन हैं।' यहाँ नहीं हैं। भीतर कहीं युद्ध में हैं आप। शत्रु की सेना आई है। यन्त्रों के द्वारा उन संक्रमों की रक्षा हो रही है। यन्त्रों के द्वारा ही उन पुलों को खाइयों पर गिरा दिया गया है। पुलों पर चढ़ी हुई दुश्मन की सेना सब ओर फेंक दी गई है।

'देखो', त्रिलोचन अपने भीतर की लंका को देख रहा था। उसने कहा, 'रावण युद्ध के लिए उत्सुक है फिर भी वह क्षुब्ध नजर नहीं आ रहा है—वह स्वस्थ और धीर है। वह अपनी सेनाओं का बार-बार निरीक्षण कर रहा है। वह इस कार्य में सावधान है और उद्यत रहता है। क्या यह सावधानी हिटलर में है? लंका घोड़े से भरी अत्यंन्त दुर्जेय थी और हिटलर की लंका क्या उससे कम दुर्जेय है।

लंका तब भी अत्यन्त दुर्जेय थी, आज भी है। उस समय भी योद्धा—मोर्चे पर डटे थे, आज भी डटे हैं। तब भी योद्धा सम्पूर्ण अस्त्रों के ज्ञान में निपुण थे, आज भी हैं।

कल मैंने एक सपना देखा था। मैं हिटलर के दुर्ग में हूँ। मैंने उन सब संक्रमों को तोड़ डाला है, खाइयाँ पाट दी गई हैं, हिटलरपुरी को जला दिया है और उसके परकोटों को धराशायी कर दिया है। इतना ही नहीं, युवा पुरुषों की ओर बढ़ती विशालकाय हिटलर की सेना का चौथाई भाग नष्ट कर डाला है मैंने।

दूसरा आदमी हँसा। 'तो आप हनुमान हैं।' आदिकवि के समय का मिथक चरित्र।

अब त्रिलोचन भी खुलकर हँसे। खुली हँसी कह रही थी, अट्टहासकर, अट्टहासकर मन में गड़ने वाले उसके दर्द, उसकी हँसी में डूब गए हैं।

दूसरे आदमी को लगा एक और अदृश्य है इस युग में भी। कुछ पर्दे के पीछे हैं। त्रिलोचन ने कहा :

आकाश भाषित है : महूर्तन तु युक्तेन प्रस्थानमभिरोचय।

भौंचक्का है दूसरा आदमी। वह संशय में है। बेचैन है अपने दौर के महायुद्ध पर। कैसा मुहूर्त है वह। मुहूर्त हिटलर का है? राम का है। कवि त्रिलोचन का। सिर्फ मेरा है। क्या प्रस्थान की इच्छा है हममें। क्या उचित समय नज़र आ रहा है। या हम सब हिटलर के प्रस्थान की इच्छा मात्र हैं। आज की लंका को नष्ट होते देख रहे हैं। हम सब हैं–घर में, सड़क पर।

त्रिलोचन अचानक कहीं चले गए। दूसरा आदमी प्रश्न से भरा उसी ओर देखता रह गया। जंगल में साँझ के रंग उतर रहे हैं। शाखाओं में रंगों के झूले हैं। पर त्रिलोचन कहाँ हैं।

9.4.91

वायु वृत्त से या डंठल से फल गिराती है, यह आरण्यक (जंगली) कवि ने देखा था : पातायामावा कायेक्यः फलं वृत्तादिसनिलः यही प्रकृति का सूक्ष्म पर्यवेक्षण, युद्ध में कवि के काम आया था। विषाद और अचेत होना सैनिक की आधी मौत होती थी। भयभीत चित्त कहाँ सामना करता है। शिला और थप्पड़ सैनिकों के क्रोध के हथियार थे। दिशोदिश द्रुताः केचित् केचित् सुग्रीवायाप्तक्रताः भगाने के लिए दिशाएँ और आश्रय के लिए राजा यही भय के दो स्थान तब थे। दो वीर दो सांडों से थे, बिजली सहित दो मेघों से गरजते थे : नर्दन्नौ गोवृष प्रख्यौ घनामिव सविपुला।

कविता और युद्ध दोनों का कौशल कवि का अपना मूल धन था। "उस महासमर में वे दोनों की सेनाएँ परस्पर की मारकाट से प्रचंड ग्रीष्म ऋतु में सूखते हुए दो तालाबों की तरह शीघ्र ही क्षीण हो चलीं।"

हन्यमाने बले तूर्णमन्योन्यं ते महाबृधे।
सरसीव महाधर्म सूपक्षीणे बसूवतः।। 1/97.

कविता और युद्ध अनुभव को प्रौढ़ करने के दो हिस्से हैं। महाकवि ने बार-बार वन में देखा था "कैसे बादल वन में पक्षियों के समुदायों पर ओले बरसा कर क्या नुकसान करता था : "अश्म वर्ष यथा मेघः पाक्षिसङ्घे कानने। 11/96.

प्रकृति और मानव स्वभाव दोनों में समान दृष्टि से पैठ थी महाकवि की :

नयनं चास्फुरद् वग्मं बाबुरकम्पत।
विवर्णवदनश्चासीत् किंचितप्रश्यत स्वन।। 45/95.

बाईं आँख का फड़कना, बाईं भुजा का काँपना, चेहरे का रंग फीका पड़ना, युद्ध के पूर्व, मानसिक पराजय के लक्षण हैं। सेना का मथना, कमल को सरोवर में मथने का बिंब था :

व्याकोश पद्म पत्राणि पद्म केसरवर्चसाम्।
अद्य यूथतटाकानि गजवत प्रमथाम्यहम्।। 15/95.

वानर का रंग कमल-केसर के सरोवर का, मुख कमल-सा, हाथी मथने का रूपक है। युद्ध और कविता की गति में सौन्दर्य और विचार की त्वरा है।

7.4.91

मुक्तिबोध का प्रिय वृक्ष है बरगद या न्यग्रोध। आदिकवि भी उसकी सघनता और उसके भीतरी अन्धकार को देखते थे। दोनों को दिखाई पड़ाः प्रत्यदृश्यत था, वही यथार्थ था। इन्द्रजीत ने चाचा विभीषण के चरित्र पर प्रहार किया, "यहीं तुम्हारा जन्म हुआ और यहीं (लंका में पढ़कर तुम इतने बड़े हुए। तुम मेरे पिता के सगे भाई हो और मेरे चाचा हो। फिर तुम अपने पुत्र से मुझसे क्यों द्रोह करते हो?ः

इह त्वं जातसंवृद्धः साक्षाद् भ्राता पितुर्मम।।
कथं दृष्यसि पुत्रस्य पितृव्यो मम राक्षस।। 11/87.
न ज्ञातित्वं न सौहार्दं न जातिस्तव दुर्मने।
प्रमाणं न च सौन्दर्यं न धर्मो धर्मदूषण।। 12/87.

मार्क्सवादियों के चरित्र के भी संस्कार होते हैं। पहले देखें क्या है चरित्र। तीन संस्कारों से—कुटुम्बजनों के अपनेपन से, आत्मीयजनों के स्नेह (सामाजिक मित्र) और अपनी जाति के अभिमान से बचना है चरित्र। प्रेम और धर्म का यही स्रोत था। जातीय बोध के साथ ही स्वाधीनता और गुलामी का नाता भी बनता हैः

नैतच्छिथिलया बुद्धय क्वं वेत्सि मददन्तरम्।
क्व च स्वजनसंवासः क्व नीच पराश्रयः।। 14.

देश के बाहर जाने पर पता लगता है, महान अंतर का। बुद्धि की शिथिलता का यह बोध आज भी होता है। अपने पक्ष में ही स्वाधीनता है :

यः स्वपक्षं परित्यज्य परपक्षं निषेवते।
स स्वपक्षे क्षयं याते पश्चात् तैरेव हन्यते।। 16.

पक्षधर कवि यह बात कभी नहीं भूलता। हाथ पर बैठे जहरीले साँप की तरह मित्र मुख शत्रुओं का त्यागना 'हस्तादाशीविषं यथा' धर्म है।

परस्वानांना च हरणं परदाराभिमर्शनम्।
सुहृदायतिशङ्क चं त्रयो दोषाः क्षमावहा।। 23/87.

पतनशील सभ्यता के ये तीन दोष आज भी बरकरार हैं। अतियाजश्च (अभिमान), दुर्विनीतश्च/बालश्च (मूर्ख) *के अलावा बद्धास्तां काल पाशेन* (काल के वाश में बँधा) है।

बड़बोले कवि व विचारक होते हैं, न योद्धा। महाकवि ने बार-बार विधूम इव पावकः (धूम रहित आग) की बात कही है। जो काम अभी किया नहीं, उसके लिए

डींग ऐसे ही लोग हाँकते हैं।

आकृत्या कत्थसे कर्म किमर्थमिह राक्षस।

कुरु तत् कर्म येनाहं श्रद्धेयं तेन कथ्थनम्।।28/88.

बकवास करने वाले के प्रति श्रद्धा नहीं मिलती। कार्य पूरा होते ही श्रद्धा का दरवाज़ा खुलता है। युद्ध से विमुख न होना और न थकना कर्मठता के गुण हैं। बाहुत्यां सागरं तीर्भ्वा लंघतां गोष्पदं लघु। हाथ से सागर तैरना श्रम का सूचक है। और श्रम की कठोरता का सूचक है : गाय के खुर को पार करना। निकट के दुश्मन को मारना कठिन है : जब मैं स्वयं मारने के लिए इस पर (इंद्रजीत) हथियार चलाना चाहता हूँ, उस समय आँसू मेरी दृष्टि बंद कर देते हैं :

हान्तुकामस्य मे वाष्पं चक्षुश्चैव निरुद्धति। 18/88.

आज भी जो बेचैन इंसान है वही महर्षिगण हैं : स्वत्यस्तु लोकेभ्य इति। संसार का कल्याण वही चाहते हैं। क्या मंदिर बनाने वाले महंतों को ब्राह्मण कहें। जिनके निश्चिंत और क्लेश शून्य पिज्वरा शन्तकलुया ब्राह्मणा विचरन्त्विति कहा है। भागने की कोई दिशा नहीं होती :

केचिल्लङ्कां परित्रस्ताः प्रविष्टा वानरार्दिताः।

समुद्रे पतिताः के चित् केचित पर्वतमाश्रिताः।।79/88.

24.11.94

महायुद्ध के अनुभव के अलावा मेरी और त्रिलोचन की कोई दूसरी गाथा नहीं है। एक, आजादी की गाथा थी, जिसे मैंने–उत्तर भारत के कई रूप में पिता से सुनी है। हाँ, जब त्रिलोचन, निराला के काव्य के अनुमान या मानदण्ड पर बात करते हैं तो सोचता हूँ : वह लोचन से निराला को पी जाएँगे : लोचनाभ्यां पिबन्निव।

मैंने जब-जब निराला जी को देखा, फिर लोचनाभ्यां पिबन्निव का मेरा भाव खुलता गया। लगा कि निराला भी लोचनों से मुझे पी रहे हैं। हाँ, एक बात दोनों में समान थी। दोनों अपने अन्वीक्ष्य मनसा (मन-ही-मन उस पर विचार) किया करते हैं : यह मेरे लिए एक गाथा जैसा दिलचस्प था यह विषय।

यह गाथा थी दूसरे समुद्र के समान। कौन है रत्नाकर बड़ा, निराला या त्रिलोचन। मैंने बार-बार यही गाथा आज तक अपने बाद की पीढ़ी को सुनाई है।

अगाधश्चाप्रमेयश्च द्वितीय इव सागरः।

29.11.94

स्वातीपथ इवाम्वरे : स्वातीपथ (छाया पथ) के समान आज कई सेतु मेरे आकाश में सुशोभित हैं। आजादी के बाद मैं भी सेतु के दूसरे तट पर आया था। तैयारी थी – कोई दुश्मन उसे तोड़ न दे। क्या मेरी तरह यह आज़ाद देश की सरकार भी शत्रुपक्षीय पुल तोड़ने वालों को दंड देने को सावधान थी।

आज लगता है : आदि कवि के समय का यह वैज्ञानिक कार्य था : समुद्र पर सेतुबंध बनाना। हमारी बीसवीं सदी—इससे कहीं बड़े वैज्ञानिक कार्यों की शती है। फिर भी वियतनाम युद्ध इसी सदी में हुआ। इसी सदी में हिरोशिमा और नागासाकी में—हाइड्रोजन बम से लाखों लोगों का संहार हुआ। मैं हर बार यात्रा पथ में सोचता रहा था : स्वातीपथ श्वाम्बरे। क्या जैसा छाया पथ अमेरिका में है, मेरे देश में कभी होगा। सोवियत संघ का स्वातीपथ उसके घर के दुश्मनों ने तोड़ दिया।

त्रिलोचन महाकुंभ से लौटे थे। वह महाकुंभ की लाशों के बीच से आए थे। वह वहाँ देखी कविताएँ सुना रहे थे। मैं बार-बार भागते हुए वानरों को देख रहा था। अंगद और सुग्रीव के बीच जैसी बातें हुई हैं, कुछ उसी तरह मुझसे त्रिलोचन ने कहा था : 'ये वानर उदास मुँह से अपने-अपने हथियार फेंककर सम्पूर्ण दिशाओं में भाग रहे हैं और भय के कारण आँखें फाड़-फाड़कर देख रहे हैं। त्रिलोचन के महाकुंभ कांड में जनता सबकुछ फेंककर ऐसे ही भाग रही थी :

विषण्णवदना ह्येते त्यक्त प्रहरणा दिशाः।
पलायन्तेऽ त्र हरत्रासादुत्फ़ल्ललोचनाः।।

मैं शमशेर की तरह था : दुर्गंध से बेचैन। लाशों से हताश। पर त्रिलोचन के भीतर का युद्धकाण्ड का आदिकवि : तटस्थपर्यवेक्षक : पलायन करते हुए उन्हें एक-दूसरे से लज्जा नहीं होती है। वे पीछे की ओर नहीं देखते हैं। एक-दूसरे को घसीटते हैं और जो गिर जाता है, उसे लाँघकर चल देते हैं।

अन्योन्य न लज्जन्ते न निरीक्षन्ति पृष्ठतः।
विप्रकर्षन्ति चान्योन्यं पतितं लंघयन्ति च।।

त्रिलोचन का कवि न आह करता है, न विलाप करता है, न उस घटना पर कोई टिप्पणी जड़ता है, वह सिर्फ मर्म की गाथा लिखता है : उन्होंने जल से भीगे हुए उन दोनों भाइयों के नेत्र पोंछे और मन-ही-मन शोक से पीड़ित हो वे रोने और विलाप करने लगे—

जलक्लिनोन हस्तेन तयोर्नेत्रे विमृज्य च।
शोकसम्पीडितमना रूरोद विललाप च।।

मैंने कई बार शोक सम्पीड़ितमना त्रिलोचन को देखा है। कई बार उनकी गीली आँखों का विलाप सुना है। यथार्थवादी त्रिलोचन की कविता एक वैद्य की तरह संजीवकरणी या विशल्यकरणी औषधि का काम करती है। त्रिलोचन महाकुंभ के अज्ञेय से यायावर नहीं हैं। वह 'भीम अकेला' नौटियाल के उपन्यास के नरेटर यात्री लेखक हैं, जो बस्ती-बस्ती से आदमी को उसकी परिस्थिति में देखते हैं : 'औषधियों को लाने की वार्ता वहाँ चल ही रही थी कि बड़े जोर से वायु प्रकट हुई, मेघों की घटा घिर आई और बिजलियाँ चमकने लगीं। वह वायु सागर के जल में हलचल मचाकर पर्वतों को कम्पित-सी करने लगी।" यहाँ आदि कवि प्रकृति के

कवि हैं, त्रिलोचन आज के युद्धकाण्ड की विडम्बना के कवि हैं। दोनों त्रासदी के कवि हैं। सिर्फ दोनों के नीचे, सामने, आगे है लाशों की प्रदर्शनी।

एतस्मिन्नन्तरे वायुर्मेधाश्चापि सविद्युतः।
पर्वस्य सागरे तोयं कम्पयन्निव पर्वतान।।

गरुड़ का आना उनका अपने हाथों से उनके चन्द्रमा के समान कांतिमान मुखों को पोंछना– विमर्श। पाणिभ्यां मुखो चन्द्रसम्प्रभ–त्रिलोचन का यह कवि कर्म है। यह कवि कर्म जनता के मित्र का है। मित्र कवि गरुड़ की तरह उपस्थिति रहते हैं, गरुड की तरह वह पुरा और परिकथा से जनता के निकट आते रहते हैं।

अहं सखा ते काकुत्स्थ प्रियः प्राणो बहिश्चरः।
गरुत्यानिह सम्प्राप्तो युवयोः साह्यकारियिति।।

एक बात मित्र कवि जनता का हित या मित्र होता है। दूसरा वह जनता के बाहर चलने वाला प्राण होता है। तीसरा वह जनता की सहायता करवाना चाहता है, करता है।

महाकुंभ के नेता जैसे तमाशबीन थे, नरसंहार के बीच वह अपना 'ललित लोकोपाग बनाकर-विलास कर रहे थे, वैसे दिखाऊजन कवि या दिखावटी मार्क्सवादी त्रिलोचन नहीं रहे। वह समाचार सुनकर उतावली के साथ उसके बीच आते हैं :

इमं श्रुत्वा तु वृत्तान्नं त्वरमाणोऽ हमागतः।
सहसैवादर्यो स्नेहात् सखित्वमनुपालयन्।

यह आदि कवि और त्रिलोचन के कवि का समान भाव है। दोनों मित्र धर्म के कवि हैं। दो तरह के कवि उस समय भी थे, आज भी हैं। एक सहज कवि, दूसरे कूट कवि। आदि कवि से त्रिलोचन तक एक सहज कवि की परम्परा है। दूसरी दरबार से होती हुई आधुनिकतावादी मध्यवर्ग की परम्परा है जिसे मैंने कूट कवि कहा।

प्रकृत्या राक्षसाः सर्वे संग्रामे कूटयोषिनः।
शूराणां शुद्धभावाना भवतामार्जवं बलम्।।

राक्षस स्वभाव से युद्ध में कूट-कपटी होते हैं और जनता का मित्र कवि स्वभाव से शुद्ध भाव या शूरवीर होता है। सरलता उसके काव्य का बल होता है। गरुड़ की तरह उत्तर छायावाद ही यह त्रिलोचन का मानदण्ड रहा था :

न च कौतूहलं कार्यं सखित्वं प्रति राघव।
कृतकर्मा रणे वीर सखित्व प्रतिवेत्स्यसि।।

त्रिलोचन जनता का सखा है, इस विषय में कोई कौतूहल भी उसने जनता के साथ नहीं रखा, मूल में है युद्ध की सफलता प्राप्त करने का लक्ष्य।

6.12.94

युद्ध एक कला है। वह कविता, संगीत, नाटक के अंतर्संबन्धों की कला है। कुछ कवि केवल संगीत को पार्श्व में रखते हैं। मूल में मंच पर रहती है कविता यानी जनता की बेचैनी। कुछ कवि युद्ध की कला में कविता का ताना-बाना बुनते हैं। आदि कवि एक कला में कई कलाओं को घुलाते हैं; जैसे—चीनी, आम का रस, बादाम पीसकर ठंडाई बनाई गई हो। यह रस का परिपाक है। त्रिलोचन नदी, पुल, सड़क, घर, महरा के चरित में ऐसे ही कई कला-रूपों का प्रयोग करते हैं। मैं अभी देख रहा हूँ : धूम्राक्ष को मालों से गाथे सैनिकों के बीच :

वह युद्धरूपी गांधर्व (संगीत महोत्सव) अद्‌भुत प्रतीत होता था। धनुष की प्रत्यंचा से जो टंकार ध्वनि होती थी, वही मानो वीणा का मधुर नाद था, हिचकियाँ ताल का काम देती थीं और मंदस्वर से घायलों का जो कराहना होता था, वही गीत का स्थान ले रहा था।

यहाँ जीवन का अनुभव महोत्सव, हिचकियाँ, कराहना जीवन के युद्ध के साथ घुला-मिला है। न जीवन के अनुभव में विश्वसनीयता का अभाव है, न कला में कवि की पैठ का संकट है। संगीत और जीवन—दोनों में पैठ जरूरी है। ऐसा कवि ही यथार्थ का संज्ञाप्लावी कवि होता है।

16.12.94

दिल्ली का मेरा यह समय एक अंधा मोड़ है। यहाँ कोई प्रत्यक्ष युद्ध में नहीं हैं। कोई बड़ा लेखक पहचाना भी नहीं जा रहा है। सेठ सरकार है, या सरकार सेठ। दुश्मन मित्र है और मित्र दुश्मन। कुत्ते दुम हिला रहे हैं। और सरकार और सेठ टुकड़े फेंक रहे हैं। चारों दिशाओं में अंधकार छा रहा है। अतः यहाँ अपने या पराए की पहचान नहीं हो रही है :

तमसा बहुलेनेयाः संसक्ताः सर्वतो दिशाः।
नेह विज्ञायते स्वो या परो वा राक्षसोत्तमाः।।

कुछ छिपे हैं, कुछ भाग रहे हैं, कुछ नए रण की तैयारी में लगे हैं। फिर भी अपने अपने नहीं है, पराए अपनापन जाहिर कर रहे हैं। कभी कोई वर्षा जीवन पुरंदरः। जल बरसाता इन्द्र आता है। कभी कोई फुर्ती देखकर विस्मित है। प्रजापतिशिव प्रजाः प्रजा ने अपने-अपने प्रजातियों की शरण ली है। कोई तीन शिखरों वाला पर्वत त्रिश्रृंग इव पर्वतः लग रहा है। मैं और त्रिलोचन इस अन्धकार में भी एक आशा को देख और सुन रहे हैं : यही ध्वनिग्राहक अनुभव है : दो क्रौंच पक्षियों के समान क्रौञ्चाविव चुक्रजतः। हम अपने-अपने भीतर धैर्य, दृढ़ता और सत्यप्रतिज्ञ को टटोलने लगे हैं :

धर्माता सत्य संधश्च रामो दाशरथिर्यदि।
पौरुषे चाप्रतिद्वंद्वस्तदेनं जहि रावणिम्।।

18.12.94

सौन्दर्य का कवि, सूक्ष्म पर्यवेक्षण का कवि होता है। युद्ध हो या जंगल हो, पर्वत का रंग हो या अंधकार का प्रसार हो, कवि की दृष्टि उसमें देखती है एक मूर्ति, एक पेंटिंग, एक संगीत की लिपि।

गीध की पाँख के सुन्दर परों से सुशोभित और तेज धारवाले महान वेगशाली बाणों की अनवरत वर्षा से आकाश ऐसा जान पड़ता था, मानो उसमें बहुत–से झरोखे लग गए हों।" :

गवाक्षमिवाकाशं बभूव शरवृष्टिभिः।
महावेगो सुतीक्ष्णाग्रमृधपत्रैः सुवाजितैः।।

जैसे मुखौटों का खेल हो रहा हो मंच पर। सिंह का मुखौटा, बाघ का मुखौटा, केड का मुखौटा, चक्रवाक का मुखौटा, गीध का मुखौटा, बाज का मुखौटा, सियार का मुखौटा, भेड़िए का मुखौटा, गदहे का मुखौटा, सूअर का मुखौटा, कुत्ते का मुखौटा, मुर्गे का मुखौटा, मगर का मुखौटा मंच पर नजर आ रहा है। अंधेरा मोड़ है। पीछे अँधेरे में खड़े दैत्याकार पहाड़ हैं। बस साँप का मुखौटा लगाया हुआ योद्धा, विष वमन कर रहा है। बाकी मुखौटे मुँह फैलाते हैं। जबड़े चाटते हैं। पाँच मुँह वाले भयंकर साँप से लगते हैं सब। जो मंच पर वह फुफकारते हुए सर्प की भाँति कुपित होते हैं। सभी का अपना-अपना तेज है। आदि कवि की यह फैंटेसी युद्ध की मंच सज्जा है :

सिंहव्याघ्र मुखाश्चापि केड्.क मुखानपि।
गृधश्येन मुखाश्चापि श्रृंगालेबतनांस्तथा।
ईहामृगमुखाश्चापि व्यादितास्थान भयावहान्।
पम्यास्याल्लेलिधन्यंश्च ससर्ज विशितरुशरान।

त्रिलोचन जब कविता का मानदण्ड निराला में खोजते हैं, तब वह आदि कवि की अभिधा–शैली की शक्ति का श्रेष्ठत्व ही स्वीकार करते हैं। दोनों के पीछे है अर्थ का निश्चय प्रकट करती युक्तिसंगत कविताः वदनं हेतुमद्वाक्यां परिदृष्टार्थनिश्चयम्। वाक्यों में उलझन, और अर्थ में अनिश्चय–छायावाद तक कम था, पर तार सप्तक में निराला की परम्परा के रामविलास को छोड़कर सभी कवि व्यंजना में अनिश्चय अर्थ के कवि थे, और युक्तिसंगत कविता को गद्यवत् कविता कहते भी थे।

वीर के चार बिम्ब या प्रतीक आदि कवि ने दिए हैं। 1. वृक्ष है, 2. हाथी है, 3. अग्नि है, 4. सांड़ है। त्रिलोचन सांड में अपनी शक्ति या ओजस्विता के गुण को देखते हैं। त्रिलोचन के इसी व्यक्ति को शमशेर ने अपनी कविता **बैल** में चित्रित किया है। निराला हाथी में अपनी मस्ती को देखते हैं या वृक्ष में अपनी वंश शक्ति या परम्परा को देखते हैं। आगे क्रांति का प्रतीक या प्रतिरूप बना अग्नि।

त्रिलोचन ने इस प्रतीक को कम लिया है। न उनकी भाषा में 'अग्नि-वीणा' का कवि नज़रुल हैं, न उनकी राजनीति में क्रांतिकारी इतिहास-दर्शन है।

मैंने एक बार पाब्लो नेरूदा, वाल्ट व्हिटमैन, ब्रेख्त, नाज़िम, हिकमत, नज़रुल आदि क्रांतिकारी कवियों के इतिहास-दर्शन से अलगाते हुए त्रिलोचन को दर्शन में सांख्य दर्शन और कविता की परम्परा में शास्त्र का कवि– (छंद, ध्वनि, रस और शाश्वत आनंद का) कहा था। मेरा पद था : सनातनी मार्क्सवादी कवि। रीवा में त्रिलोचन ने मेरा जवाब देते हुए कहा था : ये मुझे मार्क्सवादी नहीं मानते हैं। यह बात गुणाकर के विवाद में कही थी। मैंने गुणाकर मुले को बुर्जुआ बुद्धिजीवी कहा था, जिसने 'सर्वनाम' में न लिखकर सेठ के साप्ताहिक में राहुल पर लिखा था।

आज भी मैं अपनी बात पर दृढ़ हूँ। त्रिलोचन छंद परम्परा में शास्त्र के निश्चय पर विचार करते हैं। वह अच्छे आदमी के अधीन जिस सात्त्विक बुद्धि का आश्रय लेते हैं—वह उनका स्वभाव है। जिसे कवियों का हंस भी कहा है शास्त्र में।

तदेवं निश्चयं दृष्ट्वा तत्त्वमास्थायविज्चरः।

समुद्र का स्वभाव है वह अपनी तट-भूमि तक जाकर शान्त हो जाता है : वेलामिवासाद्य तथा समुद्रः। कवियों को यह विलक्षण लाइसेंस मिला है नागरिकों से। वह पद सनातनी मार्क्सवादी यहाँ खुलता है : इसने (रावण ने) याचकों को दान दिए, भोग भोगे और भृत्यों का भरण-पोषण किया है। मित्रों को धन अर्जित किए और शत्रुओं से वैर का बदला लिया।

शरान खरमुखांश्वान्यान् दराहमुख सांचितान्।
श्वान कुक्कुटववभांश्च मकराशीविषानजान्।
एताश्चान्यांश्च मायाभिः ससर्ज निशितान्छरान्।
रामं प्रति महातेजा : क्रुद्ध सर्प इव श्वरान्।

यह मुखौटों का युद्ध राक्षसों का मोर्चा था। खुद रावण के रथ का 'टोटम' था : मनुष्य की खोपड़ी : ध्वज मनुष्यशीर्ष।

जैसे महाभारत काल ने ज्ञान की घोषणा की थी, राम ने वैसी ही घोषणा की : "आज मैं यह पराक्रम प्रकट करूँगा, जिसकी जब तक यह पृथ्वी बनी रहेगी, तब तक चराचर जगत के जीव और देवता भी सदा लोक में एकत्र होकर चर्चा करेंगे और जिस प्रकार युद्ध हुआ है, उसे एक-दूसरे से कहेंगे।"

अद्य कर्म करिष्यामि यल्लोकाः सचराचराः।
सदेवाः कथयिष्यन्ति यावद् भूमिर्धरिष्यति।
समागम्य सदा लोके यथा युद्धं प्रवर्तितम्।।

पक्षधर सौन्दर्य का यह श्रेष्ठ काव्य है। दूसरी भूमिका है पक्षधर कवि की—"इसी बीच विभीषण को प्राण संशय की अवस्था में पड़ा देख वीर लक्ष्मण ने

तुरन्त उनकी रक्षा की। उन्हें पीछे करके वे स्वयं शक्ति के सामने खड़े हो गए।"

एतस्मिन्नन्तरे वीरो लक्ष्मणस्तं विभीषणम्।
प्राणसंशयमापन्नं तूर्णमभ्यवपद्यत।।

सौन्दर्य का मानवीय रूप भी पक्षधर कवि ही जानता है : 'लक्ष्मण खून से लथपथ होकर पड़े थे और सर्पयुक्त पर्वत की तरह जान पड़ते थे : लक्ष्मणं रुधिरादिग्धं सपन्नगमिवाचलम्। यह युद्ध कवि की उपमा है।" यह विषाद का समय नहीं है। ऐसा सोचने वाले पक्षधर योद्धा हैं रामः न विषादस्य कालोऽ यमिति संचिन्त्य राघवः। पर राम का मानवीय रूप देखने वाले दूसरे राम हैं आदि कवि : "वे दो घड़ी चिन्ता में डूबे रहे। फिर नेत्रों में आँसू भरकर प्रलयकाल में प्रज्वलित हुई अग्नि के समान अत्यन्त रोष से उद्दीप्त हो उठे।' यह आदिकवि का दूसरा मन है।

स मुहूर्तमिव ध्यात्वा वाष्पपर्याकुलेक्षणः।
बभूव संरब्धतरो युगांत इव पावकः।।

इस अग्नि में ही निहित है मुक्तिबोध का मार्क्सवादी सौन्दर्यशास्त्र और त्रिलोचन का मानवीय श्रेष्ठ काव्य। इन कवियों की दृष्टि में आकर अब भला दुश्मन जीवित कैसे रह सकता है :

क्षुर्विषयमागत्य नायं जीवितुमर्हति।

योद्धा कवि विश्वसनीय कवि होता है। वह वायु के थपेड़े खाकर छिन्न-भिन्न होते मेघ से दुश्मन को भागते हुए चित्रित करते हैं :

जैसे वायु के थपेड़े खाकर मेघ छिन्न-भिन्न हो जाता है, उसी प्रकार दीप्तिमान धनुष धारण करने वाले महात्मा श्रीराम के बाण-समूहों की वर्षा से आहत एवं पीड़ित हुआ रावण भय के मारे वहाँ से भाग गया।

स कीर्यमाणः शरजालवृष्टिभि—
र्महात्मना दीप्तधनुष्मतार्दितः।
भयात् प्रदुद्राव समेत्व रावणो
यथानिलेनाभिहतो बलाहकः।।

20.12.94

सौन्दर्य कहीं प्रत्यक्ष होता है, कहीं परोक्ष-स्मृति का हिस्सा होता है। राम के लिए प्रत्यक्ष में लक्ष्मण का शिथिल शरीर है जो उनके उत्साह को ठंडा कर रहा है। परोक्ष में है : सब कुछ डूब जाने का भय। यह भय बंद दरवाज़ा है।

"प्रत्येक देश में स्त्रियाँ मिल सकती हैं, देश-देश में जाति, भाई उपलब्ध हो सकते हैं, परन्तु ऐसा कोई देश मुझे नहीं दिखाई देता, जहाँ सहोदर-भाई मिल सकें।"

देशे देशे कलत्राणि देशे देशे च बान्धवाः।
तं तु देशं न पश्यामि यत्र भ्राता सहोदरः।।

जीवन और मृत्यु, वर्तमान और भविष्य की तरह है। वर्तमान में यदि जीवन है तभी सौन्दर्य का बोध है और मृत्यु के भिन्न भविष्य एक स्वप्न है। कोई भी स्वप्न-द्वन्द्व के बिना नहीं आता। अतः मेरे लिए यहीं मर जाना अच्छा है। भाई-बन्धुओं में जाकर उनकी कही हुई खोटी-खरी बातें सुनना अच्छा नहीं :

इहैव मरणं श्रेयो न तु बंधु विगर्हणम्। स्वप्न की यह बनावट अच्छे घर की बनावट का सौन्दर्यबोध है। लक्ष्मण उठ गए हैं, यह विस्मय : स्वप्न का सफल होना है। पर कोई सौन्दर्य सफलता के साथ सौभाग्य (प्रियेसु सौभाग्य फलाहि चारुता) का प्रतिरूप होता है : बड़े सौभाग्य की बात है कि मैं तुम्हें मृत्यु के मुख से पुनः लौटा हुआ देखता हूँ। राम का यह आत्मसंघर्ष के बाद का सौन्दर्य पुनः लौटे हुए जीवन का सौभाग्य है। हिष्ट्या वां वीर पश्यामि मरणात् पुनरणतम्। विस्मय एक चरण है सौन्दर्य का, दूसरा चरण है भरा-पूरा जीवन : नये जीवन का बोध। 'तुम्हारे बिना जीवन की रक्षा से, सीता से अथवा विजय से भी कोई मतलब नहीं है। जब तुम्हीं नहीं रहोगे, तब मैं इस जीवन को रखकर क्या करूँगा? 'यह है सौन्दर्य का प्रयोजन :

नहि ये जीवितेनार्थः सीतया च जयेन वा।
को हि मे जीवितेनार्थस्त्वयि पंचत्वमागते।।

सौन्दर्य का प्रयोजन उदात्त या व्यापक बनाता है, आदमी को। वह निर्बल और ओछे मनुष्य को महत्त्व और संकल्पवान बनाता है।

नहि प्रतिज्ञां कुर्वन्ति वितथां सत्यवादिनः।

सत्यवादी पुरुष झूठी प्रतिज्ञा नहीं करते हैं। प्रतिज्ञा का पालन ही बड़प्पन का लक्षण है। बड़प्पन में ही सौन्दर्य का आत्मसंघर्ष है :

लघुः कश्चिदिवासत्वो नैवं त्वं वक्तुमर्हसि।

आत्मसंघर्ष करके निर्बल और ओछा आदमी भी प्रतिज्ञा के सौन्दर्यनुष्ठान में उदात्तता का वृक्ष विकसित करता है। लक्ष्मण और राम की बातचीत का निष्कर्ष है—सौंदर्य का भविष्य : 'यदि आप युद्ध में रावण का वध करना चाहते हैं, यदि आपके मन में अपनी प्रतिज्ञा को पूरा करने की इच्छा है तथा आप राजकुमारी सीता को पाने की अभिलाषा रखते हैं तो आप शीघ्र ही रावण को मारकर मेरी प्रार्थना सफल करें।

यदि वधमिच्छसि रावणस्य संख्ये
यदि च कृतरंहि तवेच्छसिं प्रतिज्ञाम्।
यदि तव राजसुताभिलाष आर्य
कुरु च वचो मम शीघ्र मम वीर।।

युद्ध बराबर के स्तर पर होता है : त्रिलोचन, मुक्तिबोध, नागार्जुन ने इस वर्ग-युद्ध पर बार-बार लिखा है : न समं युद्धमित्याहुः युद्ध राम-रावण का बराबर

नहीं है। एक भूमि पर दूसरा रथ पर। जब रूस और अमेरिका बराबर की विश्व शक्ति थे, तो युद्धं द्वेरथं रोमहषणम् (तब द्वारथ युद्ध बड़ा ही अद्भुत और रोंगटे खड़े कर देने वाला था)

पक्षधर सौन्दर्य के दो पक्ष होते हैं, एक पक्ष है दुश्मन के सामने निर्बल न होना, दूसरा पक्ष है अपनी रणनीति में महान पर्वत की भाँति अचल रहना :

महागिरिवाकम्प्यः काकुत्थो न प्रकम्पते।

मनःस्थिति अनुकूल न हो, भय कहीं दबा हो, संशय हो, कुंठा भी अपने में या साथी में हो, पर पक्ष साफ हो तो सौन्दर्य में ओज आता है : नाहत्वा समरे शत्रून् निवर्तिष्यति रावण :। रावण समर में अपने शत्रुओं को मारे बिना घर नहीं लौटेगा। यह है आज का आस्था भरे सौंदर्य का पक्ष।

लक्षण शुभ या अशुभ होते हैं। यह काव्यरूढ़ि है। नायक के लिए शुभ लक्षण और वैरी के लिए अशुभ लक्षण। यह विभाजन का शक्ति सन्तुलन है। कुछ समयानुकूल है। कुछ असमय में ही जपा (उड़हुल) के फूल की-सी लाल रंग वाली संध्या से आवृत्त हुई लंकापुरी की भूमि दिन में भी जलती हुई-सी दिखाई देती थीः

संध्या चावृता लङ्का जपा पुष्पनिकाशया।
दृश्यते सम्प्रदीप्तेव दिवसेऽपि वसुन्धरा।।

21.12.94

तुलसीदास का धैर्य का रथ आदि कवि के अनेक सांगरूपकों से तुलनीय है। दुश्मन की वीरता भी एक वृक्ष है महत, यह देखा है यथार्थवादी कवि ने : धैर्य ही जिसके पत्ते थे, हठ ही सुन्दर फूल था, तपस्या ही बल था और शौर्य ही मूल था, उस राक्षसराज रावण रूपी मरान वृक्ष को आज रणभूमि में राम रूपी प्रचंड वायु ने रौंद डाला :

धृतिप्रवालः प्रसभार्यपुष्प
स्तपोबलः शौर्यनिबद्धमूलः
रणे महान् राक्षसराज वृक्षः
सम्पर्दितो राघवमास्तेन।।

मैंने एक बार पाब्लो नेरूदा, वॉल्ट, व्हिटमैन, ब्रेख्त, नज़रुल आदि क्रांतिकारी कवियों के इतिहास–दर्शन से अलगाते हुए त्रिलोचन को दर्शन में सांख्य दर्शन और कविता की परम्परा में शास्त्र का कवि–(छंद, ध्वनि, रस और शाश्वत आनन्द का) कहा था। मेरा पद था : सनातनी मार्क्सवादी कवि। रीवा में त्रिलोचन ने मेरा जवाब देते हुए कहा था : 'ये मुझे मार्क्सवादी नहीं मानते हैं। यह बात गुणाकर के विवाद में कही थी। मैंने गुणाकर मुले को बुर्जुआ बुद्धिजीवी कहा था जिसने सर्वनाम में न लिखकर साप्ताहिक हिन्दुस्तान में राहुल पर लिखा था।

आज भी मैं अपनी बात पर दृढ़ हूँ। त्रिलोचन छंद परम्परा में शास्त्र के

निश्चय पर विचार करते हैं। वह अच्छे आदमी के अधीन जिस सात्त्विक बुद्धि का आश्रय लेते हैं—वह उनका स्वभाव है। जिसे कवियों का हंस भी कहा है शास्त्र में। तदेवं निश्चयं दृष्ट्वा तत्त्वमास्थायविज्वरः।

समुद्र का स्वभाव है अपनी तट-भूमि तक जाकर शान्त हो जाता है : वेलामिवासाद्य यथा समुद्रः। कवियों को यह विलक्षण लाइसेंस मिला है नागरिकों से। वह पद-सनातनी मार्क्सवादी यहाँ खुलता है : इसने (रावण ने) याचकों को दान दिए, भोग और भृत्यों का भरण-पोषण किया है। मित्रों को धन अर्जित किए और शत्रुओं से वैर का बदला लिया।

त्रिलोचन जब कविता का मानदण्ड निराला में खोजते हैं, तब भी वह आदि कवि की अभिधा—शैली की शक्ति का श्रेष्ठत्व ही स्वीकार करते हैं। दोनों के पीछे है अर्थ का निश्चय प्रकट करती युक्ति संगत कविता : वदतं हेमुमद्वाक्यं परिदृष्टार्थनिश्चयम्। वाक्यों में उलझन और अर्थ में अनिश्चय—छायावाद तक कम था, पर तारसप्तक में निराला की परम्परा के रामविलास को छोड़कर सभी कवि व्यंजना में अनिश्चय अर्थ के कवि थे और युक्तिसंगत कविता को वह गद्यवत् कविता कहते भी थे।

वीर के चार बिम्ब या प्रतीक आदि कवि ने दिए हैं। 1. वृक्ष है, 2. हाथी है, 3. अग्नि है, 4. सांड है। त्रिलोचन सांड में अपनी शक्ति या ओजस्विता के गुण को देखते हैं। (त्रिलोचन के इसी व्यक्तित्व को शमशेर ने अपनी कविता 'बैल' में चित्रित किया है।) निराला हाथी में अपनी मस्ती देखते हैं और वृक्ष में अपनी वंश शक्ति या परम्परा को देखते हैं। आगे क्रांति का प्रतीक या प्रतिरूप बना अग्नि। त्रिलोचन ने इस प्रतीक को कम लिया है। न उनकी भाषा में 'अग्नि-वीणा' का कवि नज़रुल है, न उनकी राजनीति में क्रांतिकारी इतिहाश-दर्शन है।

अनेन दत्तानि बनीपकेषु
भुक्ताश्च भोगा निभृताश्च भृत्या :।
धनानि मित्रेषु समर्पितानि
वैराण्यमित्रेषु च यापितानि।।

त्रिलोचन के दुश्मन स्थाई नहीं रहे। वह सत्ता से जुड़े रहे और नौकरी में समझौता भी उन्होंने किया। राम की बात है—'विभीषण! वैर जीवनकाल तक ही रहता है। मरने के बाद उस वैर का अन्त हो जाता है। अब हमारा प्रयोजन सिद्ध हो चुका है, अतः अब तुम इसका संस्कार करो। इस समय यह जैसे तुम्हारे स्नेह का पात्र है, उसी तरह मेरा भी स्नेहभाजन है।'

मरणान्तानि वैराणि निर्वृतं नः प्रयोजनम्।
क्रियतामस्य संस्कारो ममाप्येष यथा तव।।

निराला 'हिन्दी के सुमन' के प्रति कविता में अपने वर्ग, अपनी शक्ति का

आख्यान लिखते हैं : वह प्रतीक पुरुष वृक्ष है : 'कैसे धैर्य के उनके पत्ते थे, हठ के सुन्दर फूल थे, तपस्या ही बल और शौर्य ही मूल था' वह महान वृक्ष थे निराला, जिन्हें वर्ग-संघर्ष की प्रचंड आँधी ने रौंद डाला था। यहाँ रावण और राम को भूलकर, वृक्ष पुरुष पर मैं जोर दे रहा हूँ :

धृति प्रबलः प्रसभ्राम् पुरुषस्पोबलः शौर्यनिबद्धमूलः।

मुक्तिबोध ओज की वर्गगत समीक्षा मार्क्सवादी दर्शन से करते हैं। वह वट वृक्ष की उदात्तता और हाथी की मस्ती के प्रतीक पुरुष रहे, अन्त तक न सत्ता में फिट हुआ उनका हाथी, न उपभोक्ता संस्कृति का कृतदास बना वह आधुनिक बाजार में। हाथी की मस्ती अज्ञेय में और त्रिलोचन में और निराला के प्रतिपक्ष की रामविलास में भी रही।

तेज ही जिसके दाँत थे, वंश परम्परा ही पृष्ठभूमि थी, क्रोध ही नीचे के (पैर आदि) अंग थे और प्रसाद ही शुंड-दंड था, वह रावण रूपी गंधहस्ती आज...सिंह के द्वारा विदीर्ण...पृथ्वी पर पड़ा है :

तेजोविषाणः कुलवंश वंशः
कोपप्रसादापरगाजहस्तः
इक्ष्वाकुसिंहावगृहीतदेहः
सुप्तः क्षितौ रावणगंधहस्ती।।

नज़रुल अग्नि का कवि है : 'पराक्रम और उत्साह जिसकी बढ़ती हुई ज्वालाओं के समान थे, निश्वास ही धूप था और अपना बल ही प्रताप था, उस राक्षस रावण रूपी प्रतापी अग्नि को इस समय युद्ध स्थान में श्रीराम रूपी मेघ ने बुझा दिया। निराला 'बादल राग' के कवि हैं। वहाँ वह अग्नि कवि के स्वर में गाते हैं नज़रुल की तरह।

पराक्रमोत्साहविजृम्भतार्चि–
र्निःश्वासधूपः स्वबलप्रतापः।
प्रतापवान् संयति राक्षसाग्नि–
र्निर्वापितो रामपयोधरेण।।

शमशेर ने अपनी हड्डी और बैल में अपने संघर्ष की शक्ति की कहानी देखी है : 'राक्षस सैनिक जिसकी पूँछ, ककुद और सींग थे, जो शत्रुओं पर विजय पाने वाला था तथा पराक्रम और उत्साह आदि प्रकट करने में जो वायु के समान था, चपलता रूपी आँख तथा कान से युक्त वह राक्षस रावण रूपी सांड श्रीराम रूपी व्याघ्र द्वारा मारा जाकर नष्ट हो गया।'

सिंहर्थलांगूलककुद्विषाणः
पराभिजिद्वान्धनगन्धवाहः।
रक्षोवृषश्चापल कर्ण चक्षुः

क्षितीश्वरव्याघ्रहतोऽ वसन्नः।।

वाल्मीकि को जैसे नारी मुक्ति प्रिय थी, वैसे ही उसका प्रिय प्रतीक था : क्रौंच, कुररी। वह मानव पेथॉस का कवि था इसी प्रतीक या मुक्ति पक्ष से बनता है।

कुरर्य इव दुःखार्ता वाष्पपर्या कुलेक्षणाः।

दुःख से पीड़ित हो आँखों से आँसू भरकर दीन भाव से कुररी की भाँति विलाप करना—आदि कवि का मूल प्रतीक था।

आदि कवि का ही बाहरी रूप हनुमान है। क्या हनुमान का गुण ही त्रिलोचन की कविता का सौंदर्यशास्त्र है!

22.12.94

त्रिलोचन की कविता में दौड़ती हुई है उसकी वाणी। यह छंदों में रोला के लक्षणों-सी प्रवाहयुक्त है और वाक्यों की बनावट में अरुद्ध चरणान्त। भाव का वाहन करते कहीं संक्षिप्त वाक्य, कहीं मिश्रित वाक्य, कहीं लम्बे वाक्य। स्वभाव के नाते उनके चरित्र में माधुर्य गुण से ओत-प्रोत है : मार्मिक हैं, कहीं करुण कहीं मीठे बोल। त्रिलोचन की कविता में बुद्धि कहीं तर्क, कहीं विवाद, कहीं सन्तुलन का काम करती है। महाकवि ने बुद्धि को आठ अंगों (गुणों) की बात शायद अपने और त्रिलोचन की कविता पर ही कही है। टीकाकार ने बताया है :

शुश्रूषा श्रवणं चैव ग्रहणं धारणं तथा।
ऊहापोहोऽ थविज्ञानं तत्त्वाज्ञानं च धीगुणाः।।

सुनने की इच्छा, सुनना, ग्रहण करना, स्मरण रखना, ऊहा (तर्क-वितर्क) अपोह (सिद्धान्त का निश्चय) अर्थ का ज्ञान होना तथा तत्त्व को समझना—ये आठ बुद्धि के गुण हैं। (वाल्मीकि रामायण खण्ड 177 पृष्ठ 1407 से)

सीता के लगातार चुप रहने पर मुझे बेबे (अपनी बहन) की याद आई थी। कुररी है सीता। पीड़ा में उसने अग्नि से जो कहा :

अतिलक्षण सम्पन्नं माधुर्यगुण भूषणम्।
बुद्धया ह्ययष्टाङ्गया युक्ता त्वमेवार्हसि भाषितुम्।।

ऐसी वाणी न नागार्जुन, न रामविलास, सिर्फ मुक्तिबोध और त्रिलोचन ही बोल सकते हैं। (बेबे के मन में जैसे "रोष हर्ष च दैन्यं" एक ही समय रोष, हर्ष और दुःख प्राप्त हुआ करता था) त्रिलोचन और मुक्तिबोध की कविताओं में भी कभी बदलते भारत की इच्छा जागती थी, कभी वह रूस, चीन, चेकोस्लोवाकिया आदि की क्रांति की कहानी सुनना चाहते थे, कभी अपने आत्मसंघर्ष से क्रांतिकारी भारत के तर्क को ग्रहण करना चाहते थे, कभी वाल्ट व्हिटमैन, ब्रेख्त, नाज़िम, आदि कवि, प्रसाद, निराला, प्रेमचन्द्र का स्मरण करना चाहते थे, अपने और समाज के अन्तर्विरोधी ऊहा (तर्क-वितर्क) पर वह सोचते-विचारते थे, फिर भी भ्रमित नहीं होते थे क्योंकि उनकी कविता अपोह थी—अपने सिद्धान्त—मार्क्सवाद पर निश्चित

थी, अडिग थी। इतिहास और दर्शन के ज्ञान में दोनों हर क्षण अपने को अद्यतन रखते थे, और मूलतः निजी तथा समाज के तत्त्व को समझ कर ही उनकी कविता न तो कोरी बौद्धिक होती थी, न महज नारा।

वाल्मीकि, मुक्तिबोध, त्रिलोचन की कविता में करुणा ही आज की भाषा में 'पेथॉस' है। यह पेथॉस ही कविता की जड़ है। आदि कवि ने कुररी (क्रौंची) का प्रसंग कविता के भीतर अनेक बार रचा है। पर मूल में है यह नारी-मुक्ति का आख्यान। क्रौंच बहुतायत नारी की चीख का प्रतीक है। सीता ने युद्ध के बाद अपने तर्क से राम को चुनौती दी। अपनी लम्बी यात्रा का स्मरण दिलाया। अंततः आत्मदाय या आत्मसाक्ष के लिए वह लोकापवाद की आँच में उतरी। लोक था सामंती पुरुष सत्ता का। सीता के साथ दिखने वाली थी गुलाम नारी जाति। वह नारी आग में गिरते सीता को देखने वाली, उसी तरह असहाय नारी जाति थी और आज भी है। सभी स्त्रियाँ उस असहाय अवस्था पर सोचते हुए चीख उठी थीं : 'प्रचुक्रुशः स्त्रियः दृष्टा हव्यवाहने।' वह विवश चीख ही आज की मुक्तिबोध और त्रिलोचन की कविता का नया क्लासिक काव्य है। न नारा, न आन्दोलन, बस स्थिति की भयावहता का बोध। इसमें निहित है नारी की मुक्ति का आख्यान।

नारी-मुक्ति का भी एक मिथक है। उस मुक्ति का एक दूसरा रूप है शापग्रस्त नारी। अप्सरा एक कल्पितयुक्ति का भाव है । अप्सरा। यहाँ पुरुष सत्ता का नरक नीचे है। मुक्ति का भाव ऊपर स्वर्ग में है। सत्ता की प्रक्रिया है–स्वर्ग से देवी शापग्रस्त होकर नरक में गिरती है। दोनों जगह सत्ता है पुरुष देव की। 'शप्तां पतन्तीं निरये विविवाद देवतामिव।' देव और अदेव का द्वन्द्व ही है मुक्तिकांक्षा। पीड़ित ही पीड़ा का हिस्सेदार होता है : सारे मज़दूर एक हों यह मार्क्स का समवेत कदम है। सीता अग्नि में प्रवेश करते समय राक्षस और वानर (यानी डाकू, पिछड़े वर्ग का, कवि उसी वर्ग का है) जोर-जोर से हाहाकार करने लगे। उनका वह अद्‌भुत आर्तनाद चारों ओर गूँज उठा :

तस्या अग्निं विशन्त्यां तु हाहेति विपुल स्वनः।
रक्षसां वानराणां च सम्बभूवाद्‌भुतोऽयम्।।

त्रिलोचन इसी मानी में राजनीतिक आन्दोलन के कवि नहीं हैं, पर वह मुक्तिबोध की तरह-बहुसंख्यक नारी, सर्वहारा के अद्‌भुत आर्तनाद के कवि हैं। उनकी कविता की बनावट में यह आर्तनाद चारों ओर गूँजता है। मुक्तिबोध की 'चम्बल की घाटी' और 'अँधेरे में' कविताओं के साथ, त्रिलोचन की 'महाकुंभ' और 'नगई महरा' को फिर-फिर पढ़ना चाहिए। उनके पात्र– सीता की तरह चुप रहते हैं हर्ष में, विषाद में, क्षोभ में। क्योंकि उनके मौन में है विषम स्वर–द्वंद्वभाव।

24.12.94

मित्र प्रिय होता है, यह सार तत्त्व है, महाकवि की कविता का। मित्रता सपनों

को पूरा करती है। उससे रास्ता फलप्रद होता है : यह एक फैंटेसी है जो भारद्वाज आश्रम से अयोध्या तक राम के मित्रों ने देखी थी। यह जनपद का कल्याण भाव है : 'भगवान यहाँ से अयोध्या जाते समय मार्ग में सब वृक्षों में समय न होने पर भी फल उत्पन्न हों जाएँ और वे सब-के-सब, मधु की धारा टपकाने वाले हों। उनमें नाना प्रकार के बहुत से अमृतोपम सुगन्धित फल लग जाएँ।' राम ने निजी सुख का वर नहीं, समष्टि के सुख का यहाँ वर माँगा :

अकालफनिलो वृक्षाः सर्वे चापि मधुस्रवा
फलान्यमृतगन्धीनि बहूनि विविधानि च।।
भवन्तु मार्गे भगवनयोध्यां प्रति मद्गतः।।
यही भावी राज्य के कल्याण का ही मार्ग है।

जिनमें फल नहीं थे, उनमें फल आ गए। जिनमें फूल नहीं थे, वे फूलों से सुशोभित होने लगे। सूखे हुए वृक्षों में भी हरे-हरे पत्ते निकल आए और सभी वृक्ष मधु की धारा बहाने लगे।' अयोध्या जाने का जो मार्ग था, उसके आस-पास तीन योजन तक के वृक्ष ऐसे ही हो गए।

निष्फलाः फलिनश्चासन् विपुष्पाः पुष्पशालिनः
शुष्काः समग्रयत्रास्ते नगाश्चेव मधुस्रवाः।
सर्वतो योजनास्तिस्र गच्छतां भवनस्तदा।।

ठाकुर प्रसाद सिंह, जगत शंखधर, शमशेर, त्रिलोचन आज मुझे भी उसी तरह याद आ रहे हैं, जैसे राम ने विभीषण—सुग्रीव से अपनी मित्रता को याद करते हुए कहा था : 'आप लोगों ने अपने इस मित्र का कार्य मित्रोचित रीति से ही भली-भाँति सम्पन्न किया। मित्रकार्यं कृतमिदं। एक हितैषी एवं प्रेमी मित्र को जो काम करना चाहिए वह सब तुमने पूरा-पूरा कर दिखाया, क्योंकि तुम अधर्म से डरने वाले हो।

मैं अपने आप से पूछा करता हूँ, आज क्या मैं हितैषी हूँ, ठाकुर और जगत जी का। क्या प्रेमी मित्र की तरह मैंने 'सर्वनाम' का अंक निकाल कर मित्रोचित रीति से भला काम किया है? :

यत् तु कार्यं वयस्येन स्निग्धेन च हितेन च।
कृतं सुग्रीव तत् सर्वं धर्मभीरुणा।

जगत, त्रिलोचन, ठाकुर वाकई अधर्म से डरने वाले मेरे स्नेही और मित्र थे। "मित्रो! यह तो मेरे लिए प्रिय से भी प्रिय बात होगी—परम प्रिय वस्तु का लाभ होगा, यदि मैं आप सभी सहृदयों के साथ अयोध्यापुरी चल सकूँ। इससे मुझे बड़ी प्रसन्नता प्राप्त होगी।"

प्रियात् प्रियतरं लब्धं यदहं ससुहृज्जनः।
सर्वंभवद्भिः सहितः प्रीतिं लप्स्ये पुरीं गतः।।

मेरे 'अभिन्न' के संस्मरण, सर्वनाम का संपादन, मित्रों के लिए अंक निकालना और समीक्षा, 'गालिब और निराला,' 'मुक्तिबोध की आत्मकथा' 'काल से होड़ लेता शमशेर' या 'नागार्जुन : एक लम्बी जिरह 'या' त्रिलोचन का कवित कर्म या 'एक लक्ष्य था या रामविलास शर्मा का लोकपक्ष। मैंने कभी अपने मित्रों से—दो तरह की बातें नहीं की हैं : द्विर्मया नोक्तपूर्वः। जब राहुल की जीवनी या 'अभिन्न' के संस्मरण लिख रहा था, तो उनमें मित्र "नींद टूटने पर सोकर उठे हुए मनुष्यों की भाँति एक-एक कर सभी नीरोग, वर्णहीन तथा बल पौरुष से सम्पन्न होकर उठ बैठते हैं।" राहुल मुझे घूमाने ले जाते हैं। निराला गंगा तट पर घूमते हुए बतियाते हैं, पिता गली, महाल में फिर से अपनी बीती सुनाते हैं। रमाकांत बैठकर कहता है "दोस्त, जुलूस वाला आदमी मैं था। तुमने ठीक कहा था।" जितेन्द्र कहता है "दोस्त, तृप्ति तुम्हें ऐसे देख रही है जैसे मैं हूँ घर में। सुबह लिखता था।"

मैंने कभी जगत जी से पूछा था : 'युद्धकाण्ड में त्रिलोचन कभी जंगल में मिले थे आपसे।" वह कहते : 'तुम्हारी कल्पना मोहक है।'

"मैंने तो वाल्मीकि को जब भी देखा वह समुद्र के पास बैठे हुए लगे।" राहुल ने पीछे से कहा; हर आदमी एक कहानी कहना चाहता है, वह आदिम कथा भी हो सकती है या क्रांति कथा भी। केवल तुम्हें उनसे मिलना है। लिखना है उनकी गाथा।" (तब वह 'वोल्गा से गंगा की' कहानियाँ लिख रहे थे।) फिर मैं सबका नया जीवन पाकर उनके पास बैठा रहा। उनके साथ चलता रहा। अपनी शंकाओं पर बहस करता रहा, देखता हूँ उन सबको।

ते सर्वे जीवितं प्राप्य समुत्तिष्ठन्तु...।

क्या मैं अष्टवक्र हूँ और ये सब मेरे पिता कहोल हैं। अपनी-अपनी भूमिकाओं में विशिष्ट 'अष्टावक्रेण धर्मात्मा कहोलो ब्राह्मणों यथा।' मुक्तिबोध ने' काठ के रावण' की कहानी लिखी थी। 'ब्रह्मराक्षस' से अपनी समय की बात की थी। क्या मैं अपने समय के रावणजनित भय और दुःख का लेखक हूँ। सारे लोकों के बढ़े हुए घोर अन्धकार को इन लोगों ने अपने समय के युद्ध में मिटा दिया था।

दिष्टाया सर्वस्व लोकस्य प्रवृद्धं दारुणं तमः।
अपवृत्त त्वया संख्ये रामणीयं अयम्।।

कहीं मैं अग्नि में बैठकर सोच रहा था : तीनों लोकों के मन में विश्वास दिलाने के लिए एकमात्र सहारा लेकर अग्नि में प्रवेश करती हुई विदेह कुमारी सीता को रोकने की चेष्टा मैंने नहीं की।

प्रत्ययार्थ तु लोकानां त्रमाणां सत्यसंश्रयः।।
उपेक्षे चापि वैदेही प्रविशन्तीं हुताशनम्।।

शायद यह मेरे समय का विराट रूप था जिसे मैंने अग्निसेतु, मुक्तिबोध की आत्मकथा, समय साम्यवादी, इन लोगों के मध्य और अभिन्न और अंतरंग और

आकाश विभाजित है और 'अनुबंध' और 'यात्री का देश' और 'चाणक्य की जयकथा' और 'स्वराज्य के मंत्रदाता तिलक' और 'धीरज का रथ' और 'कबीर की डायरी' और 'विडम्बना' में इन लोगों के साथ चलते हुए बार-बार देखा और लिखा है।

आप ही सिद्ध और साध्यों के आश्रय तथा पूर्वज हैं। आप ही सहस्रों शाखारूप तथा सैकड़ों विधिवाक्य रूप मस्तकों से युक्त बेदरूप महावृषभ हैं। आप ही तीनों लोकों के आदिकर्ता और स्वयंप्रभु (परम स्वतंत्र) हैं : यही मेरा अपनों से संवाद है :

सहस्रष्टङ्गों वेदात्मा शतशीर्षो महर्षभः।
त्वं त्रमाणां हि लोकानामदिकर्ता स्वयंप्रभुः।

जब त्रिलोचन ने "पर्वत की दुहिता" जनता को कहा था, वह उसी जनता के धैर्य और पराक्रम पर बुद्धिजीवियों से संवाद कर रहे थे। तब भी जनता अनेकरूपा थी : 'समस्त दिशाओं में, आकाश में, पर्वतों में और नदियों में भी आपकी सत्ता है। आपके सहस्रों चरण, सैकड़ों मस्तक और सहस्रों नेत्र हैं।' यह प्रगतिशील दौर की जनता का समूह रूप है।

दिंक्षु सर्वासु गगने पर्वतेषु नदीषु च।
सहस्रचरणः श्रीमाषशतशीर्षः सहस्रदृक।

महाकुंभ की जनता का यह मानवीय पक्ष देखा है त्रिलोचन ने। मैं कहीं उनका हृदय हूँ और कहीं 'देवी सरस्वती' की जिह्वा हूँ : 'अहं ते हृदयं राम जिह्वादेवी सरस्वती।' रचनाकार ब्रह्मा होता है। हम में पीढ़ी भेद था, ज्ञान का अंतर था, बुद्धि में फर्क था, फिर भी मैं लांछित सीता और ये लोग सत्ता नहीं थे। कभी कठोर, अनुचित, कर्णकटु और रूखी बात मैंने इनकी सुनी भी पर वह निम्न श्रेष्ठी के पुरुष की नहीं समाज श्रेष्ठी के इनसान की बातें थीं :

किं मामसदृश वाक्यमीदृशं शोकदारुणम्।
रुक्षं आवयसं वीर प्राकृतः प्राकृतमिव।।

राम के समय के लोकोपवाद के भय की तरह मेरे अपने लोगों का भी लोकोपवाद का भय रहा है। नारी आज भी सीता-सी लांछित और गुलाम है। राम की तरह आज के आदमी के भय ऐसे ही थे : 'कौन ऐसा कुलीन पुरुष होगा, जो तेजस्वी होकर भी दूसरे के घर में रही हुई स्त्री को, केवल इस लोभ से कि यह मेरे साथ बहुत दिनों तक रहकर सौहार्द स्थापित कर चुकी है, मन से भी ग्रहण कर सकेगा।'

कः पुमांस्तु कुले जातः स्त्रियं परगृहोषिताम्।
तेजस्वी पुरादधात् सुहृल्लोभेन चेतसा।।

मैं जल गया, सत्ता से लड़ता रहा, प्रेम किया, पर ये लोग कभी अपने बचाव में मेरे सामने दंभ से भरे राम नहीं रहे : 'तुम्हारे चरित्र में लगे सन्देह का अवसर

उपस्थित है, फिर भी तुम मेरे सामने खड़ी हो। जैसे आँख के रोगी को ज्योति नहीं सुहाती, उसी प्रकार आज तुम मुझे अत्यन्त अप्रिय जान पड़ती हो।'

प्राप्तचरित्रसन्देहा मम प्रतिमुखे स्थिता।
दीपो नेत्रासुरस्येव प्रतिकूलासि मे दृढ़।।

ये सभी मुझे प्रिय थे या हैं क्योंकि ये इन्सान थे। अपने जीवन भर अपमान को अपने तेज और बल से मार्जन करते रहे। यह स्त्री और पक्षधर लोक की समानता का ज़नवादी भाव था। मन्दबुद्धि मानव न मैं था, न ये लोग :

सम्प्राप्तमवमानं यस्तेजसा न प्रमार्जति।
कस्तस्य पौरुषेणार्थी महताप्यल्पचेतसः।।

मेरे मन में भी समुद्र की गर्जना और कोलाहल रहा है : जैसे वायु के थपेड़े खाकर उद्वेलित हुए समुद्र की गर्जना बढ़ जाती है, उसी प्रकार वहाँ से हटाए जाते हुए उन वानरों को हटाने से वहाँ बड़ा भारी कोलाहल मच गया।'

तेषामुत्सार्यमाणानां निःस्वन सुमहानभूत।
वायुनोद्‌धूयमानस्य सागरस्येव निःस्वनः।।

आज की उपभोक्तावादी सभ्यता की यही महानगरी है। मेरा, आदि कवि और त्रिलोचन का भी यही अनुभव है। नारी पहले क्यों है, क्योंकि उसके कम पर्दे को अधिक सराहा है : "घर, वस्त्र और चहारदीवारी आदि वस्तुएँ स्त्री के लिए परदा नहीं हुआ करती हैं। इस तरह लोगों से दूर हटाने के जो निष्ठुरतापूर्ण व्यवहार हैं, ये भी स्त्री के लिए आवरण या पर्दे का काम नहीं देते हैं। पति से प्राप्त होने वाले सत्कार तथा नारी के अपने सदाचार—ये ही उसके लिए आवरण हैं।

न गृहाणि न वस्त्राणि न प्राकारस्तिरस्क्रिया।
नेदृशा राजसत्कारा वृत्तमावरणं स्त्रिया :।।

ये लोग बुद्धिमान के साथ वाक्यज्ञं व्राक्यकोविदः बातचीत करने में बड़े प्रवीण थे। स्त्री की स्वतन्त्र पहचान नहीं बनी है, क्योंकि वह पिता, पति, और पुत्र की रक्षा में जीती हैं :

पिता दानवराजो मे भर्ता मे राक्षसेश्वर :।
पुत्रों मे शक्रनिर्जता इत्यहं गर्विता भृशम्।।

यह मय की बेटी का आत्मसत्य आज भी उसकी सुरक्षा या (गुलामी की बेड़ी) कवच है। वह गर्व करती है, या गुलामी को स्वीकार करती है।

25—12—94

जब कोई रात भर कराह रहा हो, तो मैं कैसे एकाग्र हो सकता था। ज्वर में पुष्पा हठ करती है। फिर अपमान। मैं उसके बाद भी चुप रहता हूँ। यह चुप्पी वीतराग पिता की है या उदासीन मेरे मध्यवर्गीय दंभ की, नहीं कह सकता। नहाया। अब युद्धकांड के अंतिम चार सर्ग 125, 126,127 और 128 पढ़ रहा हूँ।

फोन करने गया। वह डेड था। राम ने निषादराज गुह के लिए सन्देश भेजा है : 'मुझे सकुशल, नीरोग और चिन्तारहित सुनकर निषादराज गुह को बड़ी प्रसन्नता होगी, क्योंकि वह मेरा मित्र है। मेरे लिए आत्मा के समान।'

श्रुत्वा तु मां कुशलिनम् रोगं विगतज्वरम्।
भविष्यति गुहः प्रीतः स ममात्मसम सखा।

'आत्मा के समान मित्र की भी मुखमुद्रा ध्यान से देखनी और समझनी चाहिए। वहाँ के सारे वृत्तांत तथा भरत की चेष्टाएँ तुम्हें यथारूप से जाननी चाहिए। मुख की कांति, दृष्टि और बातचीत से उनके मनोभाव को समझने की चेष्टा करनी चाहिए।

ज्ञेयाः सर्वे च वृत्तान्ता भरतस्येङ्गितानि च।
तत्त्वेन मुखवर्णेन दृष्ट्या व्याभाषितेन च।।

सुख-सुविधा में किसका मन नहीं पलट जाता : 'कस्य नावर्तयेन्मनः। संशय और उदारता के द्वंद्व में राम ने कहा था : 'यदि कैकेयी की संगति अथवा चिरकाल का राज्यवैभव का संसर्ग होने से भी भरत स्वयं राज्य पाने की इच्छा रखते हों तो वे...बेखटके समस्त भूमंडल का राज्य करें।' क्या आज का नेता और उसके भाई इस पर सोचते हैं :

संगत्या भरतः श्रीमान् राज्योनार्थी स्वयं भवेत्।
प्रशास्तु वसुधां सर्वामखिलां रघुनंदनः।।

भारत का मनोभाव—लौकिक गाथा-सा था। वही कह सकते हैं : 'आज यह कल्याणमयी लौकिक गाथा मुझे यथार्थ जान पड़ती है—मनुष्य यदि जीता रहे तो उसे कभी-न-कभी हर्ष और आनंद की प्राप्ति होती ही है, भले ही वह सौ वर्षों के बाद हो।':

कल्याणी बहु गाथेयं लौकिकी प्रतिभाति माम्।
एति जीवन्तमानंदो नरं वर्षशतादपि।।

भरत ने जैसे पूरी कथा सुनी और हर्ष से भर कर कहा : चिरस्य पूर्णः खलु मे मनोरथः (आज चिरकाल के बाद मेरा मनोरथ पूर्ण हुआ) यह विस्मय और हर्ष के बीच है पैथॉस की वाणी : जैसे मृत्यु के निकट पहुँचा हुआ रोगी अमृत पीकर पुनः जी उठता है, उसी प्रकार सीता के वियोग में मरणासन्न हुए राम ने उनका शुभ समाचार पाकर जीवित होने की आशा की।

श्रुत्वा तां मैथिलीं रामस्त्वाशशंसे च जीवितम्।
जीवितान्तमनुप्रान्तः पीत्वामृतमिवातुरः।।

अपकार शत्रु का पक्ष है, उपकार मित्र का। भरत ने ठीक ही सुग्रीव को उपकार के नाते पांचवाँ भाई कहा :

त्वमस्माकं चतुर्णा वै भ्राता सुग्रीव पञ्चमः।
सौहृदाज्जायते मित्रमपकारो ऽरिलक्षणम्।।

मेरे साथ स्नेहपूर्वक उपकार करने वाले कई मित्र हैं, यह मेरे भाई ही रहे हैं। आदि कवि जनता का हिस्सा था। वह दुर्बल माँ का रचनाकार है :

माता कौशल्या शोक के कारण अत्यन्त दुर्बल और कांतिहीन हो गई थी। उनके पास पहुँचकर राम ने प्रणत हो उनके दोनों पैर पकड़ लिये और माता के मन को अत्यन्त हर्ष प्रदान किया।

रामो मातरमासाद्य विवर्णां शोककर्शिताम्।
जग्राह प्रणतः पादौ मनो मातुः प्रहर्षयन्।।

यहाँ निकट से देखा करुणा और हर्ष का अनुभव है। दूसरा समवेतजन का अनुपम प्रतीक है : खिले हुए कमलों के समान नागरिकों की सहस्रों अंजलियाँ उनकी ओर उठी हुई हैं :

तान्यञ्जलिसहस्राणि प्रगृहीतानि नागरैः
व्याकोशानीव पद्मानि ददर्श भरताग्रजः।।

विनय का ही एक रूप उदारता है 'आपने मेरी माता का सम्मान किया और यह राज्य मुझे दे दिया जैसे आपने मुझे दिया, उसी तरह मैं अब फिर आपको वापस दे रहा हूँ :

पूजिता मामिका माता दत्त राज्यमिदं मम।
तद् ददामि पुनस्तुभ्यं यथा त्वमददा मम।।

यथार्थवाद का दूसरा पक्ष है : चरित्र में पीढ़ी भेद का अनुभव। अत्यन्त बलवान बैल जैसे बोझे को उठाता है, उसे बछड़ा नहीं उठा सकता, उसी तरह मैं भी इस भारी भार को उठाने में असमर्थ हूँ :

धुरमेकाकिना न्यस्तां वृषभेण बलीयसा।
किशोरवद् गुरुं भारं न बोढुमहमुत्सहे।।

मैं बछड़ा था, त्रिलोचन बैल थे, यह ज्ञान की दो पीढ़ी का अंतर आज भी है। मैं 74 वर्ष का हूँ और त्रिलोचन 91 वर्ष के होकर मुझसे दूर हुए।

चाणक्य सत्ता और अर्थशास्त्र का ज्ञाता था। वह प्रशासन की कमजोरियों का जासूस भी था। वह परम्परा आदिकवि से उसे मिली थी : 'जैसे जल के महान वेग से टूटे या फटे हुए बाँध को, जबकि उससे जल का प्रखर प्रवाह बह रहा हो, बाँधना अत्यन्त कठिन होता है, उसी प्रकार राज्य के खुले हुए छिद्र को ढँक पाना मैं अपने लिए असम्भव मानता हूँ :

वारिवेगेन महता भिन्नः सेतुरिव क्षरन्।
दुर्बन्धनमिदं मन्ये राज्यछिद्रम् संवृतम्।।

हर व्यक्तित्व एक वृक्ष-सा होता है। यह विकसित होकर ही घर या आँगन में अपनी पहचान बनाता है। रूपक है राम का : 'जैसे घर के भीतर के बगीचे में एक वृक्ष लगाया गया। वह जमा और जमकर बहुत बड़ा हो गया। इतना बड़ा कि उस

पर चढ़ना कठिन हो रहा था। उसका तना बहुत बड़ा और छोटा था तथा उसमें बहुत-सी शाखाएँ थीं। उस वृक्ष में फूल लगे, किन्तु वह अपने फल नहीं दिखा सका था। इसी दशा में टूटकर धराशायी हो गया। त्रिलोचन एक वृक्ष थे। वह अभी 2007 में हमसे विदा हुए हैं। लगाने वालों ने जिन फलों के उद्देश्य से उस वृक्ष को लगाया था, उसका अनुभव वे नहीं कर सके।

यह मेरे घर के यूक्लिप्टस का भी अनुभव है। वह सूखा है। कभी अबाबील सुबह उसकी सूखी शाखाओं पर गीत का फल लगाती, यानी झूमता है यूक्लिप्टस भी। तभी वह हरा-भरा पेड़ लगता है, ऐसे मैं और वह एक से हैं, वह अभी धराशायी नहीं हुआ है, न मैं...

यथा चारोपितो वृक्षो जातश्चान्तर्निवेशने।
महानपि दुरारोहो महास्कन्धः प्रशाखवान।
शीर्षत् पुष्पितों भूत्वा न फलानि प्रदर्शयन्।
तस्य नानुभवेदर्थं यस्य हेतोः से रोपित :।

आज का शुभ और गंभीर अर्थ से युक्त काव्य हमें इसकी संस्कृति से लिखना है : शुभं काव्यमिदं महार्थ। त्रिलोचन यही—इसी परम्परा के कवि हैं।

3–11–94 कथान्ते

बात आदि कवि की हो, त्रिलोचन की हो, या मेरी हो। उसको एक दिन समाप्त होना है। या तो मैं त्रिलोचन को आदिकवि की कथा के अन्त में (सामने)-कटघरे में खड़ा करूँ या लोगों के बीच पहले साक्षात्कार हो आदिकवि का। और लोग प्रवक्ता बनें पूछें लोग त्रिलोचन से, 'यह आपका आख्यान है या आदिकवि का।'

मैं सफाई देते हुए कथान्तेः (बात समाप्त करते हुए) कहीं अपने समय के उद्वेग की कहानी सुनाऊँ, कभी क्रान्तिकारी के क्रोध में आने और अवसरवादी के खिसियानी हँसी हँसने की कहानी कहूँ। मैं कुछ कहूँ : या त्रिलोचन, अज्ञेय, शमशेर, मुक्तिबोध और नागार्जुन को फटकार कर कहें :

'व्यवस्था दो कार्य करती थी, आज भी करती है : एक है, विग्रह और दूसरा है अनुग्रह। बीच में होते हैं जीविका चलाने वाले बुद्धिजीवी, मंत्री, नौकरशाह, दलाल। जनता के भी कुछ प्रिय होते हैं, कुछ अप्रिय।'

मुक्तिबोध हँसते हैं : 'पार्टनर जो शत्रु अपने विरोधी हैं और युद्ध के लिए सामने आए हैं, उनको बिना किसी प्रसंग के ही प्रस्तुत करना क्या उचित है?' यह सवाल मेरा नहीं आदिकवि ने उठाया है। मैंने सिर्फ अपनी लंबी कविताओं में युद्ध में सामने आए हुए विरोधियों के प्रसंग को प्रस्तुत किया है :

रिपूणां प्रतिकूलानां युद्धार्थमभिवर्ततामू।
उभाभ्यां संदृशं नाम वक्तुमप्रस्तवे स्तवम् ।। 8 ।।

नागार्जुन हँसे। फिर कहा : 'मुक्तिबोध फैंटेसी में विचरण करते हैं। यह उस जादू के जाल भी बुनते हैं, प्रसंग भी बताते हैं, पर रहते वह यथार्थ से और परम्परा से कोसों दूर। यह मैं आदिकवि की कही बात ही दुहरा रहा हूँ। माओ ने कहा है कभी-कभी दुश्मन भी पते की बात कहता है। यहाँ परम्परा से सार ले लेने की बात है :

आचार्या गुरवे वृद्धा वां पर्युपासिताः।
सारं यद् राजशास्त्राणामनुजीव्यं न गृह्यते।।

मुक्तिबोध और त्रिलोचन से अधिक मैं सक्रिय राजनीतिक कवि हूँ। आदिकवि की राजनीति का जो संग्रहणीय सार है, वह उनके समय का राजतन्त्र था। हमारा राजनीतिक मोर्चा जनतन्त्र का मोर्चा है, जहाँ आचार्य और गुरु और वृद्ध की सेवा से मैंने जो लिया है, वह मेरी 'पोस्टर कविता' है, पत्रकार कविता है। जैसे महाभारत का संजय युद्ध का संवाददाता था। मैं दो महायुद्धों का वैसा ही संवाददाता कवि हूँ।'

त्रिलोचन ने सफाई दी : 'मैं बुद्ध या वाल्मीकि के समय के चरित्रों को आज के राजनीतिक मंच पर नहीं लाता। वह आज की चेतना-नारी मुक्ति या क्रांति का प्रवक्ता नहीं बन सकेंगे। नागार्जुन उनको रूपान्तरित करके पेश करते हैं। मेरे चरित्र, मेरी कविता-यात्रा के चरित्र हैं : रावण ने अपने समय के मंत्रियों को सिर्फ आगाह किया था, वही मैं करता रहा हूँ।

गृहीतो वा न विज्ञातो भरोर्गु जानस्य वाह्यते।
ईदृशेः सचिवैयुक्तो मूर्खोदिष्ट्रया धराम्यहम्।।

जज की कुर्सी पर बैठे थे डॉ. रामविलास शर्मा। उन्होंने पूछा, 'क्या नागार्जुन को वाल्मीकि का ज्ञान नहीं रहा? यह त्रिलोचन नहीं बताते। हाँ, नागार्जुन क्लासिक कविता के स्थापत्य को कभी-कभी भुला देते हैं। इसलिए नहीं कि वह मुक्तिबोध की तरह मार्क्सवादी चिन्तक नहीं हैं—वह सिर्फ अपने चरित्रों के दिल-दिमाग पर मार्क्सवाद का बोझ नहीं डालते हैं।

मुक्तिबोध ने कहा, 'आप डॉ. रामविलास शर्मा जी जब प्रगतिशील लेखक संघ के महामन्त्री थे तो अपने अलावा सबको मूर्ख समझते थे, इसीलिए आप मेरी कविता के सौंन्दर्य को स्थापत्य और त्रिलोचन की कविता के मार्क्सवादी यथार्थ को—कविता के प्रगतिशील मानदण्ड से परख नहीं सके। समकालीन स्थापत्य को आप सुरक्षित नहीं रख सके।'

त्रिलोचन अचानक कटघरे में अट्टहास कर उठे । जज से कहा, 'आपके तर्क के पीछे है रावण के शासक का अनुदेश :

किं नु मृत्योर्भयं नास्ति मां वक्तुं परुषं वचः।
यस्य मे शासतो जिह्वा प्रयच्छति शुभाशुभम्।।

"शर्मा जी, आप प्रगतिशील राज्य के आलोचक नहीं, शासक थे? आपकी जिह्वा ही मार्क्सवाद का शुभ और अशुभ की प्राप्ति कर रही थी? पंत जी से मुक्तिबोध तक आपके शासन से भरे हुए कवि इसकी गवाही दे रहे हैं। आपने रावण की भाषा में पूछा था उनसे : किं नु मृत्योभयं नास्ति माँ।

जज ने इज़लास में कुछ सफाई नहीं दी। उनके उठते ही मुकदमा भंग हो गया।

मुक्तिबोध ने त्रिलोचन को गले लगाया, 'पार्टनर जो भी हो, तुम ग्रेट हो। वन में दावानल था। आग का स्पर्श तुमने भी किया। तुम्हारी काठी के वृक्ष ही दावानल में खड़े रह सके। अप्येव दहनं स्पृष्टा वने तिष्ठन्ति पादपाः।"

त्रिलोचन फिर खुल कर हँसे : 'दोस्त रामविलास में एक रावण, कभी स्टालिन में रूपान्तरित हो जाता है। दावानल की तरह अपने विरोधियों को वह नष्ट करता है या वह मानता है : यह मेरे साथ नहीं है, तो मरे हुए ही हैं। आदिकवि की ओजस्वी वाणी में रावण ने यही कहा था :

अपध्वंसत नश्यध्वं संनिकर्षादितो मम्।
नहि वां हन्तुमिच्छामि स्मराभ्युपकृतानिवाम्।
हवावेद कृतघ्नो द्वौ मपि स्नेहपराङ्मुखौ।

"मैंने आत्मकथा नहीं लिखी। लिखता तो स्नेह के विमुख और कृतघ्न आलोचकों की कहानी उसमें जरूर आती।"

'वह आपकी कविता—यात्रा में है : टुकड़े-टुकड़े दास्तान के रूप में आई है।' पीछे से आकर मैंने कहा। मेरी बात पर फिर त्रिलोचन हँसे छतफोड़ हँसी। और मुक्तिबोध ने हँसते हुए मुझे गले लगाया : 'पार्टनर होगा, प्रगति का यह इतिहास भी लिखा जाएगा।'

"नागार्जुन की राजनीति, त्रिलोचन के यथार्थ, मुक्तिबोध के जुझारू मार्क्सवाद पर अब केवल विश्वास पात्र, शूरवीर, धीर और निर्भय मित्र आलोचक ही लिखेंगे। उस समय के.जी.बी. आई सी. आई.ए. के गुप्तचर ही कविता का दस्तावेज़ भी परोस रहे थे। अंग्रेजों के सत्ता हस्तांतरण के दस्तावेज़ की तरह। अंग्रजों के दस्तावेज़ हमने भी देखे हैं।"

नागार्जुन मंद-मंद मेरी बात पर हँसे। 'नंगे बचे कवि, लेखक हैं हम—तुम विष्णु।'

"आलोचक जब तब रावण की तरह गाली देते हैं : यह सी.आई.ए. एजेंट हैं। ऐसे सर्टिफिकेट कवियों को देते रहे हैं आलोचक। रामविलास ने रावण की तरह कवियों की जासूसी की थी : अज्ञेय कैसे सोते हैं? मुक्तिबोध किस तरह जागते हैं और बेकारी में गली-गली में मैं करता क्या हूँ—इसकी पूरी रपट शासक आलोचक के पास थी। यही उनकी कविता का मानक था। स्थापत्य था।"

त्रिलोचन ने आगे चाय पीते हुए कहा : 'गुप्तचर के द्वारा कवि शत्रु की गतिविधि का पता लगाने से अधिक मेरी कविता की बनावट पर, शमशेर के एकान्त के विषम वातावरण पर और मुक्तिबोध के विराट फलक पर ध्यान देता, तो 1994 से 2008 तक मार्क्सवाद पर सन्देह करने वालों के सामने मेरी कविता की बनावट, शमशेर का विषम वातावरण और मुक्तिबोध का विश्व जनसंघर्ष हमें आज के सन्देह से निकलने का रास्ता बताता। आज जो सी.आई.ए. के विरोधी हैं, वह के.जी.बी. के पास जाकर यह पता लगाते हैं—भारत में कम्यूनिस्ट क्यों सोवियत संघ का मुखापेक्षी था। यह वह नहीं बता सके, इस सोवियत संघ का विघटन तो हमें दिख रहा है, बिना युद्ध लड़े भारत के मार्क्सवादियों का बिखराव नहीं पता लग सका। एक पार्टी का अच्छा कार्यकर्ता : सिर्फ नेता के आदेश पर 'बहुत अच्छा' कहता था और रूस से भारत, भारत से चीन, चीन से क्यूबा, क्यूबा से चेकोस्लोवाकिया घूम कर भारत की क्रांति का भटकाव ही लिख रहा था।"

बहुत साल बाद उस दिन त्रिलोचन मेरे साथ रामविलास के घर गए। मैंने देखा दोनों एक-दूसरे की बाँहों में गुँथे हुए हैं। मुझे लगा युद्धकाण्ड का कांतिहीन चेहरा अब नहीं है, न कहीं दुख है, न है भय। मुझे लगा : क्या : सम्प्रश्नोऽत्र न लभ्यते। प्रश्नों के लिए इन मित्रों को अवकाश कहाँ।

त्रिलोचन सोच रहे थे (शायद भीतर था घबराए हुए शार्दूल का चेहरा) सोवियत संघ की सेना के बीच अमर्ष से भरे हुए नेताओं ने जब राहुल को—अपना मार्क्सवादी दोस्त नहीं माना—तो रामविलास का मुझे कवि न मानने या मेरे कवि के घुटनों, दाँतों और थप्पड़ों की मार का इन्हें या सोवियत संघ के मार्क्सवादियों को—प्रामाणिक (ऑथेंटिक मार्क्सवादियों को) मेरे अपराध की घोषणा करने वाले मार्क्सवादियों की कहाँ याद आई होगी।

आलोचक पीट रहे थे और कवि विनय की मुद्रा में हँस रहा था या अट्टहास कर रहा था। काठी मजबूत थी मेरे कवि की, इसलिए शरीर से बहते खून के बावजूद मैं हँस रहा था। कविता में थी व्याकुलता और इंद्रियाँ थीं विचलित। घोड़ों सा तेज तुम्हारा, तुम्हें ले उड़ा, मैं पैदल था...राम ने जैसे शार्दूल को बचाया था : 'मत मारो' कहकर, मुझे मेरे कवि ने बचा लिया था। मेरा उत्तरदायी कवि ही शायद राम था। :

हरिभिर्वध्यमानश्च याचमानः कृताञ्जलिः।
राघवेण परित्रातो या गतिं च यदृच्छया।।

जिस त्रिलोचन के कवि को मैं 1950 से 2007 तक जान रहा हूँ : वह आज दोराहे पर खड़ा है : एक वह सोवियत संघ के विघटन के बाद भी निराश नहीं है। पर भारत की स्वदेशी लड़ाई पर वह सोच कम रहा है। दूसरा काम वह नहीं कर रहा है : वह काम है साम्राज्यवाद की आर्थिक गुलामी से संघर्ष का। डॉ. शर्मा को

लगा : परम्परा में यह द्वन्द्व था जिसे शार्दूल के जरिए कवि ने देखा था :

पुरा प्राकारमायाति क्षिप्तमेकतरं कुरु।
सीतां वापि प्रयच्छाशु युद्धं वापि प्रदीयताम।।

दो में से एक काम अवश्य कर डालिए– यह रावण से उसके मन्त्री शार्दूल ने कहा था। तब का यह द्वंद्व या दुराहा था। या तो सीता जी को लौटा दीजिये या युद्ध स्थल में खड़े होकर उनका सामना कीजिए।

क्या प्रलेस, जलेस और नजले के लेखक द्वंद्व के लिए तैयार हैं। मैंने देखा और सोचा : दोनों अपनी-अपनी भूलों और लड़ाइयों के प्रति सावधान नहीं हैं, फिर भी भूलों को स्वीकार करके : राष्ट्रीय मार्क्सवाद की नई व्याख्या करने से कतरा रहे हैं। रावण की तरह डॉ. शर्मा भी अपनी भूलों की कहानी कहने या उससे आत्मसंघर्ष करने को तैयार नहीं हैं : नैवं सीतां प्रदास्यामि सर्वलोभयादपि। सम्पूर्ण लोक उन्हें भय देने लगे तो भी वह सीता को लौटाने यानी अपनी भूलों की कहानी का विश्लेषण करने को तैयार नहीं हैं। फिर से 'प्रलेस' का विश्लेषण किए बिना–आज के युद्ध दुर्जय लेखक, प्रभावशाली नेता, शूरवीर योद्धा का पता पाना मुश्किल है। आज के आलोचक ने प्रकाशन का शेयर खरीदा है। कौन वहाँ दलाल है? कौन नौकरशाह का दिमाग है। यह दोनों उस सत्ता के उपकरण हैं। अवश्य खलु संख्यानं कर्तव्यं युद्धमिच्छता। युद्ध की इच्छा रखने वाले पुरुष त्रिलोचन हैं। यह बनारस गए। वहाँ अध्यक्ष बने। हजारों ने उनके बारे में सोचा होगा। उनकी बातों पर गौर भी किया होगा–दलाल बुद्धिजीवी और नौकरशाह या संस्कृति मन्त्रालय हो सकता है। वह जनसेवा नहीं है। जो कवि साक्षरता, प्रकाशन आदि आदि कोनों में अटके हैं, वह जनसेवा से भाग हुए कवि हैं। वह देश को बदलने के लिए युद्ध में आगे आने को तैयार नहीं हैं।

रहबर गए। क्या उन्होंने कोई युद्ध की तैयारी नहीं की थी। पर उसे दलाल बुद्धिजीवी, प्रामाणिक मार्क्सवादियों और उदासीन कम्युनिस्ट कवि या उम्र के ठहराव में अटके हुए कवि, क्या आज युद्ध के लिए तैयार हैं।

युद्धकाण्ड की शक्ति को न मानें, इससे क्या युद्ध रुक जाएगा। क्यूबा में, मैक्सिको में, रूस में, चीन में, भारत में, खुद अमेरिका में–एक युद्ध चल रहा है, वहाँ शील से ईमानदार कार्यकर्ता–कवि आन्दोलन के लिए नाटक, कविता, संस्मरण लिखते रहे हैं। जो आवश्यक जानकारी उससे मिली है उसे प्रलेस जलेस क्या स्वीकार करता है।

मैं भीतर बाहर से संवाद करता रहा।

आज के सत्ता के मित्र मुख कवि कब युद्ध में दधिमुख कवि बन जाते हैं। क्योंकि जीवन-युद्ध के प्रत्यक्ष युद्ध के वे कवि नहीं हैं। क्या नागार्जुन, त्रिलोचन, रामविलास के बाद नए कवि–सुमुख, दुर्मुख, बेगदर्शी योद्धा कवि हैं। मृत्युर्वानररूपेण

नूनं सृष्टः स्वयंभुवा (निश्चय ही स्वयंभू ने मृत्यु की ही इन कवियों के रूप में सृष्टि की है।) विष्णु खरे कभी इस युद्ध पर सोचेंगे।

अभी युद्ध से भागने वाले कवि ही नहीं है, बेचैनी से युद्ध में कूदने को उत्सुक कवि भी हैं। वह युद्धकक्षणाम् वीर कवि हैं। इसीलिए युद्धकाण्ड भी हमारे समय में है। अभी उस कथा का अन्त नहीं हुआ है।

मेरे बाद के युवा, युद्ध की इच्छा रखने वाले कवि हैं। वे सुगठित नहीं हैं। इनकी युवावस्था है : सिंहसंहननो युवा।

यथार्थवादी कवि की अतीत में सौंदर्यदृष्टि के तीन पक्ष थे, वह आज भी हैं :

यथार्थवादी कवि की आस्था :

"धैर्य ही जिसके पत्ते थे, हठ ही सुन्दर फूल था, तपस्या ही बल था और शौर्य ही मूल था, उस राक्षसराज रावण रूपी महान वृक्ष को आज रणभूमि में श्री राम रूपी प्रचंड वायु ने रौंद डाला :"

धृतिप्रवालः प्रसाभाग्यपुष्प-
स्तपोबलः शौर्यनिर्मूलः
रणे महान् राक्षसराज वृक्षः
सम्मर्दितो राघवमारुतेन।।

यथार्थवादी कवि : पराक्रम और उत्साह

"पराक्रम और उत्साह जिसकी बढ़ती हुई ज्वालाओं के समान थे, निश्वास ही धूम था और अपना बल ही प्रताप था, उस राक्षस रावण रूपी प्रतापी अग्नि को इस समय युद्ध स्थल में श्रीराम रूपी मेघ ने बुझा दिया।"

पराक्रमोत्साहविजृम्भि तार्चि–
र्निःश्वासधूमः स्वबलप्रतापः
प्रतापवान् संयति राक्षसाग्नि–
र्नर्वापितो रामपयोधरेण।।
पैथॉस है यहाँ दुःख भाव
कुरर्य इव दुःखार्ता वाष्पपर्या कुलेक्षणाः।

भूमण्डलीकरण की व्याख्या के मूल में है : दुःख से पीड़ित हो आँखों से आँसू भरकर दीनभाव से कुररी की भाँति विलाप करना–आदि कवि का मूल प्रतीक स्वर।

कवि त्रिलोचन के 24 पत्र
(16.4.1996 से 12.10.1997)

क्रमांक/मु.सृ.पी. 41 दिनांक : 16.04.1995

मुक्तिबोध सृजन पीठ
डॉक्टर हरीसिंह गौर विश्वविद्यालय, सागर
मध्यप्रदेश–470003

प्रिय भाई,

आपका 9.4.1996 का कार्ड मिला।

आपने इस बीच नियमित रूप से लिखा है यानी लेखक रहे हैं। मैं लिखने का सोच रहा हूँ और भाई यह भी कम नहीं है। बम्बई जाकर पुराने परिचितों से मिलना आपको असन्तुष्ट छोड़ गया है। बम्बई में पैसे की प्यास ज़्यादा सताती है। तो दीक्षित और सोहन का वैचारिक विकास परिस्थितियों की देन है। विधि के बनाए जीव-जंतु हैं जहाँ के तहाँ खेलते फिरते तिन्हें खेलन फिरन देहु। लिखने की सोच रहा हूँ। कब लिखना शुरू होगा, कह नहीं सकता।

मैं 19 अप्रैल की सुबह छूटने वाली गाड़ी से अमित के साथ कलकत्ता जा रहा हूँ। अभी लौटने का विचार अप्रैल की अन्तिम तारीखों तक है। फिर भी यह बात आरक्षण मिलने पर ही है। मई के प्रथम सप्ताह में कभी आ जाऊँगा। "अन्धा मोड़" नाम के अलावा आपने और कुछ नहीं बताया।

आशा है, बम्बई की यात्रा आपके लिए अच्छी रही है।

आपका,
त्रिलोचन शास्त्री
अध्यक्ष

श्री विष्णुचन्द्र शर्मा,
सम्पादक "सर्वनाम" 2260 180
ई 11, सादतपुर, डा०–गोकुलपुरी,
दिल्ली–110094

त्रिलोचन शास्त्री
अध्यक्ष

मुक्तिबोध सृजन पीठ,
डॉ. हरीसिंह गौर विश्वविद्यालय
सागर (म. प्र.)
बी. 9, गौर नगर,
विश्वविद्यालय आवास परिसर
सागर 470003 (म. प्र.)
दिनांक 18.6.1996

प्रिय भाई,

मैं 18 अप्रैल से मई तक कलकत्ता रहा। इस अरसे में मनमोहन ठाकौर के पते पर आपका पत्र मेरे सन्दर्भ सहित सुनने को मिला। आपके पत्र से ज्वालाप्रसाद केशर का भी समाचार विदित हुआ। मैं कलकत्ते में डॉक्टर से तो नहीं मिल पाया। पेट की गड़बड़ी कई महीनों से दुख दे रही है।

"सर्वनाम" का 42वाँ अंक आज ही मिला। देख कर और लिखूँगा।

आशा है आप स्वस्थ सानन्द हैं। पुष्पा जी को मेरा नमस्कार।

आपका,
त्रिलोचन शास्त्री

श्री विष्णुचन्द्र शर्मा,
सम्पादक "सर्वनाम"
ई 11, सादतपुर,
गोकुलपुरी, दिल्ली–110094

दिनांक 03.07.1996

प्रिय भाई,

आपका 28.06.1996 का कार्ड मिला।

आपके लिखे अनुसार मालूम हुआ कि आप जुलाई 6 को लौट आयेंगे और आज तीसरी जुलाई है, इसी लिए मैं दिल्ली के ही पते का उपयोग कर रहा हूँ।

जिसे मैं पेट की गड़बड़ी समझ रहा हूँ, उसके निदान का आधार मेरा अनुमान ही है। अपना अनुभव कुछ यूँ है, इस बार सुबह कई महीनों से तीन-चार बार टट्टी जाना पड़ा। शाम को कभी गया, कभी नहीं। थोड़ा चक्कर आने की बात भी थी। इन तमाम के आधार पर मुझे लगता था कि कुछ पेट में ही गड़बड़ी है। पालक, भिंडी, कुलफा आदि के सेवन करने पर इसमें कुछ कमी तो आई। कुलफा और भिंडी इन दोनों को ही मिलने पर मैं आहार में जोड़ लूँगा।

"कबीर की डायरी" प्रकाशक ने भेजी हो, तो वह आज तक नहीं मिली। "सर्वनाम अंक 42 पर जय का पत्र आने पर मैं केवल "खोज" कहानी पर अपने विचार लिखे। कहानी उत्तम और लेखन को महत्त्व देने वाली है। इसी प्रकार के भाव जय के पत्र में भी थे।

यादव, राजेन्द्र का सुझाव मुझे भी अच्छा लगा. कहीं सेंध काट कर समय को पंजे से पकड़िए।

पुष्पा जी को नमस्कार।

आपका,

श्री विष्णुचन्द्र शर्मा, त्रिलोचन शास्त्री

सम्पादक "सर्वनाम"

ई 11, सादतपुर, डा०—गोकुलपुरी,

दिल्ली—110094

प्रिय भाई,

आपका 8.7.1996 का कार्ड मिला।

मैं 12.7.96 को कलकत्ता गया था। लौटा 29.7.1996 को। वहाँ ठाकौर से मुलाकात हुई। 26.7.96 को ठाकौर से मिलने गया था। यह तारीख उनका जन्म दिन है और इस तारीख पर आने का उन्हें विशेष हर्ष रहा।

साहित्य वाणी की प्रकाशन गति बहुत अधिक मन्द है। ऐसा क्यों है। यह बात जब तक साफ न हो तब तक लेखक सन्तुष्ट कैसे हो सकता है। नाना प्रकार की महँगाइयों का दबाव छपाई आदि पर है ही। तब भी किताबें कम दाम में रखना प्रकाशन की जीवन शक्ति बढ़ाता है। बहरहाल पत्र लिखने के अलावा ऐसे में कोई कर भी क्या सकता है।

पुष्पा शर्मा को नमस्कार।

आपका,

श्री विष्णुचन्द्र शर्मा, त्रिलोचन शास्त्री

सम्पादक "सर्वनाम"

ई 11, सादतपुर, डा०—गोकुलपुरी,

दिल्ली—110094

दिनांक 13.03.1996

राहुल जी ने लोकायन दर्शन पर दो पदों का जिक्र अपनी डायरी में किया है। एक पद है : तत्त्वा लाप। दूसरा शक्ति स्युत्र। इनके सन्दर्भ और अर्थ याद से लिख दें दूसरी बात क्या आपने कहीं कहा है : मुक्तिबोध प्रसाद की छाया हैं। वाकई यह रहस्य मैं नहीं समझ रहा हूँ। आप बताएँ क्या कविता की बनावट या निम्न संरचना का आधुनिकता की समझ में मुक्तिबोध प्रसाद की छाया हैं।

दिनांक 19.8.1996

प्रिय भाई,

आपका 14.8.1996 का कार्ड मिला।

"कबीर की डायरी" की समीक्षा शायद जनसत्ता में छपी थी और समीक्षा ही मेरी उस किताब की जानकारी का आधार है। अब आपका प्रकाशक फिर भेज दे तो मुझे पढ़ने के लिए प्राप्त हो जाएगी।

राहुल जी की "लोकायत दर्शन" सम्बन्धी जो दो पद आपने लिखे हैं। उनको पढ़े हुए मुझे अनेक दशाब्द बीत चुके हैं। अतः बिना प्रसंग की पूर्व जानकारी के कुछ भी लिखना भ्रामक हो सकता है।

"मुक्तिबोध प्रसाद की छाया हैं" यह मेरा वाक्य नहीं है। कम से कम "छाया" का इस तौर का प्रयोग मैं नहीं करता। मुक्तिबोध ने "कामायनी" काफी पढ़ा है। यह कामायनी सम्बन्धी उनकी किताब से प्रमाणित है। राजशेखर की "काव्य मीमांसा," शायद हिन्दी अनुवाद छप गया है, उसे ध्यान से देख जाइए। आठवीं सदी के इस आलोचक ने बिलकुल नई दृष्टि से विचार रखे हैं। चेतना का विकास परिवेश के साथ सघन सम्पर्क से होता है। किसी का विचार ज्यों का त्यों लेना लेखन को कमजोर करना है और ये लोग विश्वसनीय भी नहीं होते। भाषाई रचना का असर लेखन में कमजोरी ही दिखाता है। अगर भाषाई रचाव अलग हो, परिवेश का प्रभाव ज्यों का त्यों है तो चेतना का सतेज विकास असम्भव हो जाता है। परिवेश में ग्रंथ, वार्तालाप आदि हैं। समानान्तर चिन्तन दो अच्छे लेखक के मिल सकते हैं और किसी पीढ़ी में किसी विषय पर किसी समाज में अनुकूल या प्रतिकूल स्थितियाँ देखी जा सकती हैं। जीवन का सामाजिक सन्दर्भ यही तो है। प्रसाद को कैसे समझा जाय। यह मुक्तिबोध का उद्देश्य है। उनकी प्रसाद विषयक पुस्तक पढ़ने वाला अपनी धारणाओं के अनुसार ही भाव ग्रहण करेगा। थोड़े में, प्रसाद अध्यात्मवादी और मुक्तिबोध मार्क्सवादी हैं।

मनमोहन जी से उनके घर पर मेरी मुलाकात 26 जुलाई को हुई थी।

मैं आगामी 6 सितम्बर को गोरखपुर बुलाया गया हूँ और उन्हें लौटने के आरक्षण कराने का समाचार फोन वालों से भेजने को कह दिया है, जिससे वे अपनी योजना के अनुसार मुझसे जो काम लेना चाहें, करा लें। सितम्बर की 22 तारीख को एक सज्जन सागर मिलने आने वाले हैं। अभी और कहीं आने-जाने की बात नहीं है। इन स्थितियों में सितम्बर के अन्तिम सप्ताह में दिल्ली आने की सोचता हूँ।

लिखना बराबर चालू रखें, प्रकाशक कहीं न कहीं कोई न कोई मिलेगा ही।

श्रीमती पुष्पा शर्मा को नमस्कार।

आशा है आप स्वस्थ हैं।

श्री विष्णुचन्द्र शर्मा,
सम्पादक "सर्वनाम"
ई 11, सादतपुर, डा०–गोकुलपुरी,
दिल्ली–110094

आपका,
त्रिलोचन शास्त्री
अध्यक्ष

दिनांक 11.09.1996

प्रिय शर्मा जी,

आपका 28.8.1996 का कार्ड मिला। कार्ड में केवल 9 लिखा है। इसका मतलब है कि कार्ड तब लिखा गया जब शायद कनिष्क बच्चा रहा हो या पैदा भी न हुआ हो। क्योंकि यह सब उपयोगशीलता 50 के बाद आती है और 50 तक लड़ता रहा हो। आपके कार्ड में '9 के बाद 6 आना रह गया। मैंने वही देख कर 96 लिख दिया। नहीं तो आप प्राचीन इतिहास के व्यक्ति हो जाते और हिन्दी का इतिहास बहुत पुराना हो जाता। पुरानी हिन्दी में लिखने के कारण विक्रमोवर्शीय के आधार पर मैं जाने-बूझे कवियों में कालिदास को पुरानी हिन्दी का पहला मानता हूँ और ये ईशा पूर्व के ही होंगे; गुप्त काल में नहीं। यह मेरी हवाई उड़ान नहीं है। "अग्निमित्र" के कारण मैं सोचता हूँ कि वह अग्निमित्र का मित्र भी रहा होगा। रचनाओं में कुछ ऐसे संकेत हैं जिससे वह इसी काल का जान पड़ता है।

यह जानकर प्रसन्न्ता हुई कि मुक्तिबोध की आत्मकथा के नए संस्करण की आप तैयारी में लगे हैं। "कबीर की डायरी" प्रकाशक ने श्यामसिंह सुशील के घर भिजवा दी थी। उनके पत्र से मुझे मालूम हुआ।

डॉ. रामविलास शर्मा की 84वीं वर्षगाँठ पर आपने अपना काव्य रूपक समर्पित करने का निश्चय किया है, यह बात मेरा हर्ष बढ़ाने वाली है। "बाघ" कविता जो पुस्तक रूप में छपी है, उसमें केदारनाथ से मालूम हुआ कि उन्होंने कुछ बढ़ाया है। पुस्तक मैंने देखी नहीं। इस हालत में समीक्षा लिखना कैसे हो सकता है। इसमें कोई सन्देह नहीं कि प्रसाद को निराला जी आदर देते थे। उस समय के और कवि नहीं। तेज की रचनाओं को काफी पहले आपने प्रकाशन को दे दिया था और प्रकाशक के पास पाण्डुलिपियों की कमी नहीं थी। इसलिए तेज को स्वीकार करके वे रखे रह गए। अब आप केवल अनुरोध कर सकते हैं।

मुझे प्रसन्नता है कि आप लिख रहे हैं यानी लेखक हैं। आशा है पुष्पा जी सहित स्वस्थ सानन्द हैं।

आपका,
त्रिलोचन शास्त्री
अध्यक्ष

श्री विष्णुचन्द्र शर्मा,
सम्पादक "सर्वनाम"
ई 11, सादतपुर,
डाकखाना–गोकुलपुरी,
दिल्ली–110094

दिनांक 05.11.1996

प्रिय भाई,

आपका 22.10.1996 का कार्ड मिला।

डॉक्टर ने दवाइयाँ बताई थीं वह कुछ तो वहीं ले ली और कुछ यहाँ लेता रहता हूँ। बी. पी. की नियमित दवा लेता हूँ और चक्कर से छूट गया।

मैंने रजिस्ट्री लेने वाले के हस्ताक्षर देखने के लिए निगम को भेजा है। डाक से उन्हें पता लगा कि एक दो दिनों में देख कर बताएँगे। आपका भेजा हुआ "धीरज के रथ" वाला "सर्वनाम" मुझे मिल गया। थोड़ा ही देखा है। पढ़ने पर लिखूँगा।

पुष्पा जी को यदि फायलेरिया है तो इसका अच्छा इलाज बनारस या पटना में हो सकता है। क्योंकि दोनों जगहों में फाइलेरिया सामान्य रोग है और वहाँ इसके अनुभवी डॉक्टर हैं। दिल्ली में यह विशेष श्रेणी का रोग है और डॉक्टर सुलभ नहीं। फाइलेरिया की जाँच भी दिल्ली की अपेक्षा बनारस या पटना में ही बढ़िया हो सकती है। जैसा उचित समझें, करें।

पुष्पा जी को नमस्कार।

आपका,

श्री विष्णुचन्द्र शर्मा, त्रिलोचन शास्त्री
सम्पादक "सर्वनाम" अध्यक्ष
ई 11, सादतपुर, डा०—गोकुलपुरी,
दिल्ली—110094

दिनांक 22.10.1996

प्रिय भाई,

आपका 27.9.1996 का कार्ड मिला।

असल में मैंने बी.पी. की दवा डेढ़-दो महीनों से बंद कर दिया था तो जिस चक्कर का अनुभव नहीं था वह मिला और मिला तो बढ़े-बढ़े रूप में, तब भी मैंने दवा ली नहीं थी। कलकत्ता जा के जँचवाने पर मालूम हुआ कि 180/100 है। डॉक्टर ने कहा आपका बी.पी. इतना नहीं रहता था। आप बी. पी. की जो दवा बताई जा चुकी थी, लेते रहे हैं। तो मैंने उनसे कहा कि अनियमित लेता रहा। तो डॉक्टर ने पूरी तरह से जाँच की और कहा कि आप बी.पी. की आधी गोली न ले के पूरी गोली लीजिए और वही लीजिए। इसके अलावा दो दवाइयाँ और लिख दीं। वह मैं नियमित लेता रहूँगा। चक्कर अब इतना नहीं है, कुछ तो है।

"अभिन्न" की कोई प्रति मुझे आज तक तो मिली नहीं। "कबीर की डायरी" सुशील जी ने दी थी। "काल से होड़ लेता शमशेर" नहीं मिली।

मुक्तिबोध की कविताएँ साहित्य अकादमी ने छापी थी। साल याद नहीं। उस में पन्द्रह पेज की मेरी भूमिका है। उसे देखें। उसमें जितना कहा है, उसके बाद मुझे कहना नहीं है।

43वाँ अंक सर्वनाम का देखने में नहीं आया है। देखने पर लिखूँगा।

'मुक्तिबोध की आत्मकथा' और तेज और नौटियाल की कहानियाँ छापने के लिए वाणी प्रकाशन अथवा नेशनल पब्लिकेशन वालों से भी तो बात कीजिए।

आशा है पुष्पा जी सहित आप स्वस्थ सानंद हैं।

आपका,
त्रिलोचन शास्त्री
अध्यक्ष

श्री विष्णुचन्द्र शर्मा,
सम्पादक "सर्वनाम"
ई 11, सादतपुर, डा०—गोकुलपुरी,
दिल्ली—110094

दिनांक 22.11.1996

प्रिय भाई,

आपका 16.11.1996 का कार्ड मिला।

हर हफ्ते तो बी. पी की जाँच मुश्किल है। अपने यहाँ से यूनिवर्सिटी के अंदर वाला अस्पताल दो किलोमीटर दूर तो है ही। महीने में दो बार जाँच हो जाय तो कम नहीं है।

ठाकौर ने फरवरी 1997 में 10 फरवरी को मुझे बुलाया है। ठाकौर को मैं 9 फरवरी का आरक्षण करा के 10 फरवरी को कलकत्ता पहुँचने की सूचना दे रहा हूँ।

अभी मैं इलाहाबाद गया था। वहाँ जन संस्कृति मंच का अखिल भारतीय अधिवेशन था। मैं दो साल पूरा कर रहा था। अध्यक्ष पद का चुनाव प्रतिवर्ष होना चाहिए और होता भी है। इस बार मैं चाहता था कोई नया अध्यक्ष हो। लोगों ने कहा कि इस साल आप चले जाइए। एक उपाध्यक्ष हम बढ़ाएँगे। आप आवश्यक बैठकों में ही आएँ। इलाहाबाद का पन्द्रह दिन पहले समाचार मिला था कि अधिवेशन 16-11-96 को 10 बजे दिन से है। 15 दिन पहले यत्न करने पर आरक्षण नहीं मिला। 20 नवम्बर का मिल रहा था। 20 को वहाँ जा के क्या करता। तो बिना आरक्षण के सामान्य यात्री जैसे चलते हैं, उसी तरह गया। निगम साथ थे अतः बैठने का इन्तजाम हो तो गया और 12 घंटे बैठा तो बैठा ही रहा। उठा एक बार भी नहीं लेकिन उसका अनिष्ट प्रभाव भी नहीं पड़ा।

"नज़रुल अकादमी" ने किन तारीखों में आपको बुलाया है। अच्छा रहेगा कि इस बार आप वहाँ कलकत्ता में रहेंगे।

मैं दवाइयाँ ले रहा हूँ और जाहिर तौर पर सेहत ठीक है।

पुष्पा जी को नमस्कार।

आशा है काम करते हुए आप ठीक हैं।

आपका,
त्रिलोचन शास्त्री
अध्यक्ष

श्री विष्णुचन्द्र शर्मा,
सम्पादक "सर्वनाम"
ई 11, सादतपुर,
डॉकखाना—गोकुलपुर,
दिल्ली—110094

दिनांक 06.12.1996

प्रिय भाई,

आपका 29.11.1996 का कार्ड मिला।

ठाकौर को मैंने 10 फरवरी 1997 को पहुँचने का पत्र भेज दिया है।

सामूहिक संघटनों से बहुत-सी योजनाओं को कार्यान्वित होते देखना सम्भव नहीं। फिर भी एक-दो कार्य में आ जाएँ तो अकर्णात् मन्दकरणम् श्रेयः। अपनी ही बातों को जोर लगा कर कहने और कार्य परिणत करने या करवाने का आग्रही होना अहम् की सन्तान है।

"धीरज का रथ," "कबीर की डायरी," "अभिन्न" ये चीज़ें एक साथ देखूँगा फिर अपने विचार लिखूँगा।

पुष्पा जी को नमस्कार।

आपका,
त्रिलोचन शास्त्री
अध्यक्ष

श्री विष्णुचन्द्र शर्मा,
सम्पादक "सर्वनाम"
ई 11, सादतपुर,
डाकखाना—गोकुलपुरी,
दिल्ली—110094

दिनांक 26.12.1996

प्रिय भाई,

आपका 17.12.1996 का कार्ड मिला।

जब मैंने शमशेर से क्रिया की कामना की थी, तब वे क्रिया की स्वयं कामना करते थे। बस कामना। वह कार्य नहीं बने। बनना भी न था क्योंकि अस्वस्थता उन्हें थोड़ी फुर्सत देती थी।

"अभिन्न" जहाँ, तहाँ पन्ना पलटे देख गया। यह किताब जगह-जगह आकर्षक है। फुर्सत से पढ़ने लायक है। मुझे लगा कि पहले के लेख में आपने परिवर्तन भी

काफी कर दिए हैं। लेकिन परिवर्तन अच्छे आए हैं। ठाकुरप्रसाद सिंह को पहली बार पढ़ा। सधे हुए हाथों को लेखनी स्मरणीय है। बाकी देखूँगा।

अमरकान्त की कोई किताब अपने पास नहीं है। एकाध कहानियाँ जो नजर से गुजरी हैं, वर्षों पहले उन पर मैं यदि आधार बना के लिखना या लिखवाना चाहूँ तो ठीक नहीं, जिसके विषय में लिखा या कहा जाय उसकी रचनाएँ तो होनी ही चाहिए। रचना के अभाव में यूँ ही लिख देना क्षम्य नहीं।

"निराला" अकसर बातचीत में ग़ालिब के शब्दों से ही जवाब देते थे। इसका मतलब ग़ालिब को उन्होंने आत्मीयता के घेरे में ले लिया था।

ठाकौर का पत्र मेरे यहाँ भी आया है। मैंने 9 फरवरी का आरक्षण सोच रखा है। यही उनको पहले लिखे पत्र में लिख चुका हूँ। कलकत्ता मेरे साथ निगम भी जाएँगे।

संस्थाएँ सदय नहीं होतीं, वह शताब्दियों जैसे विशेष उपयोग करने के लिए अतुरा जाती हैं।

भारतीय साहित्य की भूमिका यहाँ देखना वैसी ही दुराशा है, जैसे मरुभूमि में प्रवाहित जल। जब कभी मिलेगी तो किताब पढ़ूँगा।

पुष्पा जी का स्वास्थ्य अब कैसा है।

आपका,
त्रिलोचन शास्त्री

श्री विष्णुचन्द्र शर्मा,
ई 11, सादतपुर,
डाकखाना—गोकुलपुरी,
दिल्ली—110094

दिनांक 28.01.1997

प्रिय भाई,

आपका 20.1.1997 का कार्ड मिला।

रक्तचाप तो बढ़ा हुआ नहीं है। सिर-दर्द, चक्कर यह सब कुछ नहीं है। लेकिन कमजोरी जो मैं अनुभव करता हूँ वह शायद अवस्था के कारण हो। मैंने ठाकौर को सूचना दे दी कि मैं नहीं आ पाऊँगा। वह भी सहमत हुए।

पुष्पा जी को नमस्कार।

आपका,
त्रिलोचन शास्त्री

श्री विष्णुचन्द्र शर्मा,
ई 11, सादतपुर,
डाकखाना—गोकुलपुरी,
दिल्ली—110094

दिनांक 06.03.1997

प्रिय भाई,

आपका 1.03.1997 का कार्ड मिला।

केदारनाथ सिंह को मैं एक पत्र 27.02.1997 को डाल चुका हूँ। शायद उन्हें मिल गया हो।

3 मार्च को करुणानिधान का निधन हो गया। यह मुझे 6 मार्च को जनसत्ता में पंकज सिंह के लेख से मालूम हुआ। उस आदमी की मौत ने मुझे आहत किया। आपको भी ऐसा ही होगा। आप कलकत्ता और उड़ीसा हो आए, यह आप के लिए भी अच्छा रहा। शिवनाथ जी को जैसे आपने देखा, इसी हालत में वे वर्षों पहले से हैं। जब मैं मिला था तो बनारस ही चर्चा में मुख्य रहा है और बनारस पूरा उनकी स्मृति में जीता-जागता है। सचमुच ऐसा तो है ही कि बनारस से जिसको जो मिला, वह उसको कभी भुला नहीं सकता। निश्चित है कि गए हुए दिन फिर नहीं लौटते।

कलकत्ता में आर्थिक सुख मुख्यतः मारवाड़ी समुदाय के हाथों है। साहित्य भी उनकी पकड़ में है। पूँजी प्रभावित साहित्यकार किसके विषय में क्या कहते हैं वह सुन लेना चाहिए। मेरे विषय में कोई कुछ कहे तो सुन लेने में हानि ही क्या है और सुनने में आनन्द आया तो वह भी बुरा नहीं क्योंकि अनुकूल या प्रतिकूल दोनों प्रकार की बातें अलग-अलग प्रसंगों के साथ जुड़ी रहती हैं इसलिए अनुपस्थिति आदमी की उपेक्षापूर्ण आलोचना भी कुछ दम तो रखती है।

पुष्पा जी को नमस्कार।

आपका,
त्रिलोचन शास्त्री
अध्यक्ष

श्री विष्णुचन्द्र शर्मा,
ई 11, सादतपुर,
डा०—गोकुलपुरी, दिल्ली—110094

दिनांक 27.3.1997

प्रिय भाई,

आपका 17.3.1997 का कार्ड मिला।

चक्कर आने के बाद यहाँ के एक डॉक्टर ने बताया कि जब तक आपको कमजोरी है तब तक टेनरिक-50 की पूरी गोली लीजिए और रोज सुबह। इसके बाद मैंने देखा कि अब मैं ठीक हूँ। तो मैंने बिना किसी से पूछे आधी गोलियाँ रोज लेने का क्रम चालू कर दिया है और ठीक हूँ।

आपको भी समाचार से ही कुमार विकल के देहान्त का समाचार मिला होगा।

पंजाब से यह एक ऐसा नाम हुआ जिसको स्तरीय हिन्दी कविता लिखने का श्रेय है। इसका भी देहान्त असामयिक रहा।

शान्ति निकेतन में मिलने योग्य डॉ. शिवनाथ ही हैं और उनसे आप मिले ही। मैं जब उनसे मिला था तो मैंने अनुरोध किया था कि आप आत्मकथा लिख सकें तो अच्छा होगा, अन्यथा आप परिचित लोगों पर नोट ही लिखवा दीजिए लेकिन मुझे लगता है कि वह कुछ भी लिखने-लिखाने से उदासीन हैं। शान्ति निकेतन का जो हाल आपने देखा, वही हाल सभी शिक्षा संस्थानों का है। इसलिए इस समाज में वैसे ही रहना चाहिए जैसा अपना विवेक कहे।

विक्रमी नए वर्ष की पुष्पा जी सहित आपको बधाई। यह नया वर्ष मंगलमय हो।

आपका,
त्रिलोचन शास्त्री
अध्यक्ष

श्री विष्णुचन्द्र शर्मा,
ई 11, सादतपुर,
डाकखाना–गोकुलपुरी,
दिल्ली–110094

दिनांक 17.04.1997

प्रिय भाई,

आपका 07.04.1997 का कार्ड मिला।

भारतीय संविधान का जो रूप है, उसमें भारत को छोड़कर बहुत कुछ है। हमारे यहाँ की काल गणना में महीनों का क्रम चार प्रकार है। सौर मास। इसका प्रयोग काशी विद्या पीठ और ज्ञान मण्डल में है। नाक्षत्र मास और चान्द्र मास उत्तर भारत में बंगाल को छोड़ कर विक्रमी संवत चालू है। बंगाल में जिसे संवत कहते हैं वह उत्तर प्रदेश में फसली सन् कहा जाता है। इसके साथ वे सौर तिथियों का प्रयोग करते हैं। ईरानी रिपब्लिक कल्चरल सेक्टर में ईरानी संवतों का ही प्रयोग है। दक्षिण भारत में बहुत प्रचलित संवत शक संवत है। भारतीय संवत संविधान सभा द्वारा मान्य हुआ है शक संवत लेकिन इन संवतों का संविधान में अस्तित्व है, बाहर नहीं। भारतीय महीनों के नाम भी नए शिक्षितों को नहीं मालूम। यही दिनों का भी होने वाला है। ऋतुओं और महीनों के नामों का प्रभाव मुझ पर इतना है कि महीनों का नाम लेते ही जलवायु का पता चल जाता है। शायद मैं शिक्षकों की तरह जड़ नहीं हूँ।

"सर्वनाम–45" में सुरेन्द्र शर्मा का विवरण पढ़ा और पहले वही। वैसे पूरा अंक देख गया। सभी लेख महत्त्व के हैं और जय ने कबीर पर इतिहासकार की दृष्टि से लिखा है। बहुत-सी उनकी जीवन सम्बन्धी काल की सूचनाएँ

इतिहास के ही स्रोतों से दी गई हैं। यह कबीर पर काम करने वालों के विचार का भी है।

पुष्पा जी को मेरे प्रणाम कहें।

आपका,
त्रिलोचन शास्त्री
अध्यक्ष

श्री विष्णुचन्द्र शर्मा,
ई 11, सादतपुर,
डाकखाना—गोकुलपुरी,
दिल्ली—110094

दिनांक 14.01.1997

प्रिय भाई,

आपका 03.01.1997 का कार्ड मिला।

मैं कुछ कमजोरी का अनुभव कर रहा हूँ। चलते-फिरते मालूम होता है। इस कारण मैंने ठाकौर को पत्र दे दिया है कि स्वास्थ्य के कारण आ नहीं सकूँगा और मैं सोचता हूँ कि पुष्पा जी के स्वास्थ्य को देखते हुए आपका जाना भी ठीक नहीं। जैसा आप सोचें। अपनी स्थिति जैसी मैंने आपको बताई, उस स्थिति में कहीं आ जा नहीं रहा हूँ। केवल निवास पर रहता हूँ। कुछ दिन पहले भोपाल में कई संस्थाओं के सहयोग से एक काव्य पाठ रखा गया था। वहाँ भी इसी कारण नहीं गया।

पुष्पा जी को नमस्कार।

आपका,
त्रिलोचन शास्त्री

श्री विष्णुचन्द्र शर्मा,
सम्पादक "सर्वनाम"
ई 11, सादतपुर,
डा०—गोकुलपुरी,
दिल्ली—110094

दिनांक 06.05.1997

प्रिय भाई,

आप का 25.4.1997 का कार्ड मिला।

भारतीय काल गणना की अवधारणा अगर मिट गई तो निराला की यह लाइन भारतीय पाठकों को सोचनी पड़ेगी—जेठ में सावन हुआ है। यह इस बात का संस्कार के बिना अर्थ ही नहीं समझा-समझाया जा सकता है इसलिए जैसे जापान, चीन में उनके अपने वर्ष चलते हैं, वैसे भारतीयों में कुछ अपना अस्तित्व बोध हो

तो यहाँ अपने वर्ष चलने चाहिए, महीने चलने चाहिए, दिन चलने चाहिए क्योंकि इनके साथ कुछ संस्कार भी हैं और यही संस्कार कविता और कहानी आदि की रचनाओं में प्रेरक हैं।

अपने पिता पर मैंने कहानियों और कुछ कविताओं में कुछ लिखा है। बाकी तो उन्हें औरों के द्वारा सुन के जाना है। कभी मेरी मानसिकता ऐसी हुई कि उन पर लिख सकूँगा तो जरूर लिखूँगा।

मेरा कोई फोन नहीं है। दूसरों के यहाँ जरूर है लेकिन फोन करने वाले ग्यारह से छ तक फोन करेंगे तो सन्देश ही दे सकते हैं। यह सोने का समय है। अगर कभी नंदर टू धंधे में लगा तब तो रातों जगना मेरे लिए जरूरी होगा। आप हँसेंगे इस बात पर। नंबर दो और उम्र। भाई, आदमी लाचार है। कब क्या हो जायगा, कहा नहीं जा सकता।

यहाँ विषय दिया गया था "कविता और हिन्दी समाज"। इस पर केदार जी बोले उत्सव के बाद सागर विश्वविद्यालय के वी.सी. भी बोले। थोड़ा अन्तराल दे कर काव्य पाठ रहा। औरों का कहना है कि यह अधिवेशन उत्तम रहा।

पुष्पा जी को मेरा नमस्कार।

आशा है आप ठीक हैं।

आपका,
त्रिलोचन शास्त्री
अध्यक्ष

श्री विष्णुचन्द्र शर्मा,
ई 11, सादतपुर, डा०—गोकुलपुरी,
दिल्ली—110094

दिनांक 01.06.1997

प्रिय भाई,

आपका 20.05.1997 का कार्ड मिला।

काल धारणा नई बनाने में दिक्कत तो आती ही है। अपने यहाँ की काल धारणा ऋतुओं आदि के साथ मानसिकता से भी जुड़ी रहती है। भारतीय ज्यों सभ्य होंगे सन् संवत समझेंगे और व्यवहार करेंगे। उन्हें नई विक्रमी संवत कौन बताएगा और शक संवत भी भारतीय को सभ्य बनाने का काम दिल्ली की संसद ने ले रखा है। सामान्य लोगों पर यह असर है कि ये अपने बच्चों को कान्वेन्ट में पढ़ाना गौरव की बात समझते हैं। वे जानते हैं कि अफसरी करने वाले हिन्दी बोलने वाले को जाहिल समझते हैं। अंग्रेजों का शासन नहीं है। भारतीय ही शासन कर रहे हैं और यहाँ के शासन करने वाले भारतीय अपनी धारणा में सभ्य तो हैं ही।

विकीर्ण मानसिकता के कारण आपके दिए हुए विषय पर अभी कुछ भी नहीं लिख सकता।

पुष्पा जी पटना जा चुकी हैं। उन्हें मेरे नमस्कार अवश्य सूचित करें।

आशा है, आप स्वस्थ हैं।

आपका,

त्रिलोचन शास्त्री

अध्यक्ष

श्री विष्णुचन्द्र शर्मा,
ई 11, सादतपुर,
डाकखाना–गोकुलपुरी,
दिल्ली–110094

दिनांक 04.07.1997

प्रिय भाई,

आपका 10.06.1997 का कार्ड मिला।

मुझे लग रहा है कि हमारा पुराना साहित्य और जो नया आ रहा है, उसमें निरन्तर जुड़े रखने वाला कोई सूत्र नहीं है। हिन्दी में परम्पराखोजी लोगों ने प्रचुर मात्रा में विचार मंथन किया। उनके इस मंथन में कहीं यह नहीं दिखा कि पुराने या नए में कहीं कोई जुड़ाव है या नहीं। लोग नया लिखने में विदेशी लेखकों को जितना महत्त्व देते हैं उतना अपने देश के पुराने या समसामयिक लोगों को नहीं। आपने इस देश की जो यात्राएँ कीं उनसे आपको उसका परिचय और पहचान आत्मीयभाव से मिली। बाकी लोग भी सैर-सपाटे पर निकलते हैं। उन्हें अपना मन बहलाव मिलता है। देश में देश को पहचानने वाली आँखें यदि हिन्दी में कम मिलती हैं, तो किसी से शिकायत कौन करे। समकालिक लेखन महत्त्व का न भी हो तो भी विचारणीय है और विचार के लिए पढ़ना भी आवश्यक है। पढ़ने से वर्तमान स्थिति का परिचय तो मिलता ही है।

मैं अगस्त में दिल्ली आऊँगा और "देश काल" के प्रकाशक से मिलूँगा। यदि "देशकाल" की कोई प्रति उनके पास हुई तो जय के पते पर भिजवा दूँगा।

पुष्पा जी का पटना जाना मानसिक स्वास्थ्य के विचार से बहुत अच्छा है। पुष्पा जी सहित आपको मेरा नमस्कार।

आपका,

त्रिलोचन शास्त्री

अध्यक्ष

श्री विष्णुचन्द्र शर्मा,
ई 11, सादतपुर,
डाकखाना–गोकुलपुरी,
दिल्ली–110094

दिनांक 11.07.1997

प्रिय भाई,

"साहित्य वाणी" या यादवेन्द्र शुक्ल को पत्र लिखते रहें। यह उन पर है कि पत्रों का जवाब दें। मेरी किताब "अरघान" पूरी छपी हुई पड़ी है, लेकिन सिर्फ एक प्रति। दिखाने को वे दिखा देते हैं और कहते हैं बाइंडिंग में बाकी गई है, सप्ताह भर में आपको मिल जाएँगी। और यह बात सन् 1995 की है। 1997 भी आधा बीत गया और सप्ताह आज तक आया नहीं। मैंने आज तक शुक्ल जी को कोई पत्र नहीं लिखा। तो अब पत्र लिखने से बचूँगा।

पुष्पा जी को मेरा नमस्कार।

आपका,
त्रिलोचन शास्त्री
अध्यक्ष

श्री विष्णुचन्द्र शर्मा,
ई 11, सादतपुर,
डा०–गोकुलपुरी,
दिल्ली–110094

दिनांक 30.07.1997

प्रिय भाई,

आप का 22.07.1997 का कार्ड मिला

आप की परेशानियाँ समझ में आती हैं। उनका समाधान जो कुछ उचित जान पड़े, करें। तेजबहादुर को चाहिए कि वे आपकी परेशानियाँ न बढ़ाएँ। किताब छप चुकी है जो कि चर्चा में है। सीधे प्रकाशक को पत्र लिखें क्योंकि पुस्तक छपने के बाद प्रकाशक और लेखक का सीधा सम्बन्ध करा देना ठीक होता है।

आशा है आप स्वस्थ सानन्द हैं।

पुष्पा जी को मेरा नमस्कार कहें।

आपका,
त्रिलोचन शास्त्री

श्री विष्णुचन्द्र शर्मा,
ई 11, सादतपुर,
डाकखाना–गोकुलपुरी,
दिल्ली–110094

दिनांक 05.08.1997

प्रिय भाई,

आपका 05.8..1997 का कार्ड मिला।

दिल्ली आ ही रहा हूँ। "देश काल" के लिए प्रकाशक से उसके यहाँ होने पर जय को भिजवाने की व्यवस्था कर लूँगा। जहाँ कहीं मुझे ठहरना होगा वहाँ ठहर के

मैं आपके यहाँ आऊँगा।

पुष्पा जी को मेरा नमस्कार।

आपका,
त्रिलोचन शास्त्री

श्री विष्णुचन्द्र शर्मा,
ई 11, सादतपुर,
डाकखाना—गोकुलपुरी,
दिल्ली—110094

दिनांक 16.09.1997

प्रिय भाई,

आपका 12.09.1997 का कार्ड मिला।

मुझे समय ही नहीं मिला कि मैं राधाकृष्ण प्रकाशन से उनके कार्यालय में मिलता। मैंने दिल्ली से उन्हें एक पत्र अवश्य भेजा पंजीकृत डाक से जिसमें मैंने उन्हें लिखा कि आपके यहाँ छपी हुई किताबें बहुत पहले खत्म हो गईं और जल्द छापने की आपके यहाँ सम्भावना नहीं है। अब आप इन किताबों को न छापें। इनके छापने की व्यवस्था मैं स्वयं कर रहा हूँ। मुख्य बात यही है। चार किताबें छपी हैं और लगभग बिक गई हैं और छापे भी काफी दिन हो गए।

ऊपर के मैटर से जाहिर है कि मैं उसे भेजने के लिए लिख नहीं सकता। उस की बात चलाना भी बेमौका होगी।

मैं दिल्ली 17 को सबेरे पहुँचा था। वहाँ अरावली गेस्ट हाउस में ठहराया गया। यहाँ मैं ऐसी जगह ठहरा जहाँ मुझे अकेले होने का मौका ही नहीं मिला। यानी ठीक से सो नहीं पाया। जाने के पहले ही मैंने बुलाने वालों को लिख दिया था कि लौटने के लिए 21 तारीख का आरक्षण करा लें। ट्रेन का नाम लिखा था महामाया और उत्कल। आरक्षण मिला जी.बी. एक्सप्रेस से जिसे मुझे बीना में बदलना था। जाहिर है सो नहीं सका। बीना में शिप्रा लेकर सागर आ गया। कटनी में हरिशंकर परसाई पर एक समारोह आयोजित था। सारी रात और जागना पड़ता और कटनी का समारोह भी 22-23 को था। दो दिन और जागरण में बिताना मेरे लिए ठीक नहीं था। इसलिए कटनी नहीं गया।

आपने जो उद्धरण लिखा है उस पर मुझे आश्चर्य है। इस तरह की बात तो मैं कहीं नहीं करता। लोग अपने विचार अगर मुझ पर थोपते हैं तो मैं उस पर क्या कह सकता हूँ।

पुष्पा जी को मेरा नमस्कार।

आपका,
त्रिलोचन शास्त्री

श्री विष्णुचन्द्र शर्मा,
ई 11, सादतपुर, डा०—गोकुलपुरी,
दिल्ली—110094

दिनांक 12.10.1997

प्रिय भाई,

आपका 04.10.1997 का कार्ड मिला।

डाक के ही द्वारा चिट्‌ठी और पार्सल आदि भेजे जाते हैं। कुछ मिलते हैं, कुछ नहीं मिलते। मेरा अपना अनुभव भी यही है। दूसरे उपायों का अवलंबन करने पर, जैसे कोरियर आदि से भेजने पर, खर्च ज्यादा आता है लेकिन डाक से अधिक विश्वसनीयता नहीं है। पंजीकृत भेजने पर भी पावती सूचना पत्रक लगाइए तो वह वापस नहीं मिलती। डाक विभाग भी जिम्मेदारी नहीं अनुभव करता।

बहुत सी भेंट-वार्ताएँ छपती हैं यह काल्पनिक भेंट-वार्ताएँ मनमाने प्रश्न और उनके उत्तर छपा करती है तो इन पर कहाँ-कहाँ विरोध किया जाय। इसी प्रकार की एक भेंटवार्ता डॉ. रामविलास का नाम दे के छपी थी जिस पर मैंने उनसे सवाल किया कि आपके यह विचार तो मूल धारणा के विरोध में चले जाते हैं तो उन्होंने कहा कि इस भेंट करने वाले की मुझे कोई याद नहीं है। मुझसे मुश्किल से कुछ मिनट की बात हुई और उसने कुछ नोट नहीं किया। बाद में अपनी स्मृति से उसने अपने विचार मुझ पर थोप दिए। मैंने कहा कि आपको विरोध करना चाहिए उन्होंने कहा कि अपना काम देखूँ कि यह सब करने बैठ जाऊँ। रोक तो मैं लगा नहीं सकता। जो बातें राम विलास के साथ हैं वही मैं भी सोचता हूँ। इसलिए समय के साथ ये बातें अपने आप दब जाएँगी।

मानबहादुर सिंह की नृसंश हत्या किसी को भी दुखी करेगी। अच्छा होता यदि मैं अन्य लेखकों के साथ शामिल हो पाता। स्वास्थ्य को देखते हुए मैं इस अवसर पर स्वयं तो उपस्थित नहीं हो सकता पर मेरे विचार समागत सभी सज्जनों के साथ हैं।

अनिल त्रिपाठी, विजेन्द्र से मालूम हुआ, राजस्थान के किसी कालिज में लग गए हैं। वे अगर होते तो आपको मेरे गाँव तक साथ ले जाते। गाँव में मेरा भतीजा अरुणकुमार सिंह आप लोगों का उचित सम्मान करता। वैसे भी आप कादीपुर तक सुल्तानपुर से बस में जा सकते हैं और कादीपुर से कोई सवारी कर के सरइयाँ तक चले जाएँ। सरइयाँ के बाद दो मील पैदल जाने का रास्ता है, कोई भी बता देगा।

पुष्पा जी को मेरा नमस्कार।

आपका,
त्रिलोचन शास्त्री

श्री विष्णुचन्द्र शर्मा,
ई 11, सादतपुर, डाकखाना—गोकुलपुरी,
दिल्ली—110094

अभिधा शैली का कवि त्रिलोचन

उस युग में इन्द्र वेद की परम्परा का देवता था। इन्द्र की पुरा कथा में ओज और श्रृंगार की दुहरी कथा है। उस समय भी दो तरह की बातें कहने वाले दुरंगे चरित्र थे। इन्द्र राम के सामने अपनी सफाई देते हैं : मैंने कभी दो तरह की बात नहीं की है "द्विर्मया नोक्तपूर्वं च" 12/120।

यह दो तरह की बात मुख्य या गौण उस समय अन्तर्विरोध थी। इन्द्र में एक लम्पटकामी था, दूसरा अपराजेय योद्धा। यही उस सामंती समय का मानवीय यथार्थ और विभ्रम था। राम विलास जिसे वेद के समय का "द्वन्द्ववाद" कहते हैं। वास्तव में यह मौत और स्वप्न जीवन और मौत का द्वन्द्व था। इन्द्र और राम को बातचीत का अंश मूल कथा से प्रक्षिप्त है। बाद में पुरोहितों या श्रोत्रियों ने नींद और नीरोग होने के लिए देवता की मध्यस्थ की भूमिका स्थापित की थी। नींद टूटने पर सोकर उठे हुए मनुष्यों की तरह वे सभी वानर, नीरोग, व्रणहीन तथा बल-पौरुष से सम्पन्न होकर उठ बैठेंगे।

नीरुजो निर्व्रणाश्चैव सम्पन्नबलपौरुषाः।
समुत्थास्यन्ति हरयः सुप्ता निद्राक्षये यथा।। 14/120।

सोकर जगे हुए की भाँति सहसा उठकर खड़े होना—ततः तमुत्थिता सर्वे सुप्त्वेव। यही जीवन के एक अद्‌भुत स्वप्न की परिकल्पना थी। मानवीय चेतना का दूसरा विकल्प उस समय "मित्र का कार्य मित्रोचित रीति से ही सम्पन्न" करना था : "मित्रकार्यं कृतमिदं"।

रूढ़ि उस समय की तीन ही थी। एक, अधर्म का डर और दूसरा इन्द्र का भय। तीसरी रूढ़ि थी हर योद्धा अयोध्या को चलना चाहता था। "अयोध्यां गन्तुमिच्छामः" "सारी सड़कें रोम को जाती हैं : यह भी एक समय की प्रथा थी।" मित्र के लिए मित्र का कार्य प्रिय से प्रिय होता रहा है : प्रियात् प्रियतरं लब्धं यदहं ससुहृज्जनः। (22/122) राम शिव की तरह। इन्द्र की तरह तो थे ही वह समय की रूढ़ि से कुबेर के समान सम्पन्न भी थे : "रामः कुबेरवत्" आज जैसी उस समय भीड़ नहीं थी, फिर भी वह सन्तोषप्रद था कि पुष्पकविमान में इतनी जगह थी कि किसी को किसी से धक्का नहीं खाना पड़ता था। "यथा सुखम् सम्बधादिके

तस्मिन्नुपाविशन्।।" 27/122.

कालिदास के बादल यात्री थे। आदि कवि का संसार-साधन था आकाश में चलते हुए पुष्पक विमान। दोनों ने ऊँचाई से सागर को देखा था :

पश्य सागरमक्षोभ्यं बैदेहि वरुणालयम्।
अम्बरमिव गर्जन्तंगङ्खशूक्तिसमाकुलम्।। 17/125.

किष्किन्धा में विचित्र वनप्रान्त है, उसे आँखों के साथ भीतरी आँख "स्मृति" से ऐसा राम-सीता ने देखा :

एष सा दृश्यते सीते किष्किन्धा चित्रकानना।
सुग्रीवस्य पुरी रम्या यत्र बाली मयाहतः।। 22/123.

देखना और स्मृति में आना यह सौन्दर्य का भी दो रूप था। एक में सिर्फ बाह्य या एकाङ्गी सौन्दर्य या खण्ड सौन्दर्य का दर्शन होता है, पर मूल में सौन्दर्य भाव से समृद्ध होता है। उस युग में जो सर्वाङ्ग-शोभना "सर्वाङ्ग सुन्दरी की" पहचान थी, वह आज बदल गई है, उसमें सहभागिनी, सहयोगी, बुद्धिमती और जनवादी पक्ष और इस युग की नारी को समृद्ध करता है। सौन्दर्य, व्यक्ति का भी सर्वांङ्ग शोभन होता है और समाज में वह स्वीकृत उत्सव सौन्दर्य सामाजिक भी होता है। महाकवि की सौन्दर्यदृष्टि में व्यक्ति और समूह दोनों का गहन पक्ष है।

दृश्यते दिव तौ महान सीते सविद्युतोयदः।
ऋष्यमूको गिरिवरः काञ्चनैर्धातुभिर्वृतः।। 38/123.

सौन्दर्यबोध में निजता से तीव्रता आती है। : त्वया विहीनो यत्राहं विललाप सुदुःखितः। कदलीकृतः "केले के पुंज" आश्रम की पहचान कराते हैं। सौंदर्य विचित्र काननों से सुशोभित होने के नाते रमणीय होता है : "रम्या दृश्यते चित्रकानना" श्रृंगबेरपुर में अपने मित्र गुह को भी राम याद करते हैं : श्रृंगबेरपुरं चेतद गुहो यत्र सखा मम। अपनों के बीच या अपने प्रिय स्थान में पुनरागत "फिर स्मृति लौटना सुखद होता है।"

क्या मैं इस सौन्दर्यशास्त्र पर सोचते हुए राहुल, नज़रूल, मुक्तिबोध के पास फिर लौट नहीं रहा हूँ। बीच में जैसे मैं त्रिलोचन से दूर था। वह सौन्दर्यबोध फिर से जुड़ा है। यहाँ जोड़ की बात कम है। फिर से त्रिलोचन के माध्यम से मैं अभिधा शैली से लिखी यथार्थवादी श्रेष्ठ कविता की पहचान कर रहा हूँ।

प्रगतिशील कवि त्रिलोचन का द्वन्द्ववाद

एक के बाद एक—सोवियत नेता, कवि, बामदल के कवि, पार्टी लाइन के प्रवक्ता कवि आज के युद्ध से हट चुके हैं या मारे जा चुके हैं। केदारनाथ अग्रवाल बाँदा में प्रगतिवादी दौर की स्मृति में जीने वाले अकेले कवि हैं। रामविलास शर्मा मार्क्सवाद की भारतीय जमीन के कवि कभी थे। पर आज वह समकालीन कविता से उदासीन हैं। नेमिचंद जैन जैसे भूतपूर्व कम्यूनिस्ट कवि हैं जो कविता की मार्क्सवादी सौन्दर्य दृष्टि की—निजी तौर पर नयी व्याख्या करना चाहते थे।

नागार्जुन भारत के मार्क्सवादी कवि हैं जो जनता के स्रोत से जुड़कर आज भी असन्तुष्ट मार्क्सवादी कवि हैं। त्रिलोचन अभी भी युवा वर्ग से **परम्परा और मार्क्सवाद** पर अहर्निश संवाद करने वाले कवि हैं। वह क्लासिक कविता के मार्क्सवादी स्थापत्य के श्रेष्ठ योद्धा कवि हैं। वह 'सर्वशास्त्रास्त्र कोबिद'—कविता के सम्पूर्ण अस्त्र शास्त्रों के ज्ञाता कवि भी हैं। उनकी तरह कविता को युद्धकाण्ड मानने वाले निराला, शमशेर और मुक्तिबोध थे। कबीर और तुलसीदास, वाल्मीकि और भवभूति रहे हैं।

आज के त्रिलोचन **अकम्पन कवि** और योद्धा हैं। न भावुक, न भावनाहीन, न बुद्धिवादी, न तर्कातीत बस "अकम्पन को युद्ध सदा ही प्रिय है। बे सर्वदा मेरी उन्नति "कविता के लोक पक्ष की" चाहते हैं। इन्हें युद्ध में एक श्रेष्ठ योद्धा "देर से ही चाहे डॉ. शर्मा ने प्रगतिशील धारा का कवि त्रिलोचन को माना गया है। ये शत्रुओं को दण्ड देने, अपने सैनिकों की रक्षा करने तथा रणभूमि में सेना का संचालन करने में समर्थ हैं। "आदि कवि ने कहा है :"

एष शास्त्रा च गोप्ता च नेता च युधिसत्तमः।
भूतिकामश्च मे नित्यं नित्यं च समरप्रियः।।

मुक्तिबोध ने **'चम्बल की घाटी'** में जो आकृतियाँ देखी थीं, "अँधेरे में जिस जुलूस की समीक्षा की थी—आज की कविता का प्रगतिशील उससे भिन्न है। बाम आन्दोलनकारी दल टूट चले हैं। क्रांतिकारी संगठन का कोई देशव्यापी आधार नहीं है। कभी लेखक कवि प्रलेस से जुड़ा था, आज जलेस से जुड़ने के बावजूद आन्दोलन का कवि कोई नहीं है। जन संस्कृति मंच के अध्यक्ष चुने गए हैं

त्रिलोचन। वह जन संस्कृति से क्रांति कैसी करेगा, यह अभी साफ नहीं है।"

"कविता का दौर" अंधकार से आच्छादित युद्ध स्थल है। युद्ध स्थल में अत्यन्त कुपित हुए कपि भी है। वे क्रोध के बावजूद दोस्त और दुश्मन की पहचान नहीं कर रहे हैं। युद्ध में जैसे बानर, बानरों पर ही प्रहार कर बैठते थे, तथा राक्षस, राक्षसों को ही मारने लगते थे, वैसे ही कवि, कवि को पीट रहे हैं, अकवि पुरस्कार लेकर अकवि को ही धता बता रहे हैं।

हरीनेव सुसंरूष्य हरयो जघ्नुराहवे।
राक्षसा राक्षसांश्चापि निजघ्नुस्तिमिरे तदा।।

जनता में युद्ध की—जनवादी हक की लड़ाई की—स्पृहा है। वह बलवान वीर-नेता शंकरगुहानियोगी, कवि नज़रुल, नेरूदा, ब्रेख्त—का आश्रय लेकर तैयार है। कवि त्रिलोचन ने ऐसे ही संज्ञाप्लावी क्षणों में—युद्ध में पक्षधर कवि की भूमिका निभाई है। अट्टहास करने का मन्त्र फूँका थाः 'अट्टहास कर...मन में गड़नेवाले दर्द डूब जाएँगे। वह जीवन-यात्रा में तक ऊब कर रहे थे। कवि वाल्मीकि के भीतर एक हनुमान ऐसा ही पक्षधर कवि था :" महातेजस्वी पवनकुमार हनुमान महान अट्टहास करके पृथ्वी को कँपाते हुए—से उस राक्षस की ओर दौड़े।" यह आदिकवि का—बाहरी योद्धाकवि ही है :

स प्रहस्य महातेजा हनुमान् मारुतात्मजाः।
अभिदुद्राव तद्रक्षः कम्पयन्निव मेदिनीम्।।

त्रिलोचन के दो रूप हैं, एक रूप है व्यथित हो उठे लोगों को यथावत् परखना— "आँखिन देखा रूप" दूसरा युद्ध में दुश्मन का सामना "अपने ढंग से" करना। महाकुम्भ 'सर्वनाम' का कवि त्रिलोचन व्यथा में पड़े लोगों का वैसा ही यथार्थवादी कवि है : "उनके केश खुले हुए थे। वे घबरा गये थे और पराजित होने से उनका घमण्ड चूरचूर हो गया था। भय के कारण उनके अंगों से पसीने चू रहे थे और इसी अवस्था में वे भाग रहे थे। भय के कारण एक-दूसरे को कुचलते हुए वे भागकर लंकापुरी में घुस गये। भागते समय वे बार-बार पीछे घूम-घूमकर देखते रहते थे।

ते मुक्तकेशः सम्भ्रान्ता भग्नमानाः पराजिताः
भयाच्छ्रूम जलै रङ्गे प्रसवद्भिर्विदुद्रुवः।
अन्योन्यं मे प्रमश्नन्तो विविशुनगरं भयात्।
पृष्ठतस्ते तु सम्मूढाः प्रेक्षमाणा मुहुर्मुहुः।।

युद्ध में कवि लड़ता भी है और सूक्ष्मपर्यवेक्षण भी करता रहता है : "बानर लोग बड़े चंचल, ढीठ और डरपोक होते हैं, जैसे हाथी सिंह की गर्जना नहीं सह सकते, उसी तरह वानर तुम्हारा सिंहनाद नहीं सह सकेंगे।"

रावण का प्रहस्त से कहना, त्रिलोचन का अपने बाद की पीढ़ी से संवाद करने

(जैसा) है। जो योद्धाकवि नहीं हैं, वह अपने-अपने चंचल, ढीठ, और डरपोक चरित्र को ही जनता में देख भी नहीं सकते। वह कभी सिंह की गर्जना का कविता में स्वाँग रचते हैं, कभी डरे हुए हाथी से कविता में चिंघाड़ते हैं, पर वे यह फर्क नहीं देख सकते कि योद्धाकवि सिंह-सा गर्जता है, ढीठ, डरपोक, चंचल कवि अपने को छिपाता है। यह त्रिलोचन के कवि का युद्ध-स्थल का पर्यवेक्षण है। महाकुम्भ का मन्त्र

चबल ह्यविनीताश्च चलचित्राश्च वानराः।
सहिष्यन्ति ते नादं सिंहनादमिव द्विपाः।।

युद्ध स्थल का कवि ही यह देख-परख सकता है कि अभय कैसा होता है? संशय में दया खोता है कवि? जोखिम से कैसे भागता है? यह युद्ध की अनुभूति नजर नहीं आती, न मार्क्सवाद का दर्शन भय नचिकेता संवाद से-भिन्न होता है। यह फर्क भी उसे नजर आता है : "युद्ध में मृत्यु," संदिग्ध होती है। हो भी सकती है और न भी हो। किन्तु ऐसी मृत्यु ही श्रेष्ठ है। "इसके विपरीत" जीवन को बिना संशय "जोखिम" में डाले "बिना मृत्यु होती है," वह श्रेष्ठ नहीं होती "ऐसा मेरा विचार है"। इसके अनुकूल या प्रतिकूल जो कुछ तुम हमारे लिए हितकर समझते हो, उसे बताओ।" यह संवाद—युद्धस्थल के कवि और सिपाही कवि का है। लोर्का, इसी भूमि का कवि था। संजय "महाभारत के" इसी दृष्टि का युद्ध का संवाददाता था।

आपत्संशयिता श्रेयो नात्र निःसंशयीकृता।
प्रतिलोमानुलोमं वा तु जो मन्यऐहितम्।।

त्रिलोचन की कविता में साँड एक गरीब चरित्र है, जो अपने ही संहेती बैलों से अपना दुख छिपाता है। सहन करने की यह शक्ति आदि कवि ने भी महसूस की थी : जैसे सांड सहसा आयी हुई शरद ऋतु की वर्षा को चुपचाप अपने शरीर पर ही सह लेता है, उसी प्रकार प्रहस्त की उस दुःसह बाण वर्षा को नील चुपचाप नेत्र बंद करके सहन करते रहे :

यथेव गोवृषो वर्षं शारदं शीघ्रमागतम्।
एवमेव प्रहस्तस्य शरवर्षान् दुरासरान्।
निमीलिक्षः सहसा नीलः सेहे दुरासरान्।।

यही सहने की शक्ति त्रिलोचन की कविता का युद्धपरक अनुभव का हिस्सा है। इसी मानी में वह हिस्सेदार कवि हैं। जनता का हिस्सेदार कवि ही जनता के बीच जाकर चरित्र को रचता है : सामंती सभ्यता का महरा भगत ऐसा ही चरित्र है। यदि कवि भीड़ से डरता नहीं, उस भीड़ भरे समुद्र में पैठ कर उसका वर्ग-चरित या द्वंद्व रूप सब वह रचता है। लघु महाकाव्य है इसीलिए महाकाव्य उस समय दोनों सेनाएँ जल के भँवर की भाँति चक्कर काट रही थीं।

विक्षुब्ध अपार महासागर की गर्जना के समान उसकी गर्जना सुनायी दे रही थी :

आवर्त इव संजज्ञे सेनयोरुभयोस्तदा।
क्षुभितस्याप्रमेयस्य सागरस्येव निःस्वनः।।

इस पक्षधर विक्षोभ के पीछे दो बातें हैं, एक है मंत्रणा यानी जनवादी संवाद, दूसरा आत्म-संघर्ष भरा निश्चय। मंत्रणा का एक चित्रण है :

राजन् मन्त्रितपूर्वं नः कुशलैः सह मन्त्रिभिः।
विवादश्चापि तो वृत्तः समवेश्य परस्परम्।।

प्रहस्त ने जो कहा वह त्रिलोचन की कविता का पहला पक्ष है : "राजन्"। हम लोगों ने कुशल मंत्रियों प्राप्तशील बुद्धिजीवियों के साथ पहले ही इस विषय पर विचार किया है। उन दिनों एक-दूसरे के मत की आलोचना करके हम लोगों में विवाद भी खड़ा हो गया था।

दूसरा पक्ष है मुक्तिबोध और त्रिलोचन का एक-सा :

प्रदातेन तु सीतायाः श्रेयो व्यवसितं मया।
अप्रदाते पुनर्युद्धं दृष्टमेव तथैव नः

मेरा पहले से ही निश्चय रहा है कि सीता को लौटा देने से ही हमलोगों का कल्याण होगा और न लौटाने पर युद्ध अवश्य होगा। उस निश्चय के अनुसार ही हमें आज यह युद्ध का संकट दिखायी दिया है।

स्वतंत्र भारत में 'महाकुम्भ' का कवि

स्वातंत्र्योत्तर भारत के लोगों की एक तस्वीर मुक्तिबोध ने 'चम्बल की घाटी' कविता में रची है, आधुनिक भारत की विडम्बना को रचा है, 'अंधेरे में' दूसरी कविता में। क्या यह तस्वीर और आधुनिक भारत की विडम्बना से आजाद भारत की जनता और उसके दौर को समझा जा सकता है? हरिशंकर परसाई के व्यंग्य निबन्धों की विवेचना करने वाली पुस्तक का डॉ. विश्वनाथ त्रिपाठी रखा है 'देश के इस दौर में'। विश्वनाथ जी ने पहले निबन्ध का शीर्षक दिया है, 'वर्तमानता की पहचान' क्या है समझ और संवेदना क्या त्रिलोचन के वर्तमानता की पहचान को 'देश के इस दौर में' (परसाई की समझ और संवेदना से जोड़कर परखा जा सकता है।

परसाई और त्रिलोचन की 'समझ' वर्तमान भारत की उपज है। दोनों ने अपनी संवेदना को व्यंग्य और करुणा के दो पाटों के बीच रखकर देखा परखा है। लिखा है विश्वनाथ जी नेः, परसाई वर्तमानता के रचनाकार हैं। इस कथन का मतलब केवल यह नहीं कि उनके लेखन में आजादी के बाद की स्थितियों का चित्रण है। वर्तमानता उनकी रचनाधर्मिता के केन्द्र में है; वह रचनात्मक मूल्य बन गई है। परसाई के शब्दों में–

'शाश्वत लिखने वाले तुरन्त मृत्यु को प्राप्त होते हैं। अपना लिखा जो रोज मरता देखते हैं वही अमर होते हैं–जो अपने युग के प्रति ईमानदार नहीं वह अनन्त काल के प्रति क्या ईमानदार होगा?' (वही पृ. 9)

त्रिलोचन शास्त्री अपनी कविता में रोज मरता देखते हैं अपने आपको। यह विडम्बना ही है कि अज्ञेय ने उनके रोज के जीवन संघर्ष को देखने की प्रक्रिया का नाम दिया था 'आत्म चित्रण'। त्रिलोचन ने मित्रों के बीच अपना चेहरा देखकर लिखी थी–जो 'इलाहाबादी' कविता :

'काफे रेस्त्रां में हिलमिल कर बैठे' बातें की; कुछ व्यंग्य-विनोद और कुछ–नए टहोके लहरों में लिए दिए। अपनी–अपनी घातें रहे ताकते। यों, भीतर-भीतर मन दो के एक न हुए, समीप टिके, अपनापा खो के, जीवन से अनजान रहे; पर गाना गाया जन का; जीवन का लेकिन दुनिया के होके दुनिया में न रहे, दुनियाँ को बुरा बताया। उससे तन बैठे जिसने कुछ दोष दिखाया। इस प्रकार से ढले नवीन

इलाहाबादी...। अरधान पृष्ठ 65

यहाँ आजादी के बाद की दो सभ्यताएँ हैं आमने-सामने। एक मध्यवर्गी आधुनिकतावादी सभ्यता है जहाँ कवि, साहित्यकार काफे रेस्त्रां में हिलमिल कर बैठते हैं। बातें भी करते हैं। कुछ व्यंग्य विनोद भी उनमें चलता है।

आजादी के बाद आधुनिकताबोध की दूसरी सभ्यता है। त्रिलोचन की यह आधुनिकता बोध की सभ्यता लगातार बदलती हुई सभ्यता है। बदलते हुए इसी आधुनिक भारत में त्रिलोचन ने अपने अनुभव, अपनी दृष्टि, अपनी पकड़ यानी आत्मचित्र को केन्द्र में रखा था। अज्ञेय के कवि के केन्द्र में कभी भारत का मानचित्र नहीं रहा। उनका 'पराया' मन कभी धर्मवीर भारती से भी नहीं मिला।

अमृतलाल नागर आगरा और लखनऊ में कभी वहाँ के जीवन से अनजान नहीं रहे। परसाई ने दिल्ली और जबलपुर में बदलते हुए भारतीय मानस को—'सेठ बाँकेमल' उपन्यास की तरह रचा और परखा है। दोनों जीवन के सत्य के जीवन्त लेखक हैं। इलाहाबाद में रहते हुए त्रिलोचन ने महाकुम्भ 1953 की विडम्बना को रचा और परखा। तुलसीदास के बाद त्रिलोचन के इस 'महाकाव्य' में युग की झलक मिलती है। मरणशील परम्परा बदलते हुए भारत से टकराती है यहाँ। यह ईमानदार कवि की कसौटी है। वह जीवन की आइरनी (विडम्बना) पर भीतरी व्यंग्य करता है। त्रिलोचन आज अपनी जमीन पर खड़े हैं कबीर से। और उघेड़ते चलते हैं आधुनिकतावादी मध्यमवर्ग की सत्ता को। महाकुम्भ 1953 में देखा था त्रिलोचन ने। मुझे उसे पढ़ते हुए अकसर सिर्फ परसाई और अमृतलालनागर-आजाद भारत के दो रचनाकार याद आए थे। परसाई व त्रिलोचन की काठी की यह विशेषता है न दोंनो आधुनिकतावादी भाववादी दर्शन की आलोचना करते हैं। वह शरीर और मन से स्वस्थ लेखक के साथ अपने व्यंग्य में बुद्धिवादी रचनाकार हैं।

'जाड़े की घनमाला' में विराट प्रकृति चित्रण के साथ वह देखते हैं 'तंबू बुरिया टाट— चटाई टीनों वाला आठ-ठाठ।' इस नवीन बस्तियों में जो नर-नारी रहते हैं वह आनन्दमयी जनता चुहल करती हैं। उनकी मस्तियाँ कवि त्रिलोचन का ध्यान खींचती हैं। 'कुम्भनहान' में आई जनता से त्रिलोचन और परमाई कविता के सूक्ष्म सत्य को सीखते हैं। मध्यमवर्ग के कवि जनता से डरते हैं या उनके सत्य से कतराते हैं—'सतुआ और पिसान बाँधकर कुम्भ नहाने आई जनता' देश की कोटि संख्या जनता है। मध्यवर्ग का लेखक आत्मबद्ध रहता है।

त्रिलोचन और परसाई का लेखक देखता है जनता का समुद्र एक मानव—कानन है। त्रिलोचन और परसाई के लेखन का केन्द्र भारत का मानचित्र है। परसाई के व्यंग्य में जनता की अन्तर्हित इच्छाएँ अभिव्यक्ति पाती है। त्रिलोचन की गँवई संस्कार की कविता 'कुम्भ नगर' के ठाट बाट को देखकर 'जीवन-रस' का आनन्द उठाती है। मध्यमवर्ग का व्यक्ति सिर्फ खुद में आए कुण्ठा, भय और कोफ्त जैसे

मनोभावों के सूक्ष्म परिवर्तन की डायरी लिखता है। जीवन रस में डूबा त्रिलोचन और परसाई को रचनाकार विराट मंच पर भारत का मानचित्र देखकर—एक सहस्त्रशीर्षा पुरुष की कल्पना करता है। परम्परा और वर्तमानता से मिलकर बनी है उसके विराट दर्शन की समझ और संवेदना। क्या है आप खुद देश के नक्शे में कैसे : 'जनता का समुद्र वह देखा शीश झुकाया। तभी सहस्त्रशीर्षापुरुषः याद आ गया, उन आँखों को देखा, सहस्त्राक्षः गाया चरणों को देखा, तो सहस्रपात् छा गया प्रतिबिम्बित होकर मानस में।'

यह आधुनिकतावादी और आधुनिकताबोध की दो दुनिया है। त्रिलोचन और परसाई में यह बार-बार नजर आती है। यह 'कुम्भकाण्ड में पुलिस' और 'वे साहित्यकार हैं' दो कविताएँ पढ़कर हिन्दी की जातीयता का स्वरूप समझा जा सकता है। कुम्भ पर 24 सॉनेट वहाँ घूमकर त्रिलोचन ने लिखे थे। यह त्रिलोचन की दृढ़ता थी कि वह 'इन्द्र वरुण कुबेर से अधिकारी' के चरित्र को भी देखते हैं और 'जो पथिक दूर से आये ठहरे रमकर' भागे थे अपनी जान बचाकर उनकी कहन पर भी ध्यान रखते हैं। अपनी इस चेतना को त्रिलोचन ने 'ध्वनिग्राहक चेतना' कहा भी है। परसाई और त्रिलोचन केवल जनता की ध्वनि चेतना के रचनाकार ही नहीं है, वह जनता के साथ उसके भविष्य पर सोचते हैं:—

'जनता में कब होगा जनता का अधिकारी
कब स्वतन्त्र होगी यह जनता टूटी हारी।
लाशों की चर्चा थी, अथवा सन्नाटा था।
राज्यपाल ने दावत दी थी'।

यह पत्रकार कवि की एक ध्वनिग्राहक रिपोर्टर है। यहाँ परसाई और त्रिलोचन पत्रकार लेखक हैं। वाल्मीकि की इतिहास दृष्टि का कवि है त्रिलोचन। वह नया सत्य जोड़ता है, चहल-पहल भी; सागर और ज्वार-भाटा भी। जनता का लेखक इसीलिए जनता का हिस्सेदार होता है। जनता नेता की 'मानवता' पर व्यंग्य करती है, जनवादी लेखक उस परिवेश के रंग-ढंग को नोट करता है। यह प्रक्रिया जनता से संवाद की है। कवि-लेखक की जनता से हिस्सेदारी है। अभिव्यक्ति की शैली संवाद या सूत्रधार (नाटक में) की है। देखे संवाद के टुकड़े (याद आ जाये तो सार्त्र के 'इन कैमरा' नाटक की संवादहीनता की पीड़ा को याद रखें) 'वे साहित्यकार हैं कहा किसी ने' औरत बोली झल्लाई सी—'बादर होंइ; पहाड़ होंइ आपन कपार हैं।' पति ने कहा—'होश में बोलो धुआँधार है उनके भाषण संस्कृति पर।' अब जनता की कहन शैली के तीन वाक्य हैं : 'कोई तो स्याही जाकर मुँह पर मल देता।' यें भूमिभार हैं...।' 'कर की कालिख आप पोत ली है मनचाही।'

त्रिलोचन की भाषा में गँवई संस्कार के लहजे, मुहावरे, लोकोक्तियों और शब्दों का अद्भूत कौशल है। परसाई के पास ऐसा भाषा का रंगारंग कौशल नहीं है।

परसाई केवल अपने व्यंग्य पर ध्यान रखते हैं जैसे नागार्जुन ध्यान रखते हैं अपनी कविता में पक्षधर राजनीति का। त्रिलोचन उस राजनीति के भीतर से सूक्ष्म सत्य को पकड़ते हैं। श्रेष्ठ कविता की यही परम्परा है। राष्ट्रपति राज्यपाल, पुलिस पर व्यंग्य त्रिलोचन का परसाई की तरह है फिर भी बेधड़क है परसाई के व्यंग्य के पीछे झाँकती है उनकी जनता की पीड़ा और उसका आघात। त्रिलोचन एक चुनौती के साथ अपनी श्रेष्ठ काव्य परम्परा का दायित्त्वबोध अपने कवि के सामने रखते हैं :

महाकुंभ में हत निरीह प्राणों की पीड़ा
कौन समझ कर बढ़ता है लेने को बीड़ा

महाकुंभ की यात्रा महाकवि दांते की नरक की यात्रा सी याद रह जाती है। मानव लाशों का यही दुखद चित्र शमशेर देख नहीं सके थे। वह लौट गए थे। त्रिलोचन, भागती हुई भीड़ का 'दवाब' एक नये यथार्थवादी कवि की तरह महसूस करते हैं। 'बिजली के खम्भे पर' जा चढ़े आदमी की विडम्बना खुद में सत्यजीत राय की एक फिल्म हैं। टॉलस्टाय के 'युद्ध और शान्ति' उपन्यास के अलावा ऐसा घमासान या युद्ध भीड़ का सघन चित्रण मैंने नहीं पढ़ा। आप भी देखें:

बिजली के खम्भे, पर आई बुद्धि, जा चढ़ा उसको देखा। भीड़ ठांत पर झूम रही है बँधे हुए हाथी, सी। ऊँचे बाँध से बढ़ा एक हुलक्का, एक दरेरा, घूम रही है भीड़, भीड़ पर भीड़ दूसरी रुम रही है अस्फुट, अगणित कंठों की ध्वनि की धारा महाकाश में मँडराती है...हारा, कोई अपने लड़कों को दे रहा है सहारा खंभे वाला उसकों दे दे। ले लेता है वह भी बच्चे को, भीड़ की लहर ने मारा खंभे को क्या करे; फेंक उसको देता है।'

बँधे हुए हाथी का बिम्ब। हुलक्का दरेरा जैसे देशज शब्दों का प्रयोग और बच्चे की बिडम्बना भरी त्रासदी श्रेष्ठ कविता के कुछ यह ऐसे चित्र हैं जिन्हें कभी विकसित किया जा सकता है आजादी के बाद के नये यथार्थवादी स्थापत्य के विवेचन के लिए तब यह चित्र बहुत जरूरी आधार होंगे। आप 'महाभारत' का युद्ध या आदिकवि का युद्धकाण्ड की युद्ध की विडम्बना को याद करें और पढ़े : 'व्यर्थ लड़ गया : कविता को।'

'शंकर, शंकर, शंकर यह तो नहीं बोलता।
यह क्या, किसके ऊपर मेरा पाँव पड़ गया।
बड़ा पसीना छूट रहा है, बटन खोलता;
यदि थोड़ा तोफर पा जाता। व्यर्थ लड़ गया।
पास खड़े मुर्दों से, वह आवेश झड़ गया।
धक्के खाकर इधर उधर कुछ ठेल रहे हैं।
मेरे पाँवों को यह किसका पेट पड़ गया।
भीड़ नहीं है चरणों के आघात अभागे झेल रहे हैं

आह फेफड़े फड़क रहे हैं, हवा कहाँ है।

छूटी भूमि, भयानक धक्के रेल रहे हैं
अब कंधों पर हूँ; व्याकुलता यहाँ वहाँ है।

दूसरे युद्ध के बीच देखा हुआ यह मानव त्रासदी का वास्तविक काव्य हैं, यहाँ पेंटिग की शैली है। यह मानवीय व्याकुलता है प्रगतिशील आधुनिक बोध के कवि की। त्रिलोचन और परसाई इसी जीवन के कवि हैं। उनका व्यंग्य लेख और उसकी रचना बताती है। आजादी के बाद वह उस जीवन को कितना प्यार करते हैं। आजादी के बाद लाशों का सुखवन पुलिस ने फैलाया है। यह एक स्टेटमेंट लगता है। पर यहाँ प्रगतिशील कवि अपनी जनता के साथ बेचैन है। बेचैनी में भी जीवन को प्यार करने वाला वह कवि है। प्रगतिशील आस्था का कवि ही 'लाशों की प्रदर्शनी' कविता लिख सकता है।

यहाँ कवि रिपोर्टर है यानी युद्ध का संवाददाता है : लाशों की प्रदर्शनी देखी कुम्भ नगर में

आज दूसरा दिन था : 'मानवता ने आजादी के बाद कब और कहाँ असहनीय बेचैनी एक सूत्र है। मानवतावादी कवि उसी जीवन के नाटक का एक सूत्रधार होता है। वह अपने पाठकों को वहाँ ले जाता है जहाँ असहनीय और वीभत्स परिवेश जीवन है। यह कविता में नाटक के स्थापत्य का कौशल है। देखें संवाददाता ने कहाँ खड़ा कर दिया है आपको :

मुर्दे पड़े हुए थे, मुँह नाक से वहाँ था
काला और पनीला रुधिर। गंध का लहरा
हलका-हलका उठता था; पुत्र ने गहा था
हाथ पिता का; वेग आँसुओं का था गहरा
'बाबू' तुम्हें हो गया क्या, आशा में ठहरा
मैं डेरे पर रहा कि तुम जब आ जाओगे
तब हम गाँव चलेंगे। सारा मेला कहरा
कहा पुलिस ने, अब रोने से क्या पाओगे।

त्रिलोचन की महाकुम्भ की 24 कविताएँ मैंने 'सर्वनाम' के मई 1973 के अंक में छापी थीं। यह समय था जब मैंने आजादी के बाद त्रिलोचन की काव्य प्रवृत्तियों की दृष्टि से कविताओं का तीन संग्रह संकलित किया था जिसका नाम रखा था हुंडार यह संग्रह भारतीय ज्ञानपीठ के लक्ष्मीचन्द्र जैन ने लम्बी बातचीत के बाद लौटा दिया था। दूसरा संकलन था 'व्यैक्तिक' तीसरा संकलन अरघान 1983 में छपा था। भारतीय ज्ञानपीठ ने त्रिलोचन का 'हुंडारः न छापकर बता दिया था, वह आजाद देश में किस तरह की आधुनिकतावादी सृजन के संरक्षक हैं। त्रिलोचन

आज मुक्तिबोध, नागार्जुन, शमशेर, रामविलास शर्मा, केदारनाथ अग्रवाल और परसाई के साथ भारतीय जन के विराट सक्रिय दर्शन के कवि हैं। जिनकी कविताओं से बना है भारत का मानचित्र। एक पिछड़ा या धर्म की राजनीति का भारत है; दूसरा प्रगतिशील और बहुजातीय धर्म-निरपेक्ष भारत। एक ओर 'पावन मंसूबा' कविता में त्रिलोचन पंडा रामप्रसाद के धर्म के मंसूबे पर व्यंग्य करते हैं, दूसरी कविता में कवि 'सुलझे का दम' लगाते गुरु का खाका खींचता है : 'वैरागी रागी है और माल खाते हैं।' परसाई के व्यंग्य इसी के साथ पढ़ने पर बदलते हुए भारतीय परिवेश में कवि और व्यंग्यकार की पक्षधर भूमिका को समझा जा सकता है।

और अंत में

मैंने कभी लिखा था : 'मुक्तिबोध को–अहर्निश कविता का चित्रकार कवि मैं मानता हूँ। वह पिकासो की 'गुएर्निका' का चित्रकार कवि है। उस तरह की युद्ध और युद्ध की मनःस्थिति को चित्र या तो पिकासो की उस काल की चित्रकला में मिलता है या मुक्तिबोध की कविता में (पुस्तक की आँखें, 82)

त्रिलोचन का कवि कर्म पुस्तक पर काम करते हुए यह अंश फिर याद आया, पूरी वाल्मीकि रामायण युद्ध की मनःस्थिति का महाकाव्य है। युद्ध में 'महाभारत' के महाकवि की कविता भी उस काल की चित्रकला ही है? कभी कवि त्रिलोचन अपढ चंपा से युद्ध स्तर पर जातीय भारत पर संवाद करते हैं। क्या सामन्तीकाल का 'नगई महरा' त्रिलोचन उसे सांस्कृतिक भारत के 'मानस' को टटोलते है–नये भारत पर सांस्कृतिक संवाद करता है। क्या महाभारत के महाकवि की परम्परा में त्रिलोचन 'महाकुंभ' में घूमते हुए जनता से युद्ध स्तर के संवाददाता कवि नहीं हैं!

याद है मुझे आजादी के बाद पतनशील संस्कृति के कई फैसले हुए थे। जो बदल दिये जाते हैं, क्योंकि 'पूरे देश में खतरनाक तंत्र फैल रहा है। अदालत कचहरियों में बैठने वाले हाकिम सब इसी महामंत्र के अंग हैं।....गाँव के प्रधान श्याम सिंह ने दरोगा से कहा, 'इस गाँव का प्रधान मैं हूँ। मुझे बताये बगैर गाँव वालों को हथकड़ियाँ क्यों लगायी जा रही हैं। जवाब में प्रधान को जमीन पर गिरा दिया गया। बूटों की ठोकरें ऊपर से लगी थी। यह थी आजाद देश की पंचशील व्यवस्था।' (इतिहास का वर्तमान काल, पृष्ठ 125) त्रिलोचन ने 'धरती' से अपनी अंतिम कविता तक भारत के 'जनतांत्रिक ढाँचे' पर कई सवाल उठाए हैं।

पत्र मैंने लिखा था : विद्रोह या चुनौती या आजादी एक सीधी रेखा नहीं, एक बीहड़ यात्रा है। और नौटियाल ने उसी चुनौती की कहानी को नाम दिया है : 'उत्तर बाँया है।' त्रिलोचन की, नारी, या दूसरी औरतें आजाद भारत की 'बाँदी' हैं, वह है गुलाम। वह कैसा युद्ध रात दिन अपने जनपद, अपने घर, अपने देश में लड़ती हैं! इसे ही त्रिलोचन ने युद्ध के संवाददाता की मनःस्थिति में देखा-परखा है।

दिल्ली में पहली बार मैंने त्रिलोचन को एक आम सभा में अपनी कविता

पढ़ने का अवसर दिया था। स. जगत शंखधर उस सभा के सभापति थे। त्रिलोचन ने वहाँ 'निरहूने भाई, जब से घर-बार सँभाला तब से सब कुछ बदल गया है; अपनी कविता नहीं पढ़ी थी। क्योंकि वह तब प्रत्यक्ष युद्ध के यशपाल नहीं थे, न नौटियाल। वह आम इंसान की तरह जूझते हैं। युद्ध के भीतरी तन्त्र से वह डरते अभी थे। भोपाल, और सागर में उनका अन्तर्विरोध इसीलिए बढ़ा। वह वहाँ अपने बचाव की लड़ाई लड़ने लगे थे। वह भी चुप-चाप पूँजीवादी तंत्र के आगे खोखले बने रहे।

निजी सीमाओं के बावजूद वह युद्धकाण्ड के कवि हैं, अपनी आत्मपरक कविताओं में, अपने प्रेम में, अपनी देश की जनता की सच्ची तस्वीरों में। यह युद्धरत त्रिलोचन का इंसान भविष्य के भारत के लिए सपना देखता है और कवि खुद उन सपनों की सच्चाई पर अपने पाठकों से अनवरत देश के अनागत पर संवाद करते रहे हैं। वह योद्धा नहीं हैं, पर अपने भीतर-बाहर के ईमानदार युद्धरत इंसानों के हिस्सेदार हैं और पक्षधर विचारक भी कई तरह के कुछ फैसले, कई सवाल उनके भय के प्रसंग, मैंने डायरी में दिए हैं। जनता ही जीत के लिए अपनी बाजी लगा कर जूझती है। त्रिलोचन उसी जनता को, आगामी मनुष्यता का निर्माता मानते हैं।

यह पुस्तक त्रिलोचन के उसी कवि कर्म की कहानी है। मैने आलोचना नहीं लिखी है, उनकी कहानी या जीवन प्रसंग उनके बड़े पुत्र जयप्रकाश सिंह के यहाँ हैं। और उनसे संबंध भी त्रिलोचन के नाते बडे लंबे रहे हैं। मुझे दुःख है इस बीच कथा लेखिका और जय प्रकाश सिंह की पत्नी ऊषा सिंह का देहांत हो गया। मैंने सर्वनाम में उनके कहानी खोज छापी मेरे और लेखक के घर का मार्मिक प्रसंग भी। अंत में है यादें ढेर सारी यादें।

जय प्रकाश सिंह

त्रिलोचन : जीवन-यात्रा के कुछ प्रसंग : राजत्व से तालुकदारी और किसानी तक की यात्रा

त्रिलोचन जी राजकुमार हैं। सुल्तानपुर और आस-पास के चौहान कई क्लान्स में विभाजित हैं। इनमें से दो बछगोती और राजकुमार मुख्यतया सुल्तानपुर में हैं। शेष आसपास के जिलों में हैं। पारिवारिक परम्परा एवं कुछ परिवारों में उपलब्ध वंशावलियों के आधार पर आरम्भिक अंग्रेज़ अधिकारियों ने इनके वंश-वृक्ष तैयार किये थे और इनका संक्षिप्त इतिहास भी यत्र-तत्र लिखा है।

उपलब्ध प्रमाण से लगता है कि पृथ्वीराज चौहान (तृतीय की) पराजय (1192 ई.) के बाद चौहान इधर-उधर फैल गए। कुछ राजस्थान में ही रहे। जो चौहान सरदार भागे उनमें एक थे—बरियार सिंह चौहान। ये मैनपुरी होते हुए अपने कुछ लोगों के साथ सुल्तानपुर आ बसे। ये सर्वप्रथम सुल्तानपुर में जमुआन तथा कुछ समय बाद मदय्याँ में बसे। इनमें पाँच पुत्रों से अवध के इस क्षेत्र के चौहानों के पाँच क्लान्स बने। बरियार सिंह चौहान का पलायन कुछ 1248 ई. और कुछ अन्य 1288 ई. बताते हैं। पारिवारिक परम्परा के अनुसार बरियार सिंह मुस्लिम घेरेबन्दी से बाहर अपने को चौहान कहने के बजाय वत्सगोत्री कहकर आ पाये थे। कारण चौहान पकड़े और मारे जा रहे थे।

सुल्तानपुर में बछगोती और राजकुमार बड़े लड़ाकू हुए। इब्राहीम लोदी, शेरशाह और अकबर के समय कुछ मुस्लिम इतिहासकार उनको ख़तरे एवं युद्ध का विशेष उल्लेख करते हैं। 16वीं सदी के लगभग राजकुमारों के बाइस परिवार इस क्षेत्र में प्रमुखता में आये। इनमें से मधुवार शाह ने मेऊपुर को अपनी राजधानी बनाया।[1] इनके परिवार में अठारहवीं सदी के मध्य ज़ालिम सिंह मेऊपुर के शासक हुए। इनका एक किला गोमती के किनारे द्वारका में था। नदी के रास्ते आने-जाने वाली नावों से ये लोग कर वसूल करते थे। ज़ालिम सिंह के पाँच पुत्र थे। इनके अधिकार में लगभग ढाई सौ गाँव थे। इन्हें उन्होंने अपने पाँचों पुत्रों में उस समय की परम्परा के विपरीत बराबर-बराबर बाँट दिया। इसके बाद 19वीं सदी के आरम्भ में (1809

ई.) में दियरा के साथ मसोर (हिन्दी के एक कवि श्रीराम सिंह 'शलभ', बाद में इसी गाँव में पैदा हुए थे) नामक गाँव के लिए हुई लड़ाई में जालिम सिंह और उनके तीन बड़े पुत्र मारे गए। चौथे पुत्र जोरावर सिंह को 17 घाव लगे, पर वे बच गए।[2] पाँचवें पुत्र छोटे होने के कारण लड़ाई में भाग नहीं ले सके थे।

जालिम सिंह के तीसरे पुत्र पहलवान सिंह थे। इनके तीन पुत्र थे।[3] शिवराज सिंह, फतेह बहादुर सिंह और रघुवीर दयाल सिंह। पहलवान सिंह को मेऊपुर दहरवा (अब धौरुआ) मिला था। सारे भाइयों के बच्चे छोटे थे। इसलिए सब पहलवान सिंह से बड़े भाई सुभाव सिंह के बड़े पुत्र की देखरेख में द्वारका किले में रहते थे। इनका नाम सर्वदान सिंह था। इन्होंने दो बार सुल्तानपुर में स्थित ईस्ट इंडिया कम्पनी की सेना की नाव द्वारा जौनपुर आ रही तनख्वा टैक्स न देने के कारण लूट ली। इसके फलस्वरूप कम्पनी की फौज ने बनारस से लाए गए तोपखाने और सैनिक टुकड़ियों को जुटा कर्नल फेथफुल के नेतृत्व में द्वारका किले पर आक्रमण कर दिया।[4] इसमें सर्वदान सिंह के संयुक्त परिवार के अतिरिक्त एक हजार सिपाही और नौकर-चाकर रहते थे। 1812 ई में हुई, इस लड़ाई में सर्वदान सिंह हार गए। उन्हें अंगरेज़ों ने उनके परिवार के साथ आजमगढ़ में मेढ़ा में ले जाकर रख दिया। बाकी परिवार अपने-अपने क्षेत्र में चले गये। द्वारका किले में सुल्तानपुर की कम्पनी की फौज रहने लगी। इस पराजय के फलस्वरूप राजकुमारों का मेऊपुर परिवार जो अपना राजत्व किसी हद तक अभी तक बचाये हुए था, उसका तालुकदारों में परिवर्तन हो गया। राजकुमारों के मेऊपुर परिवार के तीन परिवार अंग्रेजों के अवध के 'ग्रेट तालुकदारों' में गिने जाते थे। इनमें एक मेऊपुर दहरवा भी था।

मेऊपुर की इसी मेऊपुर दहरवा (अब धौरुआ) शाखा के रघुवीर दयाल सिंह के वंशजों में त्रिलोचन जी आते हैं। त्रिलोचन के पूर्वज[5] पारिवारिक झगड़े के कारण चिरानी पट्टी आये। और चीज़ों के साथ वे एक तोप और एक मुसलमान तोपची भी अपने साथ यहाँ लाये। पर यहाँ इनका वह उपयोग न हो सका, जो होना था। कारण, इस परिवार की किसानी का आरम्भ यहाँ से होने लगा।

इसी परिवार में बाबू जगरदेव सिंह[6] उर्फ बैरागी के प्रथम पुत्र एवं चतुर्थ संतान, वासुदेव सिंह का जन्म 20 अगस्त 1917 को हुआ। वासुदेव आगे चलकर त्रिलोचन नाम से ख्यात हुए।

सन्दर्भ

1. देखिये, मेरा लेख, सर्वनाम अंक 81 (जन.मार्च 2006), पृ. 41-6
2. वही।
3. वही।

4. वही।
5. बरियार सिंह चौहान से त्रिलोचन शास्त्री तक राजकुमारों का वंश-वृक्ष उनकी जीवनयात्रा की भूमिका में दिया जायगा।
6. दे., मेरा लेख 'देवपुरुष बाबा जगरदेव सिंह', सर्वनाम अंक 47, (जू. –सितम्बर 1997), पृ. 11-18।

जय प्रकाश सिंह

जीवन-यात्रा के कुछ प्रसंग

पिता मुझे अपने साथ मेरे छुटपन से ही रखना चाहते थे। लगभग साढ़े चार-पाँच वर्ष की अवस्था में सर्वप्रथम वे मुझे साथ लेकर आगरा गए। इसके पहले भी यदि मुझे लेकर वे कहीं गए तो मुझे याद नहीं । आगरा की मुझे स्पष्ट कई बातें ध्यान में हैं। हमलोग किस मुहल्ले में रहते थे। इसका मुझे ध्यान नहीं। मैं प्रायः वैशाम्पायन जी के यहाँ ही रहता था। पिता यहाँ-वहाँ आते-जाते रहते थे। एक कोई कश्यप जी थे। वे भी आते रहते थे। तीनों देर तक बातें करते। इनकी बातों में मुझे रुचि नहीं थी। मैं इधर-उधर टहल जाता, या गाय-भैंसों के तबेले में जा उन्हें ही देखता रहता। भैंसों का तबेला किसका था मुझे याद नहीं पर यह वैशम्पायन जी के घर से लगा हुआ ही था।

आगरा में पिता मुझे कभी-कभी घुमाने भी ले जाते। ऐसे समय केवल हमीं दोनों साथ जाते। आगरे का किला मैंने सर्वप्रथम इसी समय देखा। पूरा किला उन्होंने मुझे दिखाया। वह हरे रंग का नग भी जिसमें ताजमहल दिखता है।[1] यह मुझे इसलिए भी याद है क्योंकि उस नग में मुझे ताजमहल दिख नहीं रहा था। दो बार प्रयास के बावजूद मुझे नहीं दिखा। तीसरी बार दिखा। फिर एक बार और देखकर मैं हटा।

इसके बाद हमलोग उसी दिन ताजमहल देखने गये। ताजमहल में बहुत देर तक हम लोग घूमते रहे। पिता मुझे डिजाइन्स और कैलीग्राफ्री के बारे में भी और बातों के साथ समझाते रहे। वापसी के समय बोले—एक दिन हमलोग सिकन्दरा भी चलेंगे। मैंने केवल अच्छा कहा। शायद थकान के कारण।

1941 के अन्त के समय या शायद 1942 के आरम्भ के समय मैं पिता के साथ मुरादाबाद गया। यहाँ हमलोग जगदीश जी के प्रेस के पास ही एक घर में एक कमरे में रहते थे। कभी-कभी मैं पिता के साथ प्रेस जाता। प्रेस में घूमता। प्रेस की जो अपनी गन्ध होती है, वह मुझे अच्छी लगती। प्रेस में घूमने के बाद मैं ऊपर चला जाता, जहाँ पिता जगदीश जी से बातचीत करते होते या कुछ और काम करते होते। पिता जहाँ होते, वहीं मैं बैठकर कुछ-कुछ पढ़ा करता था।

दो-तीन किताबों का नाम मैं वहाँ उनके लेखकों के नाम के साथ लिया करता था। जब कई लोग बैठकर बात करते होते, तभी मैं इन किताबों और उनके लेखकों के नाम लेता। शायद उन लोगों का ध्यान आकृष्ट करने के लिए। इनमें से केवल एक किताब-का नाम मुझे याद है। 'मुर्दों का टीला' रांगेय राघव' (यदि मेरी स्मृति धोखा नहीं दे रही तो)। वैसे मुझे ज़्यादातर कमरे में बन्द ही रहना पड़ता। पिता बाहर से ताला बन्द कर जाते थे ताकि मैं इधर-उधर न चला जाऊँ। सुबह वे खाना बना कर मुझे खिलाते और खुद खाते। शाम को या रात में आने पर फिर बनाते और हम लोग खाते।

पिता के तीन रजिस्टर जिनमें उनकी कविताएँ लिखी थीं, जगदीश जी के पास रहते। कभी-कभी वे स्वयं इन्हें पढ़ते और कभी पिता से पढ़ने को कहते। कविताओं के चुनाव पर बात करते। इनमें से एक 'मंगल काका' शीर्षक कविता कभी-कभी मुझे सुनाते।[2]

मुरादाबाद में ही एक दिन पिता मुझे तस्वीर खिंचवाने के लिए ले गये। सड़क (फुटपाथ) पर एक पर्दे के सामने एक कुर्सी पर मुझे बिठाया गया। मैं कमीज़ और हाफ़पैन्ट पहने था। पैर में चप्पल। मैं अपने पैर ज़मीन (फुटपाथ) पर रखने के प्रयास में पैर नीचे की ओर किये था। तस्वीर खिंच जाने के बाद पिता ने उस पर एक किनारे मेरा उस समय का नाम 'जय नन्दन' ऊपर से नीचे की ओर एक-एक अक्षर करके (चीनी तरीके से) लिखा।

साथ ही पिता ने अपनी तस्वीर भी उसी समय वहीं खिंचवाई। उन्होंने कुर्ता उतार दिया। लुंगी को धोती की तरह पीछे लाँग लेकर बाँधा। फलतः यह छोटी धोती घुटने के ऊपर तक ही सीमित रही। वे कुर्सी पर नहीं बैठे। सीधे खड़े रहे। इस तस्वीर पर भी बाद में उन्होंने उसी प्रकार 'त्रिलोचन' लिखा। ऊपर से नीचे।

दोनों ही चित्र पोस्टकार्ड साइज़ में हैं और शायद पिता-पुत्र दोनों के ही प्रथम चित्र हैं।

फिर एक दिन एकाएक घर आये और बोले—चलो, अभी गाँव चलना है। हमलोग थोड़ी ही देर में स्टेशन आ गये। वहाँ से शाहगंज और फिर गाँव। गाँव आने पर पता चला कि उन्हें किसी पुलिस वाले ने कहा था कि जल्दी ही वे गिरफ्तार हो सकते हैं। इसी वजह से वे मुझे गाँव छोड़कर चले गए। इधर-उधर घूमते रहे। मुरादाबाद नहीं गए। कुछ ही समय बाद गिरफ्तार हो गये बनारस में।

पिता गिरफ्तार करके बनारस की सेन्ट्रल जेल भेज दिये गये। बाद में पिता बताते थे कि जेल के कमरे की दीवारों पर कोयले से कविता लिखते और याद करते।

उनके जेल जाने के कुछ समय बाद—लगभग महीने भर बाद—काका भगवती सहाय छुट्टी पर घर आये। आने पर उन्हें पता चला कि पिता गिरफ्तार हैं और

बनारस जेल में हैं। वे अगले ही दिन बनारस आये। पूरी यूनीफॉर्म में और पिता से मिले।[3] बोले मैं अभी जाकर डी. एम. कौर से बात करता हूँ आपको छुड़ाने की। बोले—नहीं। किसी से मिलने की ज़रूरत नहीं। वे मुझसे माफी माँगने को कहेंगे। और मैं वह करूँगा नहीं। तुम घर जाओ। अपना काम करो।

काका वापस आ गये। 15-20 दिन बाद फिर आये। पिता ने उनकी कोई बात नहीं सुनी। काका वापस घर आ गये। उनकी छुट्टी ख़त्म होने को आई तो बम्बई वापस चले गए।

यदि मैं भूल नहीं रहा तो शायद 1947 की बात है। हम लोग लंका पर अकनू भवन में एक कमरे में रह रहे थे। उसमें उस समय कुछ और लोग भी थे। जो हिन्दू विश्वविद्यालय में पढ़ रहे थे। मेरा नाम भी शिवकरणसिंह गौतम हाईस्कूल भदैनी में लिखा दिया गया था। मैं प्रायः पैदल ही स्कूल जाया करता। कभी-कभी रिक्शे पर या साइकिल से।

पिता के मित्रों में रानाडे भी थे। रानाडे के दो छोटे भाई भी उनके साथ वहीं कहीं रहते थे।[4] शायद कमच्छा पर सेन्ट्रल हिन्दू स्कूल में पढ़ते थे। बड़े रानाडे राजनीति शास्त्र में एम. ए. कर रहे थे। पिता से मार्क्सवाद पर प्रायः बहस करते। वे बनारस शहर की राष्ट्रीय स्वयं सेवक संघ की शाखाओं के प्रमुख थे। इसके चलते उन्हें सुबह-शाम दोनों समय किसी-न-किसी-शाखा में जाना होता।

मेरे ख्याल से लगभग दो-तीन महीने ही मैं भदैनी के अपने स्कूल में गया था। उस समय यह स्कूल मेन रोड पर वहीं कहीं था जहाँ आजकल आनंदमयी माँ का अस्पताल है।[5] उसके सामने, लगभग सामने, एक मस्ज़िद थी। इसमें हम लोग प्राय रेसेस में जाकर खेलते थे। कम ही लड़के जाते। जाने वालों में एक मैं भी था। ठिगने कद के एक दुबले-पतले मियाँजी ही प्रायः वहाँ मिलते। उनका घर भी वहीं था। मस्जिद से लगा हुआ। कभी-कभी हमलोग उनके घर जाकर पानी भी माँग कर पी लेते थे। मैं भी पीता था।

फिर एक दिन रानाडे जी ने कहा, 'त्रिलोचन शहर में दंगा होने की सम्भावना है। आते-जाते सावधान रहा करो। जय को न हो तो गाँव भेज दो। इसके स्कूल के पास मुसलमानों का मुहल्ला है। वहीं मस्जिद भी है। मैंने अपने भाइयों को शहर में किसी के यहाँ भेज दिया है। वहीं से वे स्कूल जाया करेंगे।' पिता ने मुझसे पूछा। मैंने कहा, 'हाँ। मस्जिद में जाते हैं चार-पाँच लड़के। उनमें मैं भी हूँ। पानी-वानी भी माँग कर पीते हैं हम लोग।' पिता कुछ बोले नहीं। पर तीन-चार दिन बाद ही मुझे लेकर गाँव आए। मुझे वहीं छोड़ स्वयं बनारस वापस आ गए।

उन दिनों मैं बी.ए. प्रथम वर्ष का छात्र था। पिता के साथ रानी भवानी गली में रहता था। सम्भवतः 1954-55 का वर्ष था। एक दिन कोई छुट्टी थी या शायद इतवार था। गेट के ऊपर वाले कमरे में मैं बैठा था। पिता भी वहीं थे। कुछ पढ़ रहे

थे। भिखमंगे गली में दोनों तरफ़ पंक्तियों में बैठे थे। कुछ आ भी रहे थे और बैठने की जगह तलाश रहे थे। मैं खिड़की से उन्हें ही देख रहा था। तभी मेरी नज़र बंगाली बाबू पर पड़ी। वे भी दीवार का सहारा ले बैठे हुए थे उसी पंक्ति में।

जिस समय मैं उदय प्रताप कालेज में पढ़ रहा था। उस समय प्रत्येक दिन सायं बंगाली बाबू अपने टीन के बक्से में केक बिस्कुट और पैटीज़ वगैरह लाकर हॉस्टल-हॉस्टल घूमकर वहाँ बेचते। फिर कुछ दिन बाद उनके साथ एक सहायक (नौकर) भी एक और वैसा ही बक्सा लेकर आने लगा। अब वे मिठाई भी लाने लगे थे–बंगाली मिठाई। इनका घर अर्दली बाज़ार में मेन रोड पर थाने से कुछ आगे (भोजूबीर) की तरफ़ था। बाद में उन्होंने वहाँ एक बेकरी भी खोल ली थी। यू.पी. कॉलेज से विश्वविद्यालय आए। मेरा यह पहला ही साल था। और इतनी जल्दी बंगाली बाबू की स्थिति एकाएक इतनी खराब हो गई कि वे भिखमंगों के साथ खिचड़ी खाने आये हैं।

मैंने पिता को दिखाया। बंगाली बाबू के बारे में बताया। उन्होंने देखा और बोले, 'हाँ, देखा तो मैंने भी इसे है वहाँ घूमते हुए।' और चुप हो गये कुछ बोले नहीं। कुछ दिन बाद ही मैंने देखा उनका सॉनेट 'साथ, बीन कर खाता है वह बंगाली जो दूकान चलाता था...'।

शायद 1863 या '64 का साल था। उन दिनों हम लोग कमच्छा पर रहते थे–सिन्धी कॉलोनी से थोड़ा आगे। एक श्रीवास्तव जी के मकान में। नीचे का पूरा हिस्सा पिता ने किराये पर ले रखा था। इसमें चार कमरे आँगन, बरामदा और किचेन एवं बाथरूम भी था। मैं हिन्दू विश्वविद्यालय में अध्यापक नियुक्त हो चुका था। एक दिन मैं घर पर ही था। 3 या चार बजे शाम के लगभग पिता एम. एफ. हुसैन को लेकर घर आए। चाय पी। मुझसे उन्हें अपनी पेंन्टिंग्स दिखाने को कहा। मैंने कहा लाइन ड्राइंग्ज़ और स्केचेज़ तो हैं पर पेन्टिंग्स महेन्द्रनाथ सिंह सर के पास हैं। किसी-किसी के ऐक्जीबिशन में लगाते रहते हैं। बोले, 'कोई बात नहीं, जो है वही दिखाओ।' मैंने दिखाया। हुसैन साहब ने सारा कुछ देखा। ध्यानपूर्वक देखा। बोले कुछ नहीं। पिता से बाद में बोले 'अगर रेगुलर काम करता रहा तो अच्छा काम करेगा। पर मुझे नहीं लगता कि कर पायेगा।'

हुसैन कई दिनों तक बनारस में थे। पिता से प्रायः रोज़ मुलाकात होती और दोनों साथ घूमते। पर घर उसके बाद में नहीं आए। यदि आये तो मुझे पता नहीं। पिता ने यह भी बताया था कि हुसैन ने उनका एक रेखाचित्र भी बनाया था। यह चित्र मैंने नहीं देखा। हुसैन इसे अपने साथ ले गये। उन्होंने यह उन्हें दिया नहीं। पिता ने माँगा भी नहीं।

गोरखपुर विश्वविद्यालय के प्राचीन इतिहास विभाग के एक पूर्व प्रोफेसर हिन्दू विश्वविद्यालय किसी काम से आये थे। एक शाम कचहरी की तरफ किसी से

मिलने जा रहे थे। रास्ते में घर के सामने ही सड़क पर मुलाकात हो गई। थोड़ी देर के लिए घर आये। पानी दिया। जाते-जाते बोले—प्रोफेसर सिंह, आपने तो किला बना दिया है।

विष्णु जी सर्वनाम का एक अंक 'लेखक का घर' निकालने की योजना बना रहे थे 2004 में। मुझे उन्होंने रानी भवानी-गली पर लिखने को कहा।[6] मेरी पत्नी ऊषा कुमारी सिंह (ऊषा सिंह, जोरहाट) को तिकोने पार्क का घर' शीर्षक पर लिखने को कहा। ऊषा ने इस पर न लिख 'घर से घर तक' शीर्षक से लिखा।[7] कारण था तिकोने पार्क के घर की कथा लम्बी है। पूरी कथा फिर कभी। अभी इसी महीने (सितम्बर, 2008) में दिल्ली के नेशनल म्यूजियम के पूर्व डाइरेक्टर जेनरल, आर. डी. चौधरी मिलने आये। उन्होंने इस घर को आश्रम की संज्ञा दी। यह घर और इसका पार्क आदि सभी कुछ निर्माण के समय से अब तक ऊषा को श्रम और उनकी सोच से संभव हुआ। नाम हमें विष्णु जी वाला ही उपयुक्त लगा।

हमलोग '99 में सागर गये थे। पिता का वहाँ का कार्यकाल समाप्त होने को आ रहा था। वे गाँव अथवा-बनारस ही रहना चाहते थे। अन्यत्र कहीं जाना नहीं चाहते थे। सागर में रहने के लिए तैयार थे। यदि कार्यकाल बढ़ता। बहरहाल हमने उनसे कहा कि हम बनारस में घर बनवा रहे हैं। कोशिश करेंगे कि यहाँ से आपका कार्यकाल समाप्त होने तक कम से कम रहने लायक बन जाय।

पत्नी बनारस में रुककर घर बनवाती रहीं। मैं शिलाँग से कभी-कभी आ जाता। धीरे-धीरे घर तैयार हो गया। रहने लायक। गाँव से मेरा भतीजा आलोक भी आ गया। यहीं रहकर पढ़ने के लिए।

हिन्दू विश्वविद्यालय के हिन्दी विभाग में कोई सेमिनार आयोजित था। नामवर सिंह आदि कई लोग आए थे—बाहर से। सागर से पिता भी आये थे। निगम (राजरूप) के साथ। इसी दौरान समय निकालकर पिता एक दिन दोपहर में 'तिकोने पार्क' के इस घर में आये। पार्क तो अभी बना नहीं था पर घर बन गया था। हम लोग रह भी रहे थे। आलोक था ही। ऊषा ने पूरा घर पिता को दिखाया। बोलीं, इस कमरे में आप रहेंगे। इस ड्राइंग रूम में आपसे मिलने वाले आयेंगे, बैठेंगे और बात करेंगे। अगर कोई और चीज़ चाहिए होगी तो वह भी हो जाएगी। पिता ने कहा—बहुत अच्छा है। खुला हुआ। मैं यहीं आ के रहूँगा। एक डेढ़ घंटे बाद गये। बाद में पता चला उन्होंने और भी कई लोगों से बनारस आ रहने की बात कही। नामवर जी ने भी सुनते हैं कहा था कि यदि आप बनारस आ रहेंगे तो मैं भी यहीं आ जाऊँगा।

निगम सारा समय चुप ही रहे। हाँ, हूँ के अलावा कुछ न बोले। बाद में लोगों ने दुष्प्रचार आरम्भ कर दिया। इससे शायद पिता भी अप्रभावित न रह सके। बात जो भी हो, इसके बाद पिता तिकोने पार्क के इस घर में नहीं आये। ऐसा नहीं कि

बनारस इसके बाद आये ही नहीं। वे कम से कम दो बार आये। एक बार उदय प्रताप कालेज में सेमिनार में और दुबारा पटना में जानकी बल्लभ शास्त्री को देखने के बाद लौटते हुए बनारस आये थे। यहीं किसी के यहाँ रुके थे। पर अपने इस तिकोने पार्क के घर में नहीं आये। शायद आने नहीं दिये गये। हाँ, उन्हें जानने वाले इधर से पैदल गुजरते और किसी को देखते तो रुककर यह ज़रूर पूछते—'त्रिलोचन जी का मकान यही है क्या?'

हम लोग पिता के आने का इन्तजार करते ही रह गये। वे यहाँ आ नहीं पाये। मृत्यु से कुछ दिन पूर्व (या शायद एक दो माह पूर्व) अवधेश प्रधान ने कहा था कि शास्त्री जी को बनारस लाने की बात हो रही है। वे भी आना चाहते हैं। मैंने कहा लोग उन्हें आने देंगे तब न। प्रधान जी उस समय व्यस्त थे। इस विषय पर बाद में बात करने के लिए हम लोग अलग हुए। पर वह मौका नहीं आया।

पिता बीमार थे। सागर में उनकी आंत फट गई थी। पेट फूल गया था। दो नर्सिंग होम वालों ने अपने यहाँ भर्ती करने को मना कर दिया। बात भोपाल पहुँची। मुख्यमंत्री[8] के हस्तक्षेप से सिविल हास्पिटल के डॉ. चौबे इलाज के लिए तैयार हो गये। मुझे भी तार से सूचना मिली। मैं पत्नी ऊषा के साथ सागर आ गया।

पिता का ऑपरेशन हो चुका था। पर हालत अभी गम्भीर थी। सर्जन डॉ. चौबे जब भी राउन्ड पर आते, पिता को देखने के बाद खाट पर ही पैताने बैठ जाते। आँखें मूँद या तो प्रार्थना करते या लाइन ऑफ ट्रीटमेंट सोचते। मेरा ख़याल है वे ईश्वर का ध्यान करते फिर दवा सक्राइब करते। बहरहाल, चार-पाँच दिन बाद उनकी हालत में काफ़ी सुधार हो चला। डॉ. भी आश्वस्त थे। पिता से मिलने वाले कई एक लोग आते। हम लोग प्रायः वहीं रहते। हमारी अनुपस्थिति में अमित और उनकी पत्नी वहाँ रहते। उनकी पत्नी वहाँ पहले से थीं। उन्होंने ही उन्हें ले जाकर अस्पताल में भर्ती कराया था।

डॉक्टर ने कहा कि शास्त्री जी अब ख़तरे से बाहर हैं। हमने आपस में बात की और सोचा अब शिलाँग वापस चलें। कारण यूलिया अमेरिका से हमलोगों से मिलने आ रही थी। उसके आने से पहले हमें घर व्यवस्थित करना था। इसलिए मैंने पिता से ही बात की। मैंने कहा रिपुञ्जय जब पिछली बार अमेरिका गये थे तो उनकी पहचान रूसी-मूल की एक अमेरिकन लड़की से हुई। दोनों शादी करना चाहते हैं। आपका क्या कहना है? उनका ब्याह कर दें हम। पिता ने धीरे से हाँ कहा और दोनों हाथ आशीर्वाद की मुद्रा में उठा दिये। फिर मैंने कहा कि वह लड़की, यूलिया, हम लोगों से मिलने के लिए शिलाँग आ रही है। हमें एक-दो दिन में ही जाना होगा। इसकी स्वीकृति भी उन्होंने दी। अगले दिन हम लोग दिल्ली के लिए चल दिये और वहाँ से उसके अगले दिन शिलाँग पहुँच गए।

सन्दर्भ

1. इस नग का उल्लेख उनके एक सॉनेट में भी आया है।
2. 'मंगल काका' लम्बी कविता थी। इसमें आता था कि एक समय ऐसा आएगा जब आदमी बहुत छोटे होंगे और लग्गी से तोड़कर चना खाएँगे। बच्चों के लिए लिखी कविता थी। ज़्यादा कुछ मुझे अब याद नहीं। ख़ास कर इनके डिटेल्स।
3. काका रॉयल इंडियन नेवी में थे। उस समय उनकी पोस्टिंग बम्बई में थी। वहीं ज्वाइन करना था।
4. रानाडे बन्धुओं में सबसे छोटे से मेरी दोस्ती हो गई थी। वह भी शाखा में जाता था। इन तीनों भाइयों में से एक का नाम मुझे फिलहाल याद नहीं आ रहा। एक रघुविष्णु रानाडे और दूसरे पंडुविष्णु रानाडे। बड़े रानाडे बाद में नागपुर विश्वविद्यालय में राजनीति विभाग में अध्यापक हुए। दूसरे भाई मराठवाड़ा विश्वविद्यालय के इतिहास विभाग में रहे। तीसरे भाई का मुझे पता नहीं। जानने का प्रयास भी नहीं किया।
5. यह स्कूल अब वहीं कहीं पीछे गली में चला गया है।
6. सर्वनाम, अंक 78 (सं. विष्णुचन्द्र शर्मा, अप्रैल-जून 2005),
7. वही, पृ. 53
8. उस समय दिग्विजय सिंह जी मुख्यमन्त्री थे।

कवि त्रिलोचन से विष्णुचंद्र शर्मा की बातचीत

विष्णुचंद्र शर्मा : शास्त्री जी, 1950 से 'शब्द' तक आप काशी जनपद के कवि थे। वैसे भी आपकी पूरी कविता में काशी की ही स्मृतियाँ हैं, काशी का ही परिवेश है और शायद जिस समय उत्तर छायावाद के कवि काशी में रह रहे थे, आपने भी 'धरती' की कविताएँ लिखी थीं। आज आप उस परिवेश के साथ अपने को किस तरह याद करते हैं?

त्रिलोचन : सन् '30 के बाद से काशी मेरे भीतर रही और' 30 से पहले काशी की कल्पना थी। और यह इस संकलन (धरती) में—ग्रामीण जीवन, ग्रामीण व्यस्तता ये सब बनारस के बाहर से परिकल्पित नहीं है, वहीं, और आज भी काशी मुझसे अविभाज्य है।

विष्णुचंद्र शर्मा : भारतेंदु को भी काशी के परिवेश से पहचाना जाता था, चाहे वो लोकचित्र हो या लोककथा हो। आप भी काशी की नई पीढ़ी के साथ चाहे वो नामवर सिंह हों या मैं हूँ या केदारनाथ सिंह हों—आप मूलतः पाठक बना रहे थे, जो कवि भी थे और आज के समय में, समकालीन कविता में उनका एक अस्तित्व है। उस समय भी छायावाद का अवशेष कुछ बचा था और मज़ाकिया कवियों का जमावड़ा भी था, जिनसे आपके अच्छे संबंध थे। वह कौन-सी चीज़ थी कि काम आप करते थे 'शब्द सागर' में या अन्य पत्रिकाओं में—तो समकालीन कविता का परिवेश आपको कहाँ मिलता था?

त्रिलोचन : ये उस वातावरण में ही समाया हुआ था, जिससे निर्मित थी काशी।

विष्णुचंद्र शर्मा : काशी कई थीं—एक हँसोड़ों की काशी थी, जिस पर आपने कविता लिखी। एक प्रवासियों की काशी, जो विदेश से आते हैं। एक वह काशी थी जो' 50 की डायरी में, आपकी आई है, जिस समय आप केदारनाथ सिंह और नामवर सिंह को अज्ञेय पढ़ा रहे हैं। तो आपके कई रूप काशी में थे और उस समय खुद आपने भी एम.ए. करते समय, जो सॉनेट लिखे थे, तो प्रेम के भी अनेक चित्र आपके सामने थे। सॉनेट आपने जब लिखा तो आपके मन में क्या परिकल्पना थी?

त्रिलोचन : यह तय है कि इटली या फ्रांस या इंग्लैण्ड भी, यहाँ जो मीटर नेशनल थे, उन्हीं नेशनल मीटर को लेकर लोगों ने सॉनेट लिखे और सबके छंद अलग हैं। उनका नेशनल मीटर जो है, *अयैम्बिक* मीटर है इंग्लैण्ड का। हैक्ज़ा मीटर है फ्रांस का, और सेप्टा मीटर है इटली का। हमें लगा कि उनके यहाँ जैसे छंद लिये जाते हैं, बनाए जाते हैं, अपने यहाँ कोई भी छंद देखा जाए, कौन काव्य का पर्याय बनता है या काव्य बन जाएगा, तो मैंने पाया कि जिसको बाद में लोगों ने रोला कहना शुरू किया, उसका पहला नाम था कवित्त। कवित्त माने घनाक्षरी नहीं था, कविता का पर्याय वो है, लेकिन बाद में उसका नाम चला वह (रोला)। और उसमें यह है कि इस छंद में 11 मात्रा और 13 मात्रा का विराम माना गया है। मैंने यह माना कि जरूरी नहीं कि मैं विराम मान लूँ।

विष्णुचंद्र शर्मा : एकदम अलग रखा आपने?

त्रिलोचन : एकदम अलग।

विष्णुचंद्र शर्मा : जो बात मैं पूछना चाहता हूँ, वह यह कि छायावाद का भी एक छंद था, प्रसाद ने सखी छंद लिया 'आँसू' में लेकिन मध्ययुग में बहुत से छंद थे। तुलसीदास शायद सबसे बड़े प्रयोगधर्मी कवि थे और आपने ख़ुद अपने आपको तुलसी और कबीर की परम्परा से जोड़ करके—कुछ सॉनेट भी लिखे हैं—तो जब आप सॉनेट लिख रहे थे तो आपके दिमाग़ में भारतीय कविता की क्या परिकल्पना थी?—तुलसी, निराला, कबीर और ग़ालिब के साथ!

त्रिलोचन : असल में अवध को साहित्य की भाषा बनाने का प्रयत्न सबसे पहले जिस आदमी ने किया, वह तो मुल्ला दाउद थे। मुल्ला दाउद के बाद जायसी आए, काफ़ी बाद। मुल्ला दाउद डलमऊ में रहते थे। मऊपुर मकतब एक था और उसके वे प्रधान अध्यापक भी थे। तो हिन्दी की ध्वनि में तो डरमऊ है लेकिन उर्दू और फ़ारसी में पुरानों ने छलमऊ कहा है। तो अवधी भाषा, काव्य के लिए बहुत ही कामयाब हुए हैं दाउद और इन लोगों ने चौपाई ली। चौपाई कवियों के द्वारा साधी हुई नहीं थी। हालांकि चौपाई कुछ लोगों ने ब्रज भाषा में भी लिखी। सभासिंह चौहान एक हुए—तो सभा सिंह चौहान 18वीं सदी के थे और उन्होंने ब्रजभाषा में ही लिखा। लेकिन उसमें कविता उतनी नहीं थी जितना कथन था।

विष्णुचंद्र शर्मा : शास्त्री जी, मैं आपको इसलिए इस परम्परा के साथ जोड़ रहा हूँ क्योंकि आपने 'बरवै' लिखा है। बहुत कम लोग हैं, अभी आपके बाद विश्वनाथ त्रिपाठी ने भी कुछ 'बरवै' लिखे हैं। अवधी की ज़मीन और बरवै के साथ आप परम्परा से तो जुड़ते हैं लेकिन मूलतः बरवै या 'अमोला' का कवि त्रिलोचन या तो परिवार के परिवेश को लाता है या पत्नी से संवाद करता है या उससे अधिक वह आत्मपरक कविताएँ लिखता है बरवै के जरिए। तो मेरा अपना कहना है कि चाहे आप कवित्त लिखें, चाहे रोला में सॉनेट की अंतध्वर्नि को लाएँ, वाक्यों

के कवि के रूप में लोग आपको याद करते हैं, तो आपकी अपनी मनःस्थिति क्या थी जब आप बरवै, अवधी और तुलसी के बीच में अपनी ज़मीन खोज रहे थे?

त्रिलोचन : तो एक चौपाई में 32 मात्राएँ हुईं, और एक बरवै में—तो बरवै की एक पंक्ति जो है उसमें 19 मात्राएँ हैं केवल, यानी दूनी कर दीजिए तो एक बरवै में आएगी उन्नीस दूना अड़तीस। तो 38 वहाँ है, 32 यहाँ है। यह 16 मात्रा का हो के वह है, लेकिन चौपाई लिखना बहुत कठिन है। कठिन यूँ है—16 मात्रा में आपको पूरा कर देना है, अधूरापन कहीं नज़र न आए। तो इस 16 मात्रा का निर्वाह नए कवियों में केवल 'निराला' कर पाते हैं।

विष्णुचंद्र शर्मा : वही मैं आपसे पूछ रहा था कि एक तो छंद के अनुशासन की बात है, जिसको आपने खुद ही कहा 'इधर त्रिलोचन सॉनेट के ही पथ पर दौड़ा/सॉनेट, सॉनेट सॉनेट सॉनेट क्या कर डाला/ ये उसने भी अजब तमाशा।'—तो वो जो 'अजब तमाशा' आपके भीतर एक है त्वरा का, काव्य का, भाषा का—उसमें आप अपने को आज किस रूप में याद करते हैं? आपकी अपनी क्या पहचान है? मूलतः कैसे कवि आप हैं?

त्रिलोचन : असलियत यह है कि आज की जो भाषा है, जिसमें अभी मैं बात कर रहा हूँ आपसे, आप कर रहे हैं, यह आपकी 24 घंटे की भाषा नहीं है। असल में इस 24 घंटे की भाषा को बिल्कुल अपनी बनाना, यह आपके सामने परीक्षा है। जैसे 14 मात्रा को साधा पंत ने, कई छंदों को साधा प्रसाद जी ने, 'निराला' ने आठ मात्रा साधी और आठ मात्रा जो साधी है, उसको पहचानने वाले रामविलास भी नहीं हैं, उन्होंने भी ये लिखा नहीं साफ। तो असल में पहचान न होने के कारण कहीं तो अंग्रेजी छंद की वह चर्चा करते हैं, कहीं कुछ...

विष्णुचंद्र शर्मा : नहीं, शास्त्री जी, आप फिर छंदों पर आ गए। मैं आपसे यह कह रहा था कि अकेले वाल्मीकि ने अनुष्टुप छंद के विविध रूप दिए हैं। आपके यहाँ बरवै, सॉनेट और फ्रीवर्स के बहुत से रूप मिलते हैं। वह कौन-सी चीज़ है कि कविता में आप अपनी ज़मीन में अपने पाठकों के सामने एक नया आस्वाद, देते हैं—वो कौन-सी चीज़ है जब आप कहते हैं 'यदि मैं तुम्हारे प्रिये गान नहीं गा सका तो एक दिन तुम मुझे छोड़ चले जाओगे'। निश्चित है कि आपने बनारस से दिल्ली तक, भोपाल से राँची तक अपने पाठकों का एक बहुत बड़ा संसार पैदा किया। तो वह कौन-सी चीज़ थी, जिसके ज़रिये पाठक से आप संवाद कर रहे थे, बनारस से, आज तक? आज भी जो नया संग्रह (मेरा घर) आपका आया है, उसको मैं गांव से संवाद की कविताएँ मानता हूँ। वो गाँव नहीं है जिसमें आप रहते थे, वो दिल्ली नहीं है, वो बनारस भी नहीं है—तो आपकी अपनी मनःस्थिति में जो परिवर्तन पाठक से संवाद का है, वो क्या है? क्योंकि मूलतः कवि हैं आप!

त्रिलोचन : (मुस्कराते हुए) बात सही है!

विष्णुचंद्र शर्मा : ...और बनारस कहीं न कहीं आपके भीतर गंगा की तरह है...

त्रिलोचन : बिल्कुल!

विष्णुचंद्र शर्मा : ...चाहे भारतेंदु हों, चाहे रत्नाकर हों—हर व्यक्ति के भीतर एक बनारस है। तो बनारस तो आपका जनपद है; लेकिन मैं ये आपसे पूछना चाहता हूँ कि आप आज जो कविताएं लिख रहे हैं वे न समकालीन हैं, न क्लैसिकल पोयम्स की परम्परा में हैं, फिर भी आप समकालीन हैं। आपकी सादगी, आपकी बातचीत का लहज़ा, आपका पूरा चित्र, जिसे अभी आपने कहा वो क्लासिक की ख़ूबी है, तो आप उसे किस रूप में परिभाषित करेंगे?—अपनी कविता को? केवल छंद नहीं हैं आप, केवल भाषा आप नहीं हैं। कुछ लोग आपको केवल भाषा के रूप में याद करते हैं, कुछ 'निराला' के रूप में याद करते हैं; लेकिन मैं आपके कवि को आपमें खोज रहा हूँ।

त्रिलोचन : जैसे आदमी साँस लेता है, वही ख़ास बात है। तो छंद में मेहनत होती है, साँस लेने में मेहनत हो तो डॉक्टर के पास जाना होगा। तो असलियत ये है कि साँस लेने में सहजता है। यही सहजता कभी कोई छंद बन जाती है, कभी कुछ। और जहाँ परिश्रम दिखे वहाँ तो काम करने वाला ही अपने को कामयाब नहीं मानेगा।

विष्णुचंद्र शर्मा : आपने इसको एक बिम्ब में भी कहा है कि 'साँसें रचना की अनुभूति का एक हिस्सा है।' मैं आपको काव्य की रचना की भूमि पर जानना चाहता हूँ। आप जब कविताएँ लिख रहे थे तो निराला जी थे, आप जब कविताएँ लिखते हुए उदासीन थे, नई पीढ़ी में आपके प्रति कम चर्चा होती थी, उस समय अज्ञेय थे; लेकिन वो कौन-सी जीवनीशक्ति थी आपकी कविता की, जो आपको आपकी ही ज़मीन पर एक चट्टान की तरह आगे बढ़ाती रही। मैं उस मनःस्थिति पर बात कर रहा हूँ जो आपका अपना अनुभव है, उसमें कोई नहीं आपके बराबर है—न नागार्जुन हैं, न मुक्तिबोध हैं, न शमशेर हैं। तीनों आपके बहुत अभिन्न रहे हैं बावजूद इसके आपकी अपनी ज़मीन पर मैं आपसे बात करना चाहता हूँ, जिसमें आज आपके पाठक आपको खोज रहे हैं, आपकी फिर से तलाश कर रहे हैं और शायद आपके जरिए क्लासिक कविता की तलाश कर रहे हैं। क्योंकि आपमें ग़ालिब भी है, तुलसी भी है, कबीर भी है, मीरा भी है—तो संवेदना के इतने धरातल आपके भीतर हैं—मैं आपके उस मूल स्रोत की तलाश कर रहा हूँ, उसी पर आपसे बात कर रहा हूँ। आपकी अपनी अुनभूति में भाषा, छंद ये सारी चीज़ें आती हैं—साँस जिनको आपने कहा है—आपने एक और उपमा दी है लालकिले के नग—सी, जहाँ पूरा चित्र आता है। तो मैं आपसे ये जानना चाहता हूँ कि वो,

संक्षेप में, आप क्या दे रहे हैं? चाहे वो आप बरवै के छोटे छंद में लिखें, चाहे सॉनेट में लिखें, या लम्बी कविता में लिखें?

त्रिलोचन : लम्बी कविता मैंने 'क्षत्रिय मित्र' पेपर था न, बड़ी लम्बी कविता आई थी उसमें; लेकिन वो मेरे पास नहीं है...

विष्णुचंद्र शर्मा : मेरे पास है...

त्रिलोचन : है?

विष्णुचंद्र शर्मा : मेरे पास वो कविता अभी मिल गई थी, मैं बनारस गया था और उसको मैंने कॉपी कर ली है...

त्रिलोचन : अच्छा!

विष्णुचंद्र शर्मा : मैं इसलिए पूछ रहा हूँ कि उस समय भी आप चरित्रों को ध्यान में रखते थे। बरवै की बात मैंने इसलिए कही कि भाभी पर कविता 'दिगन्त' में है। मित्रों पर जितनी कविताएँ आपने लिखी हैं, हिन्दी का कोई कवि नहीं है जिनमें उनकी मनःस्थिति आई है, उनका व्यक्तित्व आया है चाहे वो नागार्जुन पर कविताएँ हों या केदारनाथ अग्रवाल पर हों या जगत शंखधर पर हों—तो मुझे लगता है आपकी अपनी मनःस्थिति, वह स्थिति रही है छायावाद, उत्तरछायावाद से उठकर...

त्रिलोचन : बात ये होती है कि छंद छोटा हो या बड़ा, जैसे हमारे अंदर उत्साह, निराशा और तमाम चीज़ें जो आती हैं, वह आती भी हैं, जाती भी हैं लेकिन उसको संचालित करने वाली जो शक्ति है वह साँस लेने की ही ताक़त है, जो छंद का रूप भी लेती है और छंद चाहे छोटा हो चाहे बड़ा, असलियत इसमें देखी जाती है।

विष्णुचंद्र शर्मा : आपने कहा है 'संज्ञाप्लावी क्षण जीवन में जब आते हैं'—तो ये संज्ञाप्लावी क्षण कौन रहे हैं जब से आप कविता लिखने लगे हैं?

त्रिलोचन : हाँ, संज्ञाप्लावी मन होश-हवाश बहा ले जाने वाली प्रवृत्ति—ये संज्ञाप्लावी क्षण हैं। तो ये असल में, ये संस्कृत की कविता में भरी पड़ी हैं। और वह हमारे यहाँ भी अगर हैं तो वह आग्रह नहीं है, वह ठीक वैसे ही है जैसे साँस लेता है आदमी।

विष्णुचंद्र शर्मा : नहीं, संस्कृत की परम्परा की बात आपने कही, वह इसलिए भी है कि चाहे आप कुंभ पर...जिसे रामविलास जी लघुतम का महाकाव्य कहते हैं या मैं भी मानता हूँ, यहाँ भी आप कालिदास के शब्द को अपना बना के एक नया रूप देते हैं, तो उसके लिए आपने कहा है कि उदात्तता—वो उदात्तता आपमें, निराला और अपनी कविता के बीच में कहाँ आई? आपका ही शब्द है—'ध्वनि ग्राहक हूँ मैं, समाज में उठने वाली ध्वनियाँ पकड़ लिया करता हूँ'—वो कौन-सी ध्वनियाँ थीं जिनको आप पकड़ते रहे आजतक?

त्रिलोचन : निराला जहाँ प्रयत्न छोड़ देते हैं, वहाँ मुझमें प्रयत्न सक्रिय रहता है, ये है। और इसमें सन्देह नहीं कि निराला की निराशा जो है, उससे मैं ही कम आहत नहीं हुआ हूँ–आहत हुआ, लेकिन इसे स्वीकार कर ले रहा हूँ आज! उसी से बचने की चेष्टा मेरी रही जीवन भर! असलियत ये रही। और उससे बचने में सहायक, यानी मुझे जिस चीज़ ने बल दिया है वो दो हैं–'गीता' है, 'रामचरित मानस' है। इन दो किताबों ने मुझे रास्ता दिखाया।

विष्णुचंद्र शर्मा : आपने ख़ुद तुलसीदास पर या अपने मानदण्ड पर लिखते हुए तुलसीदास के ही धीरज–रथ के सांगरूपक को अपने जीवन में उतारा है। वह कौन-सा सांगरूपक धैर्य का था जो आपको निराश नहीं होने देता है?

त्रिलोचन : वो तो एक है नहीं, अनन्त रूपक हैं। तो तुलसीदास को इसीलिए एक पुराने समय के विद्वान ने, लाला भगवानदीन ने कहा, वह रूपकों के सम्राट हैं। असलियत यह है।

विष्णुचंद्र शर्मा : 'ध्वनि ग्राहक हूँ मैं, समाज में उठने वाली ध्वनियाँ पकड़ लिया करता हूँ'–आपकी ही पंक्तियाँ हैं, सागर में आप रहे तो आपने अलग ध्वनियाँ पकड़ीं और आजकल आप हरिद्वार (ज्वालापुर) में हैं तो वहाँ भी समाज की ध्वनियाँ तो आपके सामने हैं, लेकिन उनमें आपकी अपनी आस्था भी तो है, वो आपको संचालित कैसे करती है? ख़ुद आपने कहा है संचालिनी ज्योति, वो भी कालिदास का शब्द है, वो कहाँ से आपको मिलती है?

त्रिलोचन : मुझको ख़ुद भी समझना पड़ता है!

विष्णुचंद्र शर्मा : जैसे?

त्रिलोचन : कभी तो संक्षिप्त किया हुआ मुहावरा बनता है और कभी-कभी छोटे से छोटा छंद बनता है जैसे द्रुतविलम्बित है संस्कृत का। लेकिन संस्कृत की की जो ध्वनि सुंदरता है द्रुतविलम्बित में, यह रह नहीं जाती है हिन्दी में। याद रखिए जिन्होंने संस्कृत के छंदों का उपयोग किया है वे कोई भी कामयाब नहीं हुए–यहाँ तक कि त्रिलोचन भी नहीं हुए। असल में उर्दू में जो गज़लें कही जाती हैं उसमें न फ़ारसी की ऊँचाई आती है और न फ़ारसी जुबान की ही आती है। इसीलिए मैं कहता हूँ कि जो उधार ली हुई चीज़ होती है, उसमें मैंने ऋण लेना ही है, कंट्रीब्यूट करना नहीं होता। इसीलिए मैं बताता हूँ कि इससे जो बचना चाहे उसे अपनी स्वांस क्रिया और गान का जो अनुमान हो, उसका निर्वाह करना चाहिए।

विष्णुचंद्र शर्मा : कालिदास ने पार्वती को पर्वत की दुहिता कहा। आपने जनता को पर्वत की दुहिता कहा। तो वो परम्परा तो आपके भीतर है, लेकिन जनता तो आज की है और इसी जनता के साथ संवाद करते हुए आपने महाकुम्भ का प्रसंग लिखा। वो शायद उस दौर का आपका सबसे अधिक त्रासदीय दौर था

और खुद आप भी संघर्ष के उसी दौर से गुज़र रहे थे। तो जनता जितने रूप में आपके यहाँ आई है, उसको तो आप ही बता सकते हैं। (आपके भीतर) रहने वाली जनता कुम्भ में भी है और हम लोग जैसे व्यक्ति, जो आपकी कविता से ही सीखते रहे हैं, वह भी आपकी ही जनता हैं तो वो किस रूप में आपके भीतर...

त्रिलोचन : अब जैसे ईख को पेरना, लोहे के कोल्हू में धीरे-धीरे, पहले पत्थर का कोल्हू चलता था और गंडेरियाँ काट करके उसमें डाल दी जाती थीं। इसमें सन्देह नहीं कि ये जो चीज़ थी—ईख के रस में जो स्वाद था पहले, वो कोल्हू, माने वो जो लोहे का था, उसमें वह स्वाद नहीं था, लेकिन यह है कि कुछ आसानी रहे। दूसरी बात यह है कि ईखों को तोला जाता था। तोलने वाला जो होता था वह भी तीन-चार दिन तक इन्तजार करा देता था। खुद मैंने जो ईख अपनी ले जाते थे मिलों में बेचने उनसे कहा कि गुड़ बनाओ। यह ज़रूर है कि आसपास के रहने वालों पर सरकार रौब डालती है, गुड़ ख़रीदो। तो मैंने उनको बताया कि गुड़ बनाओ। और गुड़ अधिक सस्ता नहीं होता, करीब उसी के बराबर होता है जैसे चीनी। लेकिन चीनी हानिकारक होती है स्वास्थ्य के लिए। इसे समझाइए लोगों को, लोग समझते नहीं।

विष्णुचंद्र शर्मा : लेकिन आप तो अपनी कविता पर बात कर रहे थे, ये सारी चीज़ें तो उस गाँव की हैं, जिस गाँव के परिवेश में ये चीज़ें मिलती थीं। आज शहर में...

त्रिलोचन : और आपको बताऊँ, केवल परिवेश नहीं, परिवेश के साथ-साथ ध्यान भी तो चलता है!

विष्णुचंद्र शर्मा : वहीं मैं आ रहा था कि आज जिस शहर में आपको गन्ने का रस मिलता है, उसे देखकर के आप अपने समय के गन्ने की पिराई याद कर सकते हैं, लेकिन वो गाँव तो नहीं है!

त्रिलोचन : गाँव इसलिए है कि अब, इसलिए कि वे साल-साल भर इन्तजार कराते हैं ईख का। तो ऐसे में आप महँगी कर दें शक्कर और उस महँगाई का कोई लाभ न पाए किसान, तो आप चीनी बेचिए बाहर और पैदा कीजिए। किसान अब अपने आप स्वतन्त्र बने।

विष्णुचंद शर्मा : अगर आपकी उपमा को लिया जाए तो आपकी कविता की जो मिठास है वो आज के बाज़ारवाद में कहाँ है?

त्रिलोचन : मैंने बताया न कि पत्थर का कोल्हू भी मैंने देखा है। और पत्थर का कोल्हू जैसे ये तेल निकाला जाता है न, तो उसके अन्दर लकड़ी का तो होता है न वह मने तिल को, सरसों को और तमाम जो, जिससे तेल निकलता है, तेल तो बहुत-सी चीज़ों में प्रयोग करते हैं और जो खली बनती है वो जानवरों के लिए पोषक होती है। लेकिन अगर यही हाल रहा और ट्रैक्टर आदि से ही लोग काम

लेते रहे तो मुझे यह भी दिखता है कि लोग बैल कसाइयों के हाथ बेच दिया करेंगे। दूध के लिए गाय तो रखेंगे लेकिन बैल बेचा जाएगा और बैल को काटने वाले काट देंगे।

विष्णुचंद्र शर्मा : ये तो बाज़ारवाद है और आधुनिकता के संकट का सवाल है।

त्रिलोचन : बाज़ार के बाहर जीवन नहीं जा रहा है।

विष्णुचंद्र शर्मा : आपकी कविता तो इसी जीवन से आई है!

त्रिलोचन : वो आई है, लेकिन मैं जानता हूँ कि वो आने की नहीं है।

विष्णुचंद्र शर्मा : नहीं, आपने एक कविता में लिखा है कि जो समाज सेवक हैं, वे सही मायने में समाजसेवक नहीं हैं।

त्रिलोचन : बात सही है...

विष्णुचंद्र शर्मा : तो ये जो बिम्ब आपमें आया है और जो 'धरती' से 'दिगन्त' तक है, तो उस बिम्ब को आज की भाषा में आप अपनी कविता में, किस रूप में लेते हैं? आपके बिम्ब से समाज में कोई परिवर्तन तो आएगा नहीं।

त्रिलोचन : कोई परिवर्तन नहीं आएगा। यही नहीं, एक गांव में पड़ोसी का मज़ाक बनाता है कि नहीं पड़ोसी!

विष्णुचंद्र शर्मा : लेकिन वो कविता हो जाती है...

त्रिलोचन : वो कविता नहीं होती, कविता के लिए बेधक हो जाती है!

विष्णुचंद्र शर्मा : अभी मैं...

त्रिलोचनः मैंने गाँव का जीवन देखा है, जो अब कह रहा हूँ।

विष्णुचंद्र शर्मा : इसीलिए आपसे पूछ रहा हूँ।

त्रिलोचनः सगे भाइयों में मेल नहीं है...

विष्णुचंद्र शर्मा : तो प्रेमचन्द की 'अलगौझा' कहानी ही तो है, 'दो बैलों की कथा' कहानी है, लेकिन...

त्रिलोचन : अर्सा पहले की...और अब प्रेमचन्द की चर्चा इन प्रकरणों में नहीं है। नैतिकता आज जो है वो मज़ाक बन गया है।

विष्णुचंद्र शर्मा : तो यही तो मैं आपसे पूछ रहा हूँ, कि आपकी कविता में नैतिकता भी है, आपकी कविता में पत्नी के प्रति एक गहरा लगाव है। बरवै आपके जो हैं उनको मैं इसीलिए आत्मपरक कविताएँ मानता हूँ। आत्मपरक कविताएँ आप हिन्दी में लिखें चाहे, किसी प्रसंग में लिखें, वो सब जगत मिल जाती हैं। तो आपकी आत्मपरकता में एक व्यक्ति की निराशा नहीं आती है। जिसे आपने आशावाद कहा वो कहीं आपकी कविता में आपको औरों से अलग करता है। वो क्या है?

त्रिलोचन : असल में, यहाँ असर एक और आदमी का है जो संयोग से 20

की संख्या के पहले ही मुझे मिल गई, झबेरचन्द मेघाणी के द्वारा और झबेरचन्द मेघाणी जैसा व्यक्तित्व हिन्दी में अगर किसी को कह सकता हूँ तो तुलसी को। तो झबेर भाई तो तभी के थे और 1947 में गुज़र गए वो। पैदा हुए थे 1897 में 50 साल जिए। ये गांधी जी से इतने जुड़े हुए थे कि गोलमेज कांफ्रेंस में गांधी जी जा रहे थे, तो इन्होंने कविता लिखी और गांधी जी वह कविता लेकर गए और उसे रोज़ देखते रहे।

विष्णुचंद्र शर्मा : गांधी पर तो आपने भी कविताएँ लिखी हैं, और झबेरचन्द ने आपके काव्य व्यक्तित्व पर क्या असर डाला? वे भी देशज कविताएं लिखते थे, राजस्थान के परिवेश के थे और आपने राजस्थानी में कविताएँ नहीं लिखीं। आपने अवध में अवधी की ही ज़मीन तोड़ी।

त्रिलोचन : लेकिन यह है कि वहाँ की जो जीवन की तड़ित है न—संघर्षशील, वह हमारे यहाँ भी है।

विष्णुचंद्र शर्मा : वह आपने पहले भी कहा है कि 'लड़ता हुआ समाज, नई आशा अभिलाषा, नए शब्द के साथ नई देता हूँ भाषा।' वह क्या भाषा आपकी नई है, जो मैं बार-बार पूछ रहा हूँ। मेरे मन में उत्सुकता है!

त्रिलोचन : वही, कार्य की स्फूर्ति!

विष्णुचंद्र शर्मा : जैसे? कार्य की स्फूर्ति के लिए कोई कविता बताइए?

त्रिलोचन : अब जैसे वर रूप में नारद के उपदेश से पार्वती तपस्या करती हैं, तो इस तपस्या का आज के अर्थ में तो कुछ है नहीं! लेकिन तपस्या अपने आपमें महाअर्थक है, यानी बड़े से बड़ा अर्थ दे रही है—वह केवल पार्वती को नहीं, पार्वती और शंकर को भी एक कर रही है।

विष्णुचंद्र शर्मा : लेकिन उसी जगह नारद—प्रसंद भी तो है!

त्रिलोचन : नारद—प्रसंग दूसरा है, भाई! (हँसते हुए)

विष्णुचंद्र शर्मा : और आप जिस...

त्रिलोचन : नारद को...

विष्णुचंद्र शर्मा : हाँ, वो भी एक चरित्र हैं...

त्रिलोचन : चरित्र पर न जाइए। नारद जी जो हैं अहम से बने हैं—अहम् भाव नारद में भरा पड़ा है, इसीलिए जाते हैं—हरि सम मागौं सुन्दरताई—तो कहा कि अगर वो, हरि की सुन्दरता मुझे मिल जाए तो मुझे छोड़ करके वह किसी को वरेगी नहीं...

विष्णुचंद्र शर्मा : ठीक है। तो उनका परिणाम भी तो..., इसीलिए तुलसीदास ने बहुत कम व्यंग्य लिखे हैं, और आप...

त्रिलोचन : बहुत कम नहीं, उनके व्यंग्य के कई रूप हैं—एक तो शंकर विवाह में, और दूसरी बात यह है नारद का विश्वमोहिनी आख्यान—यह भी व्यंग्य

ही है, और फिर प्रतापभानु वाला चरित्र!

विष्णुचंद्र शर्मा : इसके अलावा वसिष्ठ जब कहते हैं, रामराज्य होने के बाद—कि उपरोहित कर्म अति मंदा, तो उसके बाद वो ख़ुद काकभुशुण्डी का प्रसंग बताते हैं, तो वो व्यंग्य है। मुझे लगता है कि आप भी अंतःकथाएँ आज की जो दे रहे हैं उसमें आज की स्थिति की विडम्बनाओं का व्यंग्य दे रहे हैं, क्यों?

त्रिलोचन : मेरी इधर की जो कविताएँ हैं, वह व्यामोह वाली नहीं हैं।

विष्णुचंद्र शर्मा : व्यामोह पहले भी नहीं था आपमें!

त्रिलोचन : पहले भी कम था लेकिन इधर और तीखापन आया है। तो सवाल यह है कि कविता योजना अनुसार नहीं बनती है। योजना जब होगी तो वह चिन्तन बन जाएगा, फ़िलासफ़ी बन जाएगी, कविता नहीं। तो हमको ऐसी कविता करनी है जिसको बिना संस्कार वाला भी आनन्द से पढ़े—एक-दो ही सही।

विष्णुचंद्र शर्मा : तुलसीदास ने तो योजना के अनुसार रामचरित मानस लिखी है।...

त्रिलोचन : बिहारी का दोहा है, और अजब बात यह रही है कि किसी को सुनाया नहीं मैंने, लेकिन ख़ुद दोहराता रहा—

“बुरी, बुरी लख लाल की
अगना अगना माह
दौरी लौं दौरी फिरैह...”

(इसके आगे की पंक्तियाँ स्पष्ट नहीं हैं)

तो असलियत यह है कि कभी-कभी दूसरों के द्वारा पेश की गई जो स्थितियाँ हैं—भाव रूप हों और चाहे विचार रूप में हों—इनसे बाद में होने वाले जो भी कवि होंगे, कुछ न कुछ प्रभावित होंगे। और यह प्रभाव जो होगा हू-बहू नहीं होगा। यही कवि की अपनी वो है। आख़िर कालिदास के सामने हिम्मत नहीं होती कि मैं कहूँ कि मैं भी कविता कर रहा हूँ, हिम्मत नहीं होती। मैंने, कालिदास, अगर मैं ख़ुद कहता हूँ कि कालिदास कवि हैं तब वहाँ त्रिलोचन बिलकुल नहीं याद आएँगे मुझे। और कहूँगा कि कालिदास कवि हैं तो बाकी नहीं। बाकी जिनको मैं काटूँगा उसमें चाहे निराला हों, चाहे रवीन्द्र हों इन्हें काट दूँगा। कहाँ कालिदास, कहाँ ये हैं! तो देखने की बात यह है कि कवि जब किसी कवि से प्रभावित होता है तो कातर भी हो जाता है। आपसे कैसे कहूँ, कैसे मैं बताऊँ कि मैं रोया हूँ कविता लिखते-लिखते। जबकि रोने की बात ही नहीं। तो मेरे लिए कविता मनोरंजन नहीं है, इसीलिए जबलपुर में बोलते हुए मैंने कहा कि अच्छी कविता बेचैन करती है। जो बेचैन नहीं हुआ उसने कविता पढ़ी ही नहीं। अच्छी कविता की पहचान यही होती है। अब इसे वही समझेगा जो मेरे भीतरी दुःख दर्द को जानता हो। तो कविता वह मिट्टी नहीं है जो तैयार की गई है और जिससे हम कोई रूप बना

देंगे। नहीं, हो सकता है रूप बनाएँ और विरूप हो जाए। असलियत यह है। विरूपाक्ष कहा गया है भगवान शंकर को। तो जसम वालों से पूछिए तो कहेंगे कि त्रिलोचन तो बेकार का आदमी है, किसी काम का नहीं है। इससे त्रिलोचन को कोई छू नहीं पाता। बुरा क्या है, आपको बेकार कोई लगता है तो बेकार मानिए।

विष्णुचंद्र शर्मा : नहीं, नहीं, खुद त्रिलोचन ने लिखा है : 'धर्म—विनिर्मित अन्धकार से लड़ते-लड़ते' वे कौन से धर्म-विनिर्मित अन्धकार थे, जिनसे आप लड़ रहे थे?

त्रिलोचन : काफ़ी पहले, 'अधर्म का नाश हो' नारा उठाया गया था। एक विद्वान थे, विद्वत्ता थी उनके पास—स्वामी करपात्री। उन्होंने चाहा कि उनके समर्थकों में आ जाएँ विद्याधर गौड़। आप लोगों ने यह नाम न सुना होगा। महामहोपाध्याय की उपाधि थी उन्हें। विद्याधर गौड़, गौड़ ब्राह्मण जो होते हैं राजस्थान में ज़्यादा होते हैं—वो थे, उन्होंने कहा अधर्म न होगा तो धर्म ही कैसे मालूम होगा। और बोले, स्वामी करपात्री शास्त्र वचनों को भी नहीं समझते हैं। उनसे बड़े थे उम्र में विद्याधर जी। तो उस पण्डित ने यह बात कही थी और यही बात सुनकर के मैं गया था, उन्हें नमस्कार करके मैं चला आया। उनके बेटों से तो मेरा परिचय था, जिसमें ये तमाम थे—एक तो माधव प्रसाद थे, माधव प्रसाद के अलावा बलदेव प्रसाद—ये पण्डित थे, दोनों बेटे। लेकिन वे तो याज्ञिक भी थे, यज्ञ भी कराते थे—विद्याधर गौड़।

विष्णुचंद्र शर्मा : विद्याधर गौड़ में धर्म का अनुष्ठान था। आपने जो कविता लिखी है उसमें ये हैं कि—'धर्म—विनिर्मित अन्धकार से लड़ते-लड़ते आगामी मनुष्य तुम तक मेरे स्वर बढ़ते।' तो आगामी पीढ़ी से आप क्या संवाद कर रहे हैं?

त्रिलोचन : मने, मेरे निशाने पर तुम्हीं हो, जो अभी आए नहीं हो (आगामी पीढ़ी)—असलियत तो यह है। असल में आपके यहाँ जो वैदिक विद्वान रहे हैं, उनमें विद्याधर गौड़ ऐसे थे। उनका तो नाम भी न जानते होंगे कृष्णदेव प्रसाद गौड़!

विष्णुचंद्र शर्मा : नहीं, महामहोपाध्याय गोपीनाथ कविराज ने उनका जिक्र किया है, आप बता रहे हैं सारस्वत परम्परा में, लेकिन आप आगामी पीढ़ी से धर्म—विनिर्मित अन्धकार पर क्या बात कर रहे हैं?

त्रिलोचन : अच्छा, तो धर्म शब्द जो है, एक अनुशासन जो देता है धर्म—यह अनुशासन किसी को आत्मविश्वास नहीं पैदा होने देता और यही आत्मविश्वास जो बन नहीं रहा है, उसी को पैदा करने की प्रवृत्ति, ये किसी आदमी को कवि होने की सम्भावना के पास ले जाता है। असलियत यह है। तो मैंने बताया न कि स्थितियाँ होती हैं, अब जैसे बच्चन जी का—बच्चन जी में मुझे जो दोष दिखते हैं तो दुखी होता हूँ कि उस आदमी से ये दोष कैसे हो गए? लेकिन उनको कोई दूसरा समझा

बन सकता था। उन्होंने कई जगह वाक्य सदोष लिखे हैं। है न! और कई जगह वाक्य ऐसा लिखा है, गड़बड़ है। तो उनको चाहिए ये था कि वाक्य रवां लिखते।

विष्णुचंद्र शर्मा : नहीं, शास्त्री जी आपकी बात है। फ़िराक और...

त्रिलोचन : उन्होंने (फ़िराक) कहा था क्षुब्ध होकर कि आसान लिखो लेकिन फ्लैट तो मत लिखो।

विष्णुचंद्र शर्मा : ठीक है, यही बात। यही बात आप भी कहते हैं...

त्रिलोचन : हाँ।

विष्णुचंद्र शर्मा : ...और इसको ही समझाइए कि फ़िराक और बच्चन में कहाँ अन्तर है?

त्रिलोचन : तो बच्चन में ये आता है—'कोई पार नदी के गाता'—जानते हैं इसमें दोष क्या आया? कोई नदी के पार गाता है, यह वाक्य पूरा हुआ। तो , कोई पार नदी के गाता, इनका वाक्य जो है वो सुनिएः

"भंग निशा की नीरवता कर
इस देहाती गाने का स्वर
जमुना के खेतों से उठकर
आता ककड़ी पर लहराता
कोई पार नदी के गाता"

देख रहे हैं ढीले-पोले वाक्य! इस ढीले-पोले वाक्य को सामान्य सुनने वाला तो आज भी नहीं समझता। मैं कहता हूँ, तो नहीं समझ पाता वो।

विष्णुचंद्र शर्मा : उसी जगह तो त्रिलोचन और फ़िराक...क्योंकि फ़िराक को निराला प्रिय थे, कभी उन्होंने एक शब्द निराला के खिलाफ़ नहीं कहा, एक वाक्य नहीं कहा...

त्रिलोचन : हाँ, नहीं कहा।

विष्णुचंद्र शर्मा : और आपके भी करीब रहे, और हिन्दी, उर्दू की जो ज़मीन—दोआब ज़मीन है, जिसमें शमशेर भी हैं, आप भी हैं, उस दोआब के फ़िराक साहब पहले कवि हैं। आप ये बताइए कि कहाँ आपको आज की अच्छी कविता या जीवंत कविता याद आती है?

त्रिलोचन : अच्छी कविताएँ, अच्छी पंक्तियाँ क्या बच्चन में नहीं हैं? हैं! लेकिन अधिक नहीं हैं।

विष्णुचंद्र शर्मा : हैं। लेकिन फ़िराक के साथ वो दोष नहीं है।

त्रिलोचन : फ़िराक में, जिसको फूहड़पन कहेंगे वो तो नहीं है—यह बड़ी बात है! लेकिन फूहड़पन है बच्चन में!

विष्णुचंद्र शर्मा : बच्चन पर बात करेंगे तो उसमें एक सवाल यह भी आ जाएगा, बच्चन और आप भी मध्यवर्गीय गांव से आए हैं, लेकिन अन्तिम सवाल

जो मैं पूछ रहा हूँ अभी इन कविताओं को सुनने के बाद, वो ये है कि बच्चन ने कहा था : 'कुछ-विरोधी कण समूहों से हुआ निर्माण मेरा'—आप में भी कुछ विरोधी कणसमूह हैं और बच्चन में भी थे, फ़िराक में भी थे, उसकी व्याख्या कौन करेगा?

त्रिलोचन : सही है।

विष्णुचंद्र शर्मा : आप ही करेंगे। अब आप अपनी कुछ कविताएँ सुनाइए और उसके साथ बात करेंगे।...कोई एक कविता आप सुना दीजिए, जो आपको इस समय...आप अपनी मनपसन्द कोई कविता सुनाइए।

त्रिलोचन : "आए हो, तो चलो—
दुनिया को देख लो :
कहीं फूलों भरी कहीं शूलों भरी।"
फूल सब चुन लिये,
गीत प्रिय सुन लिये,
और क्या चाहिए,
भाव—पट बुन लिये,
बन गई भावना टाल-टूलों भरी
पाँव में गड़ गया,
आन में अड़ गया,
शूल को क्या हुआ,
राह में पड़ गया,
बंजरी भूमि होगी बबूलों भरी।

कुछ रहे कुछ ढहे,
कुछ उखड़ कर बहे,
पेड़—घर एक से,
कौन किस की कहे,
बह रही है नदी उग्र कूलों भरी।

हर्ष को बाँट दो,
खाइयाँ पाट दो,
और संदेह को,
मूल से काट दो,
पाँव की छाप छोड़ो न भूलों भरी।

विष्णुचंद्र शर्मा : ये तो आपका दर्शन है। आपका काव्य-दर्शन जो है...

त्रिलोचन : लेकिन दर्शन में ही रूप भी है, ये देखिए।

विष्णुचंद्र शर्मा : रूप भी है, इसीलिए शूल भी है...

त्रिलोचन : हाँ...

विष्णुचंद्र शर्मा : लेकिन आप, केवल दर्शन के कवि तो नहीं हैं, प्रेम के अद्भुत कवि हैं...शास्त्री जी, दिल्ली में ये आपसे मिल रहा हूँ और लम्बे समय के बाद हम मिल रहे हैं। आपके कवि के बारे में इतनी जिज्ञासाएँ मन में हैं और मेरी तरह अनगिनत पाठकों के मन में हैं और हम सब आपके आभारी हैं कि आपने समय दिया और खुद दूरदर्शन भी आपके प्रति श्रद्धावनत है। आप छियासी में भी, इस उम्र में भी इतने सजीव, इतने सक्रिय और इतने जीवन्त हैं कि आपको पढ़ने का अर्थ है समकालीन कविता के नए भविष्य को समझना। हम सब आपके प्रति आभारी हैं और ये व्यक्तिगत रूप से मेरे लिए भी बहुत सुखद अनुभव है।

त्रिलोचन : आपने जो प्रश्न किये, वे प्रसन्न करने वाले ही नहीं, विक्षुब्ध करने वाले भी थे, तो ये तो है इतने दिन से बहुत कुछ बर्दाश्त भी किया है और करूँगा—और यही उपलब्धि होती है किसी भी कवि की। धन्यवाद!

(दूरदर्शन के चीफ़ प्रोड्यूसर कुबेर दत्त के निर्देशन में यह बातचीत 21 अप्रैल, 2003 को वसुन्धरा एनक्लेव नई दिल्ली स्थित श्याम सुशील के निवास स्थान पर हुई जहाँ त्रिलोचन शास्त्री जी अकसर आकर ठहरा करते थे। इसका प्रसारण, दो खण्डों में, दिल्ली दूरदर्शन से हो चुका है।

अपने समय के साथ कवि त्रिलोचन

24 अक्टूबर 2007 को कवि जगमोहन 'आजाद' महाकवि त्रिलोचन से मिले थे। उन्होंने जगमोहन को आस-पास रखी तमाम पत्रिकाएँ दिखाई फिर बोलेः "देखो मैं बूढ़ा हो चुका हूँ, लेकिन मेरे साथ ये पत्र-पत्रिकाएँ हैं। यही आज मेरे मित्र हैं। ये देखो ये अकेला कमरा और मैं एक अकेला बूढ़ा मुझमें और इस कमरे में क्या फर्क रह गया है। कुछ भी तो नहीं है...एक फटे अखबार की तरह पड़ा हूँ...इस शहर में, कोई पढ़ने वाला नहीं है मुझे। (आधारशिला फर. 2008)

मैंने 1991 में वाल्मीकी रामायण का 'युद्धकाण्ड' पढ़कर जो डायरी लिखी थी। तब त्रिलोचन वाल्मीकी के साथ के यात्री थे। देखेंः 28.10.14 की डायरी का एक प्रसंग।

कौन शीघ्र ही किसे नष्ट करेगा? क्या यह हमारे समय के युद्धकाण्ड का प्रश्न हैः क्षिप्र मेना वधि ख्यामि? क्या लंका के युद्ध से आज का मेरा महायुद्ध रूपी कृत्य बड़ा भयंकर नहीं है? मेरे समय के धनाध्यक्ष एक नहीं कई कुबेर हैं।

लंका–युद्ध में धनाध्यक्ष कुबेर सार्वभौम नामक दिग्गज की पीठ पर बैठकर युद्ध की यात्रा करता था, मेरे समय के धनाध्यक्ष–हिटलर की पीठ पर बैठे हैं। वह सार्वभौम दिग्गज हैं या खुद हिटलर, यह मैं नहीं बता सकता। फिर भी एक हिटलर, एक कुबेर मेरे साथ यात्रा कर रहे हैं। वह मेरी बुआ–सा ज्ञान की चाह रखने वाला है। मेरे पिता के बाद गाँव के बचे हुए झाड़-झंखाड़ में वह धुनी रमा रहा है–भगत। मैं उनके लिए अपने 'घर' की रामायण बाँचता रहा।

राम ने युद्ध का व्यूह संचालन किया था। मैं पिता के बाद अपनी गृहस्थी का भार भी नहीं उठा सका हूँ। इसीलिए मेरा गँवई हिटलर उस हिटलर से भिन्न है। मेरा कुबेर हिटलर के धनीधोरों से अलग है। मैं जब गाँव में कहीं बैठ जाता हूँ। लोग दाना फाँकते हैं और पूछते हैंः अंग्रेज़ हार रहे हैं या हिटलर जीत रहा है। तब मुझे लगता है, एक हमारे गाँव का हिटलर है जो हमारी आजादी की लड़ाई का हीरो है। इसी नाते मैं युद्ध का सिर्फ यात्री हूँ। राम युद्ध के यात्री हैं। उनके पीछे विशाल वाहिनी चल रही है।

जब गाँधी जी आए थे तो औरतें, मर्द, बूढ़े, बच्चे सब गाँधी जी के सहयात्री

थे। कोई नहीं जानता, गाँधी अपनी जनता की विशाल सेना को कहाँ ले जा रहे हैं। सिर्फ विशाल जन-समूह गाँधी जी के पीछे था। मैं भी उनमें से एक था। गुरु जी ने कहा था–

आप्लवन्तः प्लन्तश्च गर्जन्तश्च प्लवंगाः।
क्ष्वेलन्तो निनदन्तश्च जग्मुर्वै दक्षिणं दिशाम्।।

मैं गाँधी जी को सुन रहा था। राम को भूल गया था। यह भी भूल गया था, राम ने भी आज़ादी की एक लड़ाई लड़ी थी। वह अपने गाँधी जी थे। कुछ गाँधी की रक्षा के लिए उछल रहे थे, कुछ कूद कर अंग्रेजों को हराना चाहते थे, कुछ गाँधी के मंच के चारों ओर चक्कर काट रहे थे, कुछ मार्गशोध के लिए कूदते-फाँदते आज़ादी के युद्ध में आगे बढ़ रहे थे। सभी गाँधी जी के वानर थे। आज़ादी के दीवाने थे।

हिटलर के पास धन कुबेर थे, महँगी सेना थी, पर वह दीवानों की टोली कहाँ थी। कहाँ थे रावण के पास मेघों के समान गरजते लंकावासी? कहाँ थे सिंहों के समान दहाड़ते भगत सिंह?

रावण रात-रात जागकर अपनी ही व्यूह रचना पर हिटलर–सा खुश होता था।

गाँधी जी नहीं जानते थे कल किस गाँव के बच्चे और औरतें उनको बीच में बैठाकर किलकारी भरेंगे। हाँ, आजादी की दिशा थी जिस ओर गाँधी के लोग सर पर कफन बाँधकर चल रहे थे। मैं भी उनमें से एक था। आगरा में था। फिर बनारस, पर मेरा तो न अपना हिटलर था! अंग्रेजों से लड़ता, न गाँधी था न था वाल्मीकि का राम।

गुरु जी ने फिर कहाः

अन्योन्यं सहसा हप्ता निर्वहन्ति क्षिपन्ति च।
पतन्तश्चोत्पतन्यन्ये पातयन्त परे परान।।

मुझे लगा गुरु जी विनोद कर रहे हैं। अकसर जब पिता और गुरु में मैं फँस जाता हूँ तो गुरु जी कोई विनोद की बात शुरू कर देते हैं। मैं विरक्त पिता को दूर जाते हुए देखता हूँ। विरक्ति मिली थी पिता से, आसक्ति तो माँ से भी है। वह मोटा सूत कातती थी। मोटा खुद खाती थीं, और मुझे दूध रोटी खिलाती थीं। बुआ बदले हुए स्वभाव की माँ को देखकर विनोद करती थीं। “अब लड़का सयाना हो गया है। गाँव की औरतें इससे अपने पतियों को पाती लिखवाती हैं। तू भी भगोड़े पति को एक पाती लिखवा ले। राम वन से सीता को लौटा लाये थे। मेरा भाई भी लौट आयेगा तेरा विरह सुनकर।”

माँ झेंपकर इस–उस काम में खो जाती थीं। मैं चोर आँखों से बुआ को देखता

था। सोचता था, वह मेरी पाती भी पढ़ती है क्या? क्या औरतें वह पाती बुआ को सुना ज़ाती हैं?

गुरु जी इस वक्त यहाँ हैं। हाथ में है दण्ड, चेहरा पतला, सुजाता हुआ है। सिर्फ आँखों में विनोद की चमक है।

मैं कहता, "मैं आपका मतवाला वानर हूँ। एक दूसरे को विनोद में हम ढो रहे हैं। कोई अपने ऊपर चढ़े वानर को झटक कर दूर फेंक देता है। कोई चलते-चलते ऊपर उछल जाता है। कोई ऊपर से धक्के देकर नीचे देकर गिरा देता है मुझे।" गाँव में ऐसा विनोद होता था। तालाब में खेलते थे। तमाशे में कई स्वांग रचे थे। कुंभ के मेले में तो सब एक दूसरे पर विनोद करते ही हैं।

गाँधी जी की सेना का यह विनोदी तमाशा भी है, शो भी है। मुँह में जर्दा भर कर, पिच से नगई ने थूका। और कहाः "हमें रावण को मार ही डालना था।" कोई पूछताः "कहाँ है रावण?" तो कहता नगईः "समस्त गोरे निशाचर हैं।" मैं कहता गोरा तो शेक्सपियर भी था, कीट्स भी था, शेली भी था, एंड्रूस भी है। उनको तू मारेगा तो मैं न नाटक दिखाऊँगा, न प्रेम की कविताएँ सुनाऊँगा, न शेली की क्रान्ति का किस्सा सुनाऊँगा। एंड्रूस तो गाँधी है। उसे मारेगा तो वह हँस कर दूसरा गाल बढ़ा देगा, 'ले यहाँ भी आजादी का छापा लगा दे।'

गाँधी भी विनोदी थे। वह जब हँसते थे तो छोटे-छोटे बच्चे भी किलकारी मार कर बाँहें बढ़ा देते थे। वह उनकी आँखों में झाँकते थे। कैसे मिलेगी इसको आज़ादी?

गुरुजी ने कहा—पन्थानं शोधन्तिस्म।

फिर वह चले गये नये चेलों के लिए राशन-पानी, किताबें जुटाने।

गुरु जी को देखकर लगा हर क्षेत्र में आज का एक गाँधी है। पर पूरे हिटलर के देश में कोई खुद को नाज़ीवादी हिटलर शायद ही कहे। गाँधी की आज्ञा सबको शिरोधार्य।

राम ने वानर की सेना बनाई थी और घने वन के बीच कहीं सुन्दर सरोवर थे, कहीं तलहटी में था विशाल तालाब। राम का कोप वानरों को एक सूत्र में बाँधे हुए था। कोई न सरोवर को गंदा कर रहा था, न तालाब में पेड़ फेंक रहा था।

गाँधी का भी आज़ादी के दीवानों पर ऐसा ही अनुशासन था। दरभंगा में मैं विद्यापति के पद गा रहा था। वाल्मीकी के 'युद्ध काण्ड' का नया संस्करण भी तैयार कर रहा था। तभी तालाब में दो घड़े देखे, पानी में उलटे। उससे बँधी थी एक आदमी की कमर। वह जल में सिंघाड़े तोड़ रहा था। उसके सिर पर थी गाँधी टोपी। काँख से एक सूत में बँधा था तिरंगा झण्डा। वह मस्ती से गा रहा था।

गाँधी इधर से गये थे। और लोग गाँधी बनते जा रहे थे। राम ने जैसे वानरों को समुद्र की तरह गर्जना करने से नहीं रोका था, पर वह रुक गये थे। घोड़ों की भाँति उछलते-कूदते फिर भी वह समुद्र तट तक जा रहे थे। आज़ादी के ऐसे ही दीवाने, गाँधी की मंगलकामना कर रहे थे।

मैंने गुरु जी से कहा था–"जंगल में रहता हूँ तो वाल्मीकी बहुत पास लगते हैं, जुलूस में रहता हूँ तो लगता है गाँधी मेरे ही पास हैं, जब कोई कविता सुनकर एकटक मुझे देखता है तो लगता हैः निराला मेरे पास खड़े हैं और कह रहे हैं, "हमारी कविता, हमारी आज़ादी का युद्धकाण्ड है।"

वाल्मीकी के समय में लोग शकुन देखकर चलते थे। शकुन देखकर प्रेम करते थे। मेरे समय युद्ध में जो मोर्चे पर हैं, या मेरी तरह बेकार हैं, वह अपनी आजादी को करीब आता देख रहे हैं। लक्ष्मण ने मन में संकल्प किया थाः पृथ्वी और आकाश में राम का मनोरथ सिद्ध हो रहा है। सीता को राम ने प्राप्त कर लिया है–

महान्ति च निमित्तानि दिवि भूसौ च राघव।
शुभादि तब पश्चामि सर्वाण्येवार्थसिद्धये।।

हिटलर को मारना या हराना हमारे युद्ध काण्ड की एक सिद्धि है। राम में ऐसी रावण को मारने की इच्छा जगी थी। लक्ष्मण ने कहा था, खुद से सफल मनोरथ हो राम समृद्धिशालिनी हो उनकी अयोध्या। मैंने गाँधी की बात कानों से सुनी थी और आँखों से देखी थी। लोग सफल मनोरथ हो रहे हैं। गुलाम भारत समृद्धिशालिनी राजधानी की ओर बढ़ रहा है। सभी ध्रुव हैं गाँधी के। गाँधी एक नहीं सप्तर्षियों का समुदाय है। लोग गाँधी की यात्रा में अपनी-अपनी बोली में एक ही बात कह रहे हैं। आजादी सुखमय हो, सभी के लिए सभी आजादी का गान गा रहे हैं। दिशाएँ प्रसन्न हैं। सभी कालपाश में बँधे हैंः काले कालगृहीतानां।

राम की सेना व्यूहबद्ध थी। हिटलर की सेना भी व्यूहबद्ध है। कोई मेरे कान में कह रहा है, "बुआ का मंगल होने को है–प्रीतो भवितु महर्सि।"

बुआ कह रही हैं "तू पढ़ कर प्रसन्न है न।" यह धूल उड़ाते–निहत्थे सैनिक आजादी के सैनिक हैं। मैं भी धूल में सना पीछे-पीछे चल रहा हूँ। गाँधी के सैनिक पैरों की अंगुलियों से बड़ी धूल उड़ा रहे हैं।

धूल में पेड़ खो गये हैं। मकानों के ऊपर तक धूल उड़ रही है। सभी दिशाएँ धूलाच्छादित हैं। मैंने जो कविता लिखी है। वहाँ मेघों की घटा आजादी को ढक कर खड़ी है। क्या मैं ही एक आज़ादी हूँ?

ब्रह्मपुत्र नदी में उतरे हैं आजादी के दीवाने। लगातार कई योजनों तक लोग

ही लोग हैं। वह पैर से जल को मथ रहे हैं। ब्रह्मपुत्र की समस्त धारा उस जन-जन के चलने से उलटी बह रही है। गाँधी ने उलटी धारा ही तो बहा दी है देश में। सरोवर चल रहे हैं, वन चल रहे हैं, पर्वत चल रहे हैं। इधर-उधर जहाँ तक मैं देख रहा हूँ, लोग ऊपर-नीचे सब ओर सारी भूमि को घेर कर चल ही तो रहे हैं। सारा देश जवानी के जोश में चल रहा है। उनके चेहरे पर अभिमानजनित जोश है। रास्ते में बहते हर चेहरे में उत्साह है। पराक्रम करने का निश्चय है। नाना प्रकार के उनमें बल—सम्बन्धी उत्कर्ष का भाव है। गाँधी की एक आवाज़ पर जो जहाँ है, वहाँ से उछाल लेकर तेजी से चल रहा है। कितने ही अपनी बाँह फैलाकर सिपाहियों से कह रहे हैं: "मारो और मारो।" वह उछाल भर रहे हैं। अंग्रेज सेना लाठी बरसा रही है। लोग कफन बाँधकर बैठ गये हैं सड़क पर। पर कोई पर्वत की चोटी पर चढ़ने से रुकने को तैयार नहीं है।

राम की सेना में थे पत्थरों, पेड़ों को उठाये हुए वानर। यहाँ गाँधी की सेना से लाठी लिए, सत्तू बाँधे हुए, कछौटा कसे और झण्डा थामे किसान हैं। यह आजादी का न खत्म होने वाला जुलूस है, सभी हृष्ट-पुष्ट हैं। सभी रात-दिन चल रहे हैं। सभी रास्ते में बिना विश्राम किये चल रहे हैं। मैं किसान हूँ। कवि हूँ। मैं भी चल रहा हूँ।

त्रिलोचन एवं मैं

11.12.94

कभी कवि को अतिमानव, कभी कविता को अतिक्रान्तिवती या शुद्ध कवितावती बनाया जाता है। युद्ध के पहले कुम्भकर्ण अतिमानव लगता है, और एक के बाद लगातार हारी हुई रावण की सेना की शक्ति में रावण की दूसरी पत्नी धान्यमालिनी का पुत्र अतिकाय कविता की भूमिका-सा एक अतिभ्रम या अतिरंजना है। केदारनाथ सिंह से मैं समर्थ कवि हूँ—पर मैं अति मानव नहीं हूँ—केदार पत्रकारिता, पुरस्कार और पूँजीवादी विश्व के अतिमानव कवि हैं। मैं त्रिलोचन-सा साधारण इन्सान हूँ, न चालाक, न मूढ़।

12.12.94

मेरी कविता मेरे जीवन का ही एक सांगरूपक है। वह साधारण इन्सानों का उपजीव है। हाँ, कास, बहेड़े, लाल रंग, सुक्ता। यह अग्निवेदी है जीवन। मैं हूँ अग्नि। इन्द्रजीत के सामने लक्ष्य था युद्ध। मैंने त्रिलोचन के बाद की कविता को युद्धयात्रा कहा है। पिता के उत्तराधिकार से एक युद्ध मैं 'विडम्बना' उपन्यास (के अलाव सा) में लड़ रहा हूँ। यही आज़ाद भारत में, मेरे कवि की भूमिका है। दूसरा माँ की करुणा भरे घर की कविता या नदी है। तीसरा मेरा कार्यक्षेत्र रहा है सम्पादन, राजनीतिक मोर्चा और कविता की पृथ्वी। उस समय शास्त्र ही अग्निवेदी के चारों ओर बिछाने के लिए कुश या कास के पत्ते थे। बहेड़े की लकड़ी से ही समिधा का काम लिया गया था। लाल रंग के वस्त्र उद्योग में लाये गये और उस अभिचारिक यक्ष में जो स्तुवा था, वह लोहे का बना हुआ था।"

आदि कवि का यह सांगरूपक—मेरी यात्रा का रूपक रहा है। त्रिलोचन की कविता मेरे लिए एक अभिचारिक यज्ञ है। स्तुवा उसकी साँस है। मेरी या शमशेर की हड्डी ही लोहे की बनी हमारी आस्था थी। जैसे नागार्जुन का गँवई रूपक थाः दूब।

आदि कवि के समय की लोक-गाथा थी राम-रावण युद्ध। तुलसीदास के समय का वही राम-रावण युद्ध धर्मयुद्ध की फैंटेसी बन जाता है। रामराज्य के बाद वशिष्ठ राम से स्वीकार करते हैंः पौरोहित्य कर्म अति मन्दा। क्योंकि रामराज्य हुआ

नहीं। तत्काल पौरोहित्य कर्म में मन्दी आती है—क्योंकि वर्ण व्यवस्था और अगुनहि सगुनहि का भेद मिट चला था। कवि तुलसीदास अपनी पहचान नये सिरे से करते हैं—कागभुसुंडी की कथा के रूप में। त्रिलोचन के समय आज़ाद भारत का एक युद्ध था। यह प्रत्यक्ष युद्ध था। युद्ध स्थल में तीन पीढ़ियाँ थी।

मेरे समय में युद्ध अदृश्य है, न कोई हिटलर है, न रावण है, बस एक आस्था का सूत्र ही है—लड़ना, लड़ना, लड़ना। मन में किसी तरह की घबराहट न लाकर लड़ते रहना।

चुपचाप हूँ। मैं सादतपुर में रह रहा हूँ। राम के साथ भी चुपचाप युद्ध में शरीर थे लक्ष्मण। वह वाणों की मार सह रहे थे। मेरे साथ असंख्यजन है जिनके कई नाम हैं।

बाणावपातं त्वमिहाय धीमन्
मया सहाव्यग्रमना सहस्व।

मैं अपने ढंग से सह रहा हूँ। त्रिलोचन अपने ढंग से। पर युद्ध है। दुश्मन भी अदृश्य है। बस धैर्य और आशा अपने समय के दो अस्त्र हैं। यही शब्द-शब्द में निहित सीधा अर्थ है। इन्हीं से वाक्यों की बनावट में विश्वसनीय लेखन की लता फलती-फूलती है। लता है ईमानदारी जिसके अभाव में ओजस्विता का लोप हो जाता है। त्रिलोचन इसी मानी में मेरे गुरु हैं। मैं चेला हूँः

"जब हम दोनों हर्ष एवं रोष से रहित तथा युद्ध से निवृत हो अचेत से हो गिर जायेंगे, तब हमें उस अवस्था में देख युद्ध के मुहाने पर विजय लक्ष्मी को पाकर अवश्य ही यह राक्षसपुरी लंका में लौट जाएगा।" अनुभव का यह सूत्र आदिकवि का हैः

आवां तू दृष्टा पतितो विसंज्ञो
निवृत्त युद्धो हतहर्षरोषी।
ध्रुवं प्रवेक्ष्यत्य मरारिवास
मसो समासाद्य रणाग्रजलद्क्ष्मीध।।

अभी यह काल हमारी मूर्छा का काल है। हमारा कवि व्यक्ति मूर्छित है, पर हमारी कविता जाग रही है। यह बुद्धिमानों में श्रेष्ठ विभीषण की तरह—हमारी कवि की यात्रा का आख्यान कहती हैः "वीरो! आप लोग भयभीत न हों। यहाँ विषाद का अवसर नहीं है, क्योंकि इन दोनों आर्यपुत्रों ने ब्रह्मा जी के वचनों का आदर एवं पालन करते हुए स्वयं ही हथियार नहीं उठाये थे, इसीलिए इन्द्रजीत ने इन दोनों को अपने अस्त्र समूहों से आच्छादित कर दिया था। अतएव ये दोनों भाई केवल बिपादग्रस्त (मूर्छित) हो गए हैं :

मा मैष्ट नास्त्यत्र विषादकालो
यदार्य पुत्रौ ह्यवशो विषण्णो।
स्वयंभुवो वाक्यमथोद्वहन्तौ
यत्सादिताविन्द्रजितास्त्र जालौ।।

रामविलास शर्मा, जानकीबल्लभ शास्त्री, नागार्जुन, शमशेर, केदारनाथ अग्रवाल, त्रिलोचन, मुक्तिबोध ने युद्धभूमि में लड़ते या गिरते निराला को (जाम्वान की तरह) ढूँढ़ा था और उनसे संवाद किया थाः एक तो वे स्वाभाविक वृद्धावस्था से युक्त थे, दूसरे उनके शरीर में सैकड़ों वाण धँसे हुए थे, अतः वे बुझती हुई आग के समान निस्तेज दिखाई देते थे। उन्हें देखकर रामविलास तुरन्त ही उनके पास गये और बोलेः "आर्य! इन तीखे बाणों के प्रहार से आपके प्राण तो नहीं गये?"

स्वभावजरया मुक्त वृद्धं शरशतैश्चितम।
प्रजापति सुतं वीरं शाम्यान्तमिन पावकम।
दृष्टा समभि संक्रम्य पोलस्त्यो वाक्य मव्रवीत्।
कच्चिदाय शरैस्तीक्ष्णर्न प्राण ध्वंसितास्तव।।

अनेक बार निराला, ग़ालिब, त्रिलोचन, शमशेर, रामविलास की बातें सुनकर मैं असीम बल से भर उठा हूँ, जैसे महासागर वायु के वेग से व्याप्त हो जाता हैः

आपूर्यत बलोद्धर्बेर्वायुवेगेरिवार्णयः।

हमारा समय, आज कविता और कवि का मित्र है। मैंने त्रिलोचन के दुःख में उनके स्वरों से उन्हें पहचाना है। जीवन-संग्राम में उनके अंग सभी पैने वाणों से बिधे हुए थे, अतः मैं आँख खोलकर उन्हें देख, नहीं सका था। यह बात आहत योद्धा की हैः

नैभृतेन्द्र महावीर्य स्वरेणा त्वाभिलक्षये।
विद्धगात्रः शितैर्वाणेर्न त्वां पश्चामि चक्षुषा।।

समय बीतता गया और कबीर, तुलसी, निराला, भारतेन्दु दूसरे पर्वत की तरह हमें दिखाई दे रहे हैंः

दृश्यते वीरो द्वितीय इव पर्वतः।

हम सबों के लिए निराला समीपवर्ती समुद्र रहे। कविता के युद्ध में हर बार हमने उन्हें ही प्रणाम किया है।

मुक्तिबोध की फैटेंसी भी कवि के प्रणाम की ही कहानी कहती हैः 'लंका का विशाल और ऊँचा द्वार ही हिल गया। मकान और दरवाज़े ढह गये। समूची नगरी भय से व्याकुल हो उस रात में नाचती-सी जान पड़ी।'

सा घूर्णितमहाद्वारा प्रभङ्गगृहगोपुरा।
लंङ्का त्रासाकुला रात्रो प्रनृत्तेवाभवत् तदा।

आदिकवि की ऐसी फैटेंसी न होती, तो कालिदास मेघदूत नहीं लिख पाते। आज की कविता में हनुमान यथार्थ और भ्रम दोनों का एक साथ बोध कराते हैं: उनका वेग अपने पिता वायु के समान था। वे अनेकादि पर्वतों, पक्षियों, सरोवरों, नदियों, तालाबों, नगरों, तथा समृद्धशाली जनपदों को देखते हुए बड़े वेग से आगे बढ़ने लगे:

स पर्वतान् पक्षिगणान् सरांसि
नदीस्तराकानि पुरोत्तयानि।
स्फीतांजनांस्तानपि सम्प्रवीक्ष्य
जगाम वेगात पितृतुल्यवेगः।।

मुझे भी पिता से राजनीतिक वेग मिला था। मेरी सारी पुस्तकों में पिता उसी तरह हैं जैसे कालिदास के हृदय में आदिकवि बसे थे। निराला में, तुलसी हैं निराला, त्रिलोचन में हैं। निरन्तर और मेरी कविता में बसे हैं त्रिलोचन। यह परम्परा की कविता यात्रा है। मुक्तिबोध जैसे पर्वत शिखरों से दोस्ती करते हैं, तब वह इन्सान कवि की अपनी कहानी कहते हैं। हनुमान से पर्वत की औषधियाँ वैसे की लुका-छिपी करती हैं और वह कोप करते हैं:

संत महत्मा हनुमानपश्यं
श्चकोप रोषच्च भुशं ननाद।
अमृष्यमाणोऽग्नि समान चक्षु
महीधरेन्द्र तमुवाच वाक्यम्।।

तुलसीदास जीवन के कवि थे। वह उसी बस्ती में रमते थे जहाँ राम-भक्त का वास हो। आदिकवि के हनुमान खुद आदि कवि के प्रतिरूप हैं। यह बिखरते पर्वत शिखरों को गिरते हुए देखते हैं। पर्वत को उखाड़ते ही छिपी हुई औषधियाँ उनके सामने प्रज्वलित-सी हो उठती हैं। तुलसी राम के हृदय में बसे हुए भारतवर्ष हैं। पास ले जाते हैं वह हनुमान को। दोनों फैंटेसी के कवि हैं। दोनों के समय का सापेक्ष सत्य ही अपनी-अपनी प्रभा से प्रज्वलित होता है। आदिकवि 'अरघान' के समूह चेतना यानी जंगली गन्ध के कवि हैं। जंगल में गन्ध क्या करती है, वह कैसे सोते से रोगी को तरोताजा कर देती है:

गन्धेन तासां प्रवरोषधीनां
सुप्ता निशान्तेष्विव सम्प्रबृद्धः।।

त्रिलोचन में एक गांधी था

गाँधी आधुनिक थे या मध्ययुगीन। डॉ. रामविलास शर्मा ने इस बात को इतिहास में देखा-परखा। वह बताते हैं : हिन्दी साहित्य में, जो 'आधुनिक' और मध्यकाल का विभाजन किया जाता है, वह मेरी समझ में गलत है, अवैज्ञानिक है : तुलसीदास तो 'मध्यकाल' के कवि हैं और दाँते 'आधुनिक काल' के कवि। इसका कोई वैज्ञानिक कारण समझ में नहीं आता। क्या त्रिलोचन के गाँधी आज़ादी के आन्दोलन के आधुनिक जन-आन्दोलन के नेता नहीं थे।

गाँधी राजनीति में हर आदमी के लिए अपने थे। बहन (स्व. सुशीला शर्मा) ने अपनी पीड़ा उन्हें लिखी। छक्को मासी (स्व. कौशल्या तेजपाल) ने अपने साहस में एक गाँधी को अपने में देखा। मैं तो पिता में एक गाँधी को देखने का आदी था ही। बुद्धू (एक दलित चरित्र) बिना टिकट जा रहा था, पण्डित जी (स्व. कृष्णचन्द्र शर्मा) से जेल में मिलने। टी.टी. ने पूछा तो उसने कहा–"वह देश के लिए जेल में है, फिर क्या देश से बाहर है यह ट्रेन। मैं खुद देश की ट्रेन हूँ। गाँधी मेरे इंजन हैं।" टी.टी. ने अपने भीतर झाँक कर जरूर एक गाँधी को टटोला होगा।

बड़े होने पर मैंने लेनिन को इसी तरह अपने देश में बार-बार देखा था। त्रिलोचन से मिलने से पहले एक ठाकुर (स्व. ठाकुर प्रसाद सिंह) का गाँधी था। 'महा-मानव' (प्रबन्ध काव्य) को वे ढिबरी जलाकर लिखते थे। उस समय अंधेरे में गाँधी को वह लौ की तरह देख रहे थे। युद्ध में राम के भी अनेक रूप आदिकवि ने देखे थे–"ये राम हैं, जो हाथियों की सेना को मार रहे हैं, ये रहे राम, जो बड़े-बड़े रथियों का संहार कर रहे हैं, नहीं नहीं ये हैं राम, जो अपने बाणों से घोड़ों सहित पैदल सैनिकों का वध कर रहे हैं।" इस प्रकार वे सब राक्षस भी रघुनाथ की किन्वित् समानता के कारण सभी को राम समझ लेते और राम के ही भ्रम से क्रोध में भरकर आपस में एक-दूसरे को मारने लगते थे।

एष हन्ति गजानीकमेष हन्ति महारथान्।
एष हन्ति शरैस्तीक्ष्णैः पदातीन वाजिभीः सह।।
इति ते राक्षसाः सर्वे रामस्य सदशान् रणे।
अन्योन्यं कुपिता जघ्नुः सादृश्यपाद् राघवस्य तु।।

त्रिलोचन ने 'चम्पा' कविता में एक गाँधी को देखा है। दूसरा गाँधी, उनकी जीवन-यात्रा में नजर आता है। तीसरा गाँधी 'महाकुम्भ' (लघुतम महाकाव्य) में आता है, जिसे कवि 'पर्वत की दुहिता' (पार्वती) कहता है।

मैंने भी अपने घर, बेवे (स्व. शकुन्तला जेतली) की आत्महत्या, शीला के दुःख और पिता की बीमारी में—दग्ध रहे गाँधी को करीब से देखा था। हर दुःख की एक रंगभूमि थी, जिस रणभूमि में हजारों गाँधी दिखाई देते थे। और कभी महासमर में एक गाँधी का दर्शन होता—

तेत, रामसहस्त्राणि रणे पश्यन्ति राक्षसाः
पुनः पश्यन्ति काकुत्स्थेकमेव महाहवे।।

तुलसी ने ऐसे ही 'राममय' देखा था देश को। वह खुद राम की तरह सत्यनिष्ठ चक्र थे, या रथ का सांगरूपक थेः युद्ध स्थल में राक्षसों का संहार करते हुए राम साक्षात् चक्र के समान जान पड़ते थे। शरीर का मध्य भाग अर्थात् नाभि ही उस चक्र की नाभि थी, बल ही उससे प्रकट होने वाली ज्वाला था, बाण ही उसके अरे थे, धनुष ही नाभिका स्थान ग्रहण किये हुए था, धनुष की टंकार और तलध्वनि—ये ही दोनों उस चक्र की घर्घराहट थी, तेज बुद्धि और कांति आदि गुण ही उस चक्र की प्रभा थे तथा दिव्यास्त्रों के गुण प्रभाव ही प्रान्त भाग अर्थात् धार थे। जैसे प्रजा प्रलयकाल में कालचक्र का दर्शन करती है, उसी प्रकार राक्षस उस समय श्रीराम रूपी चक्र को देख रहे थे—

शरीरनाभि सत्यवर्चिः शरारं नेभिकार्मुकम्।
ज्याघोषतलनिर्घोषं तेजोबुद्धिगुणाप्रभम्।।
दिव्यास्त्रागुण पर्यन्तं निघ्नन्तं युधि राक्षसान्।
दहशू रामचक्रं तत् कालचक्रभिव प्रजाः।।

गाँधी को निराला ने भी देखा था, सुना था उनके बारे में। त्रिलोचन ने भी देखा और सुना था। पिता के साथ और अलग से मैंने भी देखा था गाँधी को। कुछ अद्भुत था, कुछ विशिष्ट। यही बात निराला के बारे में थी। फिर त्रिलोचन मेरे लिए देखने में कुछ और सुनने में कुछ अजब से लगने लगे। 1857 हो या 1920 हो—आज़ादी की लड़ाई में हर घर ने कुछ दिया था, कुछ खोया था। हर घर से "हाय मेरा बेटा मारा गया।" मेरे भाई को प्राणों से हाथ धोना पड़ा। "रणभूमि में मेरे पति को मार डाला गया।" लंका के घर-घर में राक्षसियों के ये शब्द मैंने अपने देश के बँटवारे के समय में भी सुने थे—

"मम पुत्रो मम भ्राता मम भर्ता रणे हतः।
इत्येष श्रूयते शब्दो राक्षसीनां कुले कुले।।"

आज दुःख घना है। एक-दूसरे को भुजाओं में भरने का भी समय नहीं है। आर्तभाव भीतर बैठ गया है। सभी अकेले में विवादग्रस्त हैं। कोई विरोध

में—व्यक्तिगत अवज्ञा के लिए भी—बाहर नहीं देख रहा है। यह ठीक है—व्यक्तिगत अवज्ञा सरकार और सेठ के प्रति बढ़ी है। अपराध और लूट-पाट में लोग भय से पीड़ित भी हैं। पर आज के युद्ध में न राम विजयी हुए हैं, न रावण। निराला, त्रिलोचन तक गाँधी कहीं राम थे, कहीं वह खुद राम से थे। हिट्लर हार चुका था दूसरे महायुद्ध में। मैं आज भी घर-घर में झाँक कर गरीबी, तंगी और पीड़ा भरा करुणालय सुन रहा हूँ। लम्बी साँस खींचकर दो घड़ी तक ध्यानमग्न होकर कुछ सोचता हूँ, फिर कुपित होता हूँ, तब अपना चेहरा दूसरों को भयानक जरूर लगता होगा—

सतु दीर्घ विनिःश्वस्य मुहूर्तं ध्यानमास्थितः।
वभूव परमकुद्धो रावणो भीम दर्शनः।।
रावण की शोभा आज हिटलर का सैन्यबल था।
ततो नष्टप्रभः सूर्यो दिशश्च तिमिरावृताः।
द्विजाश्च नेदुर्धोराश्च संचचाल च मेदिनी।।

रूस और पूर्वी यूरोप में—जनता का सूर्य भी फ़ीका पड़ चला। समस्त दिशाओं में अन्धकार छा गया, भयंकर पक्षी अशुभ बोली बोलने लगे और धरती डोलने लगी।

आज का साम्राज्यवादी अमेरिका इस तरह की शोभा से नहीं आया है। वह दबे पाँव सबके भीतर आकर तंगी, ग़रीबी, पराजय, आत्महत्या, अनिश्चय को बढ़ा रहा है और रोज़ अख़बार में किसी का सिर कटा मिलता है, किसी की छाती बिंधी नज़र आती है, बहुतों के कान ही धमाके से उड़ गए हैं। कितने भोपाल में घायल होकर घुट-घुटकर मरे थे। कितने नकली लड़ाई में फँसे हैं—बस नज़र आती हैं उनकी सड़क पर पसलियाँ, मस्तक, आँखें—

निरूच्छावासा हताः क्रेचित् केचित् पार्श्वेषुदारिताः।
केचिद् विमिन्नाशिरसाः केचिच्चक्षुविनाकृताः।।

बहुत बार त्रिलोचन ने अपने समान धर्मयोद्धा कवि निराला को माना था—आत्मनः सदृशं वीरं। मैंने अपने समान ही कई पराक्रमी वीरों को देखा था। अपने-अपने में घिरे हैं अभी त्रिलोचन और मैं—बढ़ी हुई गंगा के समान—"मुद्वृत्तङ्गाप्रतिमं बभूव।"

❖ ❖ ❖